CHRONIQUES

DE

J. FROISSART

PUBLIÉES POUR LA SOCIÉTÉ DE L'HISTOIRE DE FRANCE

TOME HUITIÈME

1370-1377

(DEPUIS LE COMBAT DE PONTVALLAIN
JUSQU'A LA PRISE D'ARDRES ET D'AUDRUICQ)

DEUXIÈME PARTIE
TEXTE ET VARIANTES
PAR GASTON RAYNAUD

A PARIS
LIBRAIRIE RENOUARD
(H. LAURENS, SUCCESSEUR)
LIBRAIRE DE LA SOCIÉTÉ DE L'HISTOIRE DE FRANCE
RUE DE TOURNON, N° 6

M DCCC LXXXVIII

CHRONIQUES
DE
J. FROISSART

9627. — PARIS, TYPOGRAPHIE LAHURE
Rue de Fleurus, 9

CHRONIQUES

DE

J. FROISSART

PUBLIÉES POUR LA SOCIÉTÉ DE L'HISTOIRE DE FRANCE

TOME HUITIÈME

1370-1377

(DEPUIS LE COMBAT DE PONTVALLAIN
JUSQU'A LA PRISE D'ARDRES ET D'AUDRUICQ)

DEUXIÈME PARTIE
TEXTE ET VARIANTES

PAR GASTON RAYNAUD

A PARIS
LIBRAIRIE RENOUARD
(H. LAURENS, SUCCESSEUR)
LIBRAIRE DE LA SOCIÉTÉ DE L'HISTOIRE DE FRANCE
RUE DE TOURNON, N° 6

M DCCC LXXXVIII

EXTRAIT DU RÈGLEMENT.

Art. 14. Le Conseil désigne les ouvrages à publier, et choisit les personnes les plus capables d'en préparer et d'en suivre la publication.

Il nomme, pour chaque ouvrage à publier, un Commissaire responsable chargé d'en assurer l'exécution.

Le nom de l'Éditeur sera placé en tête de chaque volume.

Aucun volume ne pourra paraître sous le nom de la Société sans l'autorisation du Conseil, et s'il n'est accompagné d'une déclaration du Commissaire responsable, portant que le travail lui a paru mériter d'être publié.

Le Commissaire responsable soussigné déclare que le tome VIII de l'Édition des Chroniques de J. Froissart, *préparée par M.* Siméon Luce, *lui a paru digne d'être publié par la* Société de l'Histoire de France.

Fait à Paris, le 1er décembre 1887.

Signé L. DELISLE.

Certifié,

Le Secrétaire de la Société de l'Histoire de France,

J. DESNOYERS.

CHRONIQUES
DE J. FROISSART.

LIVRE PREMIER.

§ 669. Assés tost apriès ce que messires Bertrans fu ravestis de cel office, il dist au roy qu'il voloit chevaucier vers les ennemis, monsigneur Robert Canolle, qui se tenoit sus les marces d'Ango et du Mainne. Ces parolles plaisirent bien au roy, et dist : « Faites ce que vous volés : prendés ce qu'il vous plest et bon vous samble de gens d'armes ; tout obciront à vous. » Lors se pourvei li dis connestables, et mist une chevaucie de gens d'armes sus, Bretons et autres, et se parti dou roy, et chevauça vers le Mainne ; et en mena en se compagnie avoech lui le signeur de Cliçon. Si s'en vint li dis connestables en le cité du Mans, et là fist sa garnison, et li sires de Cliçon en une aultre ville qui estoit assés près de là ; et pooient estre environ cinc cens lances. Encores estoient messires Robers Canolles et ses gens sus le pays, mais il n'estoient mies bien d'acort; car il y avoit un chevalier en leur route englès, qui s'appelloit messires Jehans Mestreourde, qui point n'estoit de le volenté et tenure des autres, mais desconsilloit ce qu'il pooit, et avoit desconsilliet toutdis le chevauchie, et disoit qu'il perdoient leur temps, et qu'il ne se faisoient que lasser et travillier en vain et à petit de fait et de conquès.

Et estoit li dis chevaliers, qui tenoit une grant route et menoit de gens d'armes, partis des aultres. Messires Robers Canolles et messires Alains de Boukeselle tenoient toutdis leur route et estoient logiet assés priès de le cité du Mans. Messires Thumas de Grantson, messires Gillebiers Giffars, messires Joffrois d'Urselée, messires Guillaumes de Nuefville se tenoient d'autre part à une journée en sus d'yaus. Quant messires Robers Canolles et messires Alains sceurent le connestable de France et le signeur de Cliçon venu ou pays, si en furent grandement resjoy, et disent : « Che seroit bon que nous nos remesissions ensamble, et nous tenissions à nostre avantage sus ce pays ; il ne poet estre que messires Bertrans en se nouvelleté ne nous viegne veoir et qu'il ne chevauce : il le lairoit trop envis. Nous avons ja chevaucié tout le royaume de France, et si n'avons trouvé nulle aventure plus avant. Mandons nostre entente à messire Hue de Cavrelée qui se tient à Saint Mor sus Loire, et à monsigneur Robert Briket, à monsigneur Robert Ceni, à Jehan Cressuelle et as aultres chapitainnes des compagnes qui sont priès de ci, et qui venront tantost et volentiers. Se nous poiens ruer jus ce nouvel connestable et le signeur de Cliçon qui nous est si grans ennemis, nous arions

trop bien esploitié. » Entre monsigneur Robert et
messire Alain et messire Jean Asneton n'i avoit point
de discort, mès faisoient toutes leurs besongnes par
un meisme conseil. Si envoiièrent tantost leurs lettres
et messages secretement par devers [messire Hue de
Cavrelée et] monsigneur Robert Briket et les aultres,
pour yaus aviser et enfourmer de leur fait, et qu'il
se vosissent traire avant, et il combateroient les
François. Ossi il le segnefiièrent à monsigneur Thu-
mas de Grantson, à monsigneur Gillebiert Giffart, à
monsigneur Joffroi Ourselée et as aultres, que il se
volsissent avancier et estre sus un certain pas que on
leur avoit ordonné, car il esperoient que li François
qui chevauçoient seroient combatu. A ces nouvelles
entendirent li dessus dit très volentiers, et s'ordon-
nèrent et appareillièrent selonch ce, bien et à point,
et se misent à voie pour venir vers leurs compai-
gnons, et pooient estre environ deus cens lances.

Onques si secretement ne si quoiement ne sceu-
rent mander ne envoiier devers les compagnons, que
messires Bertrans et li sires de Cliçon ne sceuissent
tout ce qu'il voloient faire. Quant il en furent en-
fourmé, il s'armèrent de nuit et se partirent avoech
leurs gens de leurs garnisons, et se trouvèrent sur les
camps. Celle propre nuit, estoient parti de leurs logeis
messires Thumas de Grantson, messires Joffrois Our-
selée, messire Gillebiers Giffars, messires Guillaumes
de Nuefville et li aultre. Et venoient devers monsi-
gneur Robert Canolles et monsigneur Alain sus un
pas où il les esperoient à trouver; mès on leur as-
courça leur chemin, car droitement en un lieu que on
appelle ou pays le Pont Volain, furent il rencontré et

ratendu des François, et courut sus et envay soudain-
nement. Et estoient bien quatre cens lances et li Englès
deus cens. Là eut grant bataille et dure et bien com-
batue, et qui longement dura, et fait tamaintes grans
apertises d'armes de l'un costé et de l'autre; car si-
tos qu'il se trouvèrent, il misent tout piet à terre et
vinrent l'uns sus l'autre moult arreement, et là se
combatirent des lances et des espées moult vaillam-
ment. Toutes [fois], la place demora as François, et
obtinrent contre les Englès, et furent tout mort ou
pris : onques nulz ne s'en sauva, se il ne fu varlès ou
garçons; mès de chiaus aucuns, qui estoient monté
sus les coursiers leurs mestres, quant il veirent le des-
confiture, se sauvèrent et se partirent. Là furent pris
messires Thumas de Grantson, messires Gillebiers
Giffars, messires Joffrois Ourselée, messires Guillaumez
de Nuefville, messires Phelippes de Courtenay, Hue
le Despensier, neveu à monsigneur Edouwart le Des-
pensier et pluiseur aultre chevalier et escuier, et tout
enmené prisonniers en le cité du Mans.

Ces nouvelles furent tantost sceues parmi le pays
de monsigneur Robert Canollez et des aultres, et ossi
de monsigneur Hue de Cavrelée et de monsigneur
Robert Briket et de leurs compagnons : si en furent du-
rement courouciet, et se brisa leur emprise pour celle
aventure. Et ne vinrent cil de Saint Mor sus Loire
point avant, mès se tinrent tout quoi en leurs logeis,
et messire Robers Canolles et messires Alains de Bou-
queselle se retraiirent tout bellement, et se desrompi
leur chevaucie, et rentrèrent en Bretagne : il n'en
estoient pas lonch. Et vint li dis messires Robers en
son chastiel de Derval, et donna toutes manières de

gens d'armes [et d'archiers] congiet pour faire leur pourfit là où il le poroient faire ne trouver. Si s'en retraisent li plus en Engleterre, dont il estoient parti; et messires Alains de Bouqueselle s'en vint ivrener et demorer en [sa ville de] S. Salveur le Visconte, que li roi d'Engleterre li avoit donné.

§ 670. Apriès celle desconfiture de Pont Volain, où une partie des Englès furent ruet jus, pour quoi leur chevauchie se desrompi et deffist toute, messires Bertrans de Claiekin, qui en se nouvelleté de l'offisce de le conneştablie de France usoit, [qui] en eut [grant] grasce et grant recommendation, s'en vint en France, et li sires de Cliçon avoecques lui, et amenèrent le plus grant partie de leurs prisonniers en leur compagnie en le cité de Paris. Là les tinrent il tout aise et sans dangier, et les recrurent sus leurs fois courtoisement sans aultre constrainte. Il ne les misent point en buies, en fers, en ceps, ensi que li Alemant font leurs prisonniers, quant il les tiennent, pour estraire plus grant finance. Maudit soient il! ce sont gens sans pité et sans honneur, et ossi on n'en deveroit nul prendre à merci. Li François fisent bonne compagnie à leurs prisonniers, et les rançonnèrent courtoisement, sans yaus trop grever ne presser. De l'avenue de Pont Volain et dou damage des Englès furent moult courroucié li princes, li dus de Lancastre et cil de leur costé qui se tenoient à Congnach après le revenue et reconquès de Limoges.

En ce temps, et environ le Noël, trespassa de ce siecle en Avignon papes Urbains V^{er} qui tant fu vaillans clers, preudons et bons François. Et adont se

misent li cardinal en conclave et eslisirent entre yaus
un pape et le fisent par commun acord dou cardinal
de Biaufort ; si fu cilz papes appellés Grigores XI⁰².
De le creation et divine providensce de lui fu dure-
5 ment li rois de France liés, pour tant qu'il le sentoit
bon François et preudomme ; et estoit au temps de
se creation dalés lui en Avignon li dus d'Ango, qui y
rendi grant painne qu'il le fust.

En ce temps avint à monsigneur Eustasse d'Aubre-
10 cicourt une moult dure aventure. Car il chevauçoit
en Limozin ; si vint un soir ou chastiel le signeur de
Pierebufière qu'il tenoit pour ami et pour compa-
gnon et pour bon Englès ; mais il mist Thiebaut dou
Pont, un bon homme d'armes breton, et se route
15 dedens son chastiel, li quelz prist pour son prison-
nier monsigneur Eustasce, qui de ce ne se donnoit
garde, et l'emmena avoeques lui comme son prison
et rançonna de puis à douse mil frans, dont il en
paia quatre mil, et ses filz François demora en ostages
20 pour le demorant devers le duch de Bourbon, qui
l'avoit raplegiet et rendu grant painne à sa deli-
vrance, pour le cause de ce que messires Eustasses
d'Aubrecicourt avoit ossi rendu grant painne et grant
travel à ma dame sa mère, que les compagnes
25 prisent à Belleperche. De puis sa delivrance, messires
Eustasses s'en vint demorer en Quarentin, oultre les
gués Saint Climench, en le Basse Normendie, une
bonne ville que li rois de Navare li avoit donné ; et
là morut : Dieus en ait l'ame! car il fu, tant qu'il
30 vesqui et dura, moult vaillans chevaliers.

§ 671. En ce temps s'en raloit de Paris en son

pays en Limozin, messires Raymons de Maruel, qui
s'estoit tournés François. Si eut un assés dur ren-
contre pour lui, car il trouva une route d'Englès des
gens de messire Hue de Cavrelée, que uns chevaliers
de Poito menoit. Si cheï si à point entre leurs mains
qu'il ne peut fuir, et fu pris et menés ent prisonniers
en Poito ou chastiel du dit chevalier. La prise de
monsigneur Raymon fu sceue en Engleterre, et tant
que li rois en fu enfourmés. Si escripsi tantos li dis
rois devers le dit chevalier, en lui mandant qu'il li
envoiast son ennemi et trahitte, monsigneur Raymon
de Marueil, car il en prenderoit si grant punition
qu'il seroit exemples à tous aultres, et pour se prise il
li donroit sis mil frans. Messires Joffrois d'Argenton,
qui le tenoit et en quelle prison il estoit, ne volt mies
desobeïr au roy, son signeur, et dist que tout ce fe-
roit il volentiers. Messires Raymons de Maruel fu
enfourmés comment li rois d'Engleterre le voloit
avoir et l'avoit mandé, et comment ses mestres estoit
tous avisés de lui là envoiier. Quant messires Ray-
mons sceut ces nouvelles, si fu plus esbahis que
devant : ce fu bien raisons. Et commença en se prison
à faire les plus grans et les plus piteus regrés dou
munde; et tant que cilz qui le gardoit, [qui estoit
englès et de la nation d'Engleterre], en eut grant pité
et le commença à reconforter moult doucement.
Messires Raymons, qui ne veoit nulz reconfors en ses
besongne[s], puis que mener en Engleterre on le devoit
devers le roy, se descouvri envers sa garde, et li dist :
« Mon ami, se vous me voliés oster et delivrer de ce
dangier, je vous ay en couvent sus ma loyauté que je
vous partirai moitié à moitié toute ma terre, et vous

en ahireterai, ne jamais je ne vous faurrai. » Li Englès, qui estoit uns povres hom, considera que messires Raymons estoit en peril de sa vie, et qu'il li prommetoit grant courtoisie : si en eut pité et compassion,
5 et dist qu'il se metteroit en painne de lui sauver. Adont messires Raymons, qui fut moult resjoïs de ceste parolle, li creanta se foy qu'il li tenroit son couvent et encores oultre, se il voloit. Et sus cel estat s'assegurèrent et avisèrent comment il s'en poroient
10 chevir.

Quant ce vint de nuit, cilz Englès qui portoit les clés dou chastiel et de la tour, où messires Raymons estoit, ouvri la prison et une posterne dou chastiel, et fist tant qu'il furent hors, et se misent as camps et
15 dedens un bois, pour yaus esconser, par quoi il ne fuissent rataint. Et eurent celle nuit tant de povreté que nulz ne la diroit, car il cheminèrent plus de set liewes tout à piet; et si estoit gellé par quoi il descirèrent tous leurs piés; et fisent tant que il vinrent à l'endemain en
20 Ango en une forterèce françoise, où il furent recueillié des compagnons qui le gardoient, as quelz messires Raymons compta sen aventure : si en loèrent tout Dieu, quant il le sceurent. Bien est voirs que à l'endemain, quant on se fu aperceu qu'il estoient parti, on
25 les quist à gens de chevaus tout par tout, mès on n'en peut nul trouver. Ensi escapa de grant peril messires Raymons de Maruel, et retorna en Limozin et recorda à ses amis comment cilz escuiers englès li avoit fait grant courtoisie. Si fu de puis li dis Englès moult
30 amés et honnourés entre yaus. Et li voloit messires Raymons donner le moitié de son hiretage, mès cilz n'en volt onques tant prendre, fors seulement deus

cens livrées de revenue; c'estoit assés, ce disoit, pour lui et pour son estat parmaintenir.

§ 672. En ce temps trespassa de siècle en le cité de Bourdiaus li ainsnés filz dou prince et de la princesse; si en furent durement courroucié : ce fu bien raisons. Pour le temps de lors fu consillié au dit prince de Galles et d'Aquitainnes qu'il retournast en Engleterre sus se nation, en espoir de recouvrer plus grant santé qu'il n'avoit encore eu. Et ce conseil li donnèrent si surgien et phisicien qui se cognissoient à se maladie. Li princes se assenti moult bien à ce conseil, et dist que volentiers il y retourneroit. Si fist ordener sur ce toutes ses besongnes et me samble que li contes de Cantbruge, ses frères, et li contes Jehans de Pennebruch furent ordonné de retourner avoecques lui atout leurs gens, pour lui faire compagnie.

Quant li dis princes deubt partir d'Aquitainnes, et que se navie fu toute preste sus le rivière de Garone ou havene de Bourdiaus, et proprement il estoit là et ma dame sa femme et le jone Richart, leur fil, il fist un mandement très especial en le ditte cité de Bourdiaus de tous les barons et chevaliers de Gascongne et de Poito et de tout ce dont il estoit sires et avoit l'obeïssance. Quant il furent tout venu et mis ensamble en une cambre en sa presence, il leur remoustra comment il avoit esté leurs sires et les avoit tenu en pais tant qu'il avoit pout, et en grande prosperité et poissance contre tous leurs voisins, et que pour recouvrer santé dont il avoit grant besoing, il avoit espoir [et intention] de retourner en Engleterre. Si leur prioit chierement que le duch de Lancastre, son

frère, il vosissent croire et servir et obeïr à lui, comme
il avoient fait dou temps passé à lui; car il le trouve-
roient bon signeur courtois et acordable, et ossi en
toutes ses besongnes il le volsissent aidier et con-
sillier. Li baron d'Aquitainnes, de Gascongne, de Poito
et de Saintonge li eurent tout en couvent, et li jurè-
rent par leurs fois que ja en yaus n'i trouveroient
defaute, et fisent la feaulté et hommage au dit duch,
et li recogneurent toute amour, service et obeïs-
sance, et li jurèrent, present le prince, et le baisiè-
rent tout en le bouche.

Apriès ces ordenances faites, li dis princes ne se-
journa point plenté [en le cité de Bourdiaux], ains
entra en son vaissiel, et ma dame la princesse, et
leur fil, et li contes de Cantbruge et li contes de
Pennebruch. Et estoient bien en celle flote cinc cens
combatans sans les archiers. Si singlèrent tant que
sans peril et sans damage il arrivèrent ou havene de
Hantonne. Là issirent il des vaissiaus, et s'i rafres-
chirent par trois jours, et puis montèrent à chevaus,
et li princes en se littière, et tant esploitièrent qu'il
vinrent à Windesore où li rois se tenoit qui rechut
ses enfans moult doucement, et s'enfourma par yaus
de l'estat de Giane. Quant li princes eut estet dalés
le roy, son père, tant que bien li souffi, il prist con-
giet, et se retraiy à son hostel de Berkamestede à
vint liewes de le cité de Londres.

Nous nos soufferons à parler tant qu'en present
dou prince, et parlerons des besongnes d'Aquitainne.

§ 673. Assés tost apriès che que li princes de Galles
fu partis de Bourdiaus, li dus de Lancastre entendi

à faire faire l'obseque de son cousin Edouwart, le fil
dou prince, son frère. Si le fist moult grandement
et moult reveramment en le cité de Bourdiaus ; et là
furent tout li baron de Gascongne et de Poito qui
avoient juré obeïssance à lui.

Entrues que ces ordenances se faisoient et que on
entendoit à faire cel obseque, et que cil signeur se
tenoient à Bourdiaus, issirent [hors] de le garnison
de Pieregorch bien deus cens lances de Bretons qui
là se tenoient que li dus d'Ango y avoit envoiiés, des
quelz estoient chapitainne quatre bon chevalier et
hardi homme malement ; je les nommerai. Che furent messires Guillaumes de Loneval, messires Alains
de le Housoie, messires Loeis de Mailli et li sires
d'Arsi. Si chevauchièrent cil signeur et leurs routes jusques à un chastiel biel et fort que on dist de Montpaon, dou quel messires Guillaumes de Montpaon
estoit sires. Quant cil Breton furent venu jusques à
là et il eurent couru devant les barrières, il moustrèrent grant samblant d'assaut et l'environnèrent
moult faiticement. Messires Guillaumez de Montpaon,
à ce qu'il moustra, avoit le corage plus françois que il
n'euist englès, et se rendi, et tourna François à peu
de fait, mist les dessus dis chevaliers et leurs gens en
sa forterèce, li quel disent qu'il le tenroient contre
tout homme. Si le remparèrent et raparillièrent et rafreschirent de ce que il y apertenoit. Ces nouvelles furent sceues à Bourdiaus [tantost] coment li dus de
Lancastre et li baron de Giane n'esploitoient mies bien,
car li Breton chevauçoient et avoient pris Montpaon
qui marcist assés priès de là. De quoi li dus et tout
li signeur qui là estoient eurent grant virgongne,

quant il le sceurent, et se ordonnèrent [et appareillèrent] tantost pour yaus traire celle part. Et partirent de le cité de Bourdiaus sus un merkedi après boire en grant arroy. Avoecques le duch de Lancastre es-
5 toient li sires de Pons, li sires de Partenay, messires Loeis de Harcourt, messires Guichars d'Angle, messires Percevaus de Coulongne, messires Joffrois d'Argenton, messires Jakemes de Surgières, messires Mauburnis de Linières, messires Guillaumes de
10 Monttendre, messires Huges de Vivone, li sires de Crupegnach et pluiseur autre baron et chevalier de Poito et de Saintonge. Si y estoient de Gascongne li captaus de Beus, li sires de Pumiers, messires Helyes de Pumiers, li sires de Chaumont, li sires de Monfer-
15 rant, li sires de Longuerem, li soudis de l'Estrade, messires Bernardès de Labreth, sires de Geronde, messires Aymeris de Tarse et pluiseur aultre; et d'Engleterre, messires Thumas de Felleton, messires Thumas de Persi, li sires de Ros, messires Mikieus de la Poule,
20 li sires de Willebi, messires Guillaumes de Biaucamp, messires Richars de Pontchardon, messires Bauduins de Fraiville, messires d'Agorisès et pluiseur aultre. Si estoient bien set cens lances et cinc cens arciers. Si chevaucièrent moult arreement et ordonneement
25 par devers Montpaon et fisent tant qu'il y parvinrent.

Quant messires Guillaumes de Montpaon sceut que li dus de Lancastre et toutes ses gens le venoient assegier, si ne fu mie trop assegurés, car bien savoit
30 que se il estoit pris, il le feroient morir à grant painne, et que point ne seroit receus à merci, car trop il s'estoit fourfais. Si s'en descouvri à quatre che-

valiers dessus dis, et lor dist qu'il se partiroit et iroit tenir à Pieregorch, et que dou chastiel il fesissent leur volenté. Adont se departi li dessus dis ensi que proposé l'avoit, et s'en vint en le cité de Pieregorch qui est moult forte, et laissa son chastiel en le garde des quatre chevaliers dessus dis.

§ 674. Quant li dus de Lancastre, li baron et li chevalier et leurs routes, furent venu devant le chastiel de Montpaon, si le assegièrent et environnèrent de tous lés, et s'i bastirent ossi fort et ossi bien que dont que il y deuissent demorer set ans. Et ne sejournèrent mies quant il y furent venu, mais se ordonnèrent et se mirent tantos à l'assallir de grant volenté, et envoiièrent querre et coper par les villains dou pays grant fuison de bois, [d'arbres], de mairiens et de belourdes; si les fisent là amener et achariier et reverser ens es fossés; et furent bien sus cel estat vint jours que on n'entendoit à aultre chose fors que de raemplir les fossés. Et sus ces bois et mairiens on mettoit estrain et terre, et tant fisent li dit signeur par l'ayde de leurs gens que il raemplirent une grande quantité des fossés; et tant que il pooient bien venir jusques as murs pour escarmucier à ceulz dedens, ensi que il faisoient tous les jours par cinc ou par sis assaus. Et y avoit les plus biaus estours dou monde, car li quatre chevalier breton, qui dedens se tenoient et qui entrepris à garder l'avoient, estoient droites gens d'armes et qui si bien se deffendoient et si vaillamment se combatoient que il en font grandement à recommender, ne quoi que li Englès et li Gascon les approçassent de si priès que je vous di, nullement point ne s'en effreoient, ne sus yaus rien on ne conqueroit.

Assés priès de là en le garnison de Saint Malkaire se tenoient aultre Breton des quelz Jehans de Mala-
5 trait et Selevestre Bude estoient chapitainne. Cil doi escuier, [qui] ooient parler tous les jours et recorder les grans apertises d'armes que on faisoit devant Montpaon, avoient grant desir et grant envie que il y fuissent ; si en parlèrent ensamble pluiseurs fois en
10 disant : « Nous savons nos compagnons priès de ci et si vaillans gens que telz et telz », et les nommoient, « qui ont tous les jours par cinc ou sis estours le bataille à le main, et point n'i alons, qui ci sejournons à riens de fait : certainnement nous ne nos en acquittons pas
15 bien. » Là estoient en grant estri d'aler y, et quant il avoient tout parlé, et il consideroient le peril de laissier leur forterèce sans l'un d'yaus, il ne par osoient. Si dist une fois Selevestre Bude : « Par Dieu, Jehan, ou je irai, ou vous irés ; or regardés li quelz
20 ce sera. » Respondi Jehans : « Selevestre, vous demorrés, et jou irai. » Là furent de recief en estri tant que par accort et par sierement fait et juré, present tous leurs compagnons, il deurent traire à le plus longe, et cilz qui aroit le plus longe iroit,
25 et li aultres demoroit. Si traisent tantost, et escheï Selevestre Bude à le plus longhe ; lors y eut des compagnons grant risée. Li dis Selevestres ne le tint mies à gas, mais s'apparilla tantost, et monta à cheval, et se parti li xiie de hommes d'armes.
30 Et chevauça tant que sus le soir il s'en vint bouter en le ville et forterèce de Montpaon, dont li chevalier et li compagnon, qui là dedens estoient,

eurent grant joie, et en tinrent grant bien dou dit Selevestre.

§ 675. Si com je vous ay ci dessus dit, il y avoit tous les jours assaut à Montpaon, et trop bien li chevalier qui dedens estoient se deffendoient, et y acquisent haute honneur, car jusques adont que on leur fist reverser un pan de leur mur, il ne s'effraèrent. Mais je vous di que li Englès ordenèrent mantiaus et atournemens d'assaut, quant il peurent approcier par mi les fossés raemplis jusques au mur ; et là avoit brigans et gens paveschiés bien et fort, qui portoient grans pis de fier, par quoi de force il piketèrent tant le mur qu'il en fisent cheoir sur une remontière plus de quarante piés de large. Et puis tantost li signeur de l'ost ordonnèrent et establirent une grande bataille de leurs arciers à l'encontre, qui traioient si ouniement à chiaus de dedens que nulz ne s'osoit mettre avant ne apparoir. Quant messires Guillaumes de Loncval, messires Alains de le Housoie, messires Loeis de Mailli et li sires d'Arsi se veirent en ce parti, si sentirent bien qu'il ne se pooient tenir. Si envoiièrent tantost un de leurs hiraus, monté à cheval, tout par mi ce mur trauet pour parler de par yaus au duch de Lancastre, car il voloient entrer en trettié, se il pooient. Li hiraus vint jusques au duch, car on li fist voie, et remoustra ce pour quoi il estoit là envoiiés. Li dus par le conseil des barons, qui là estoient, donna respit à chiaus de dedens, tant que il euissent parlementé à lui. Li hiraus retourna, et fist celle relation à ses mestres, et tantost tout quatre il se traisent avant. Si envoia li dis dus parler à yaus

monsigneur Guichart d'Angle. Là sus les fossés furent il ensemble en trettié, et demandèrent en quel manière li dus les voloit prendre ne avoir. Messires Guiçars, qui estoit cargiés de ce qu'il devoit dire et
5 faire, leur dist : « Signeur, vous avés durement couroucié monsigneur, car vous l'avés ci tenu plus de onse sepmainnes où il a grandement fraiiet et perdu de ses gens ; pour quoi il dist qu'il ne vous recevera ja ne prendera, se vous ne vous rendés simplement, et
10 encores voet il tout premierement avoir monsigneur Guillaume de Montpaon et faire morir, ensi qu'il a desservi comme trahitour envers lui. » Lors respondi messires Loeis de Mailli, et dist : « Messires Guiçart, tant que de monsigneur Guillaume que vous demandés
15 à avoir, nous vous jurrons bien en loyauté que nous ne savons où il est, et que point il ne se tient en ceste ville ne n'est tenus de puis que vous mesistes le si[è]ge ci devant ; mais il nous seroit moult dur de nous rendre en le manière que vous volés avoir, qui ci sommes
20 envoiiet comme saudoiier, gaegnans nostre argent, ensi que vous envoieriés le[s] vostres ou vous iriés personelment. Etançois nous feissions ce marchié, nous nos venderions si chierement que on en parleroit cent ans à venir. Mais retournés devers monsigneur le
25 duch, et li dittes qu'il nous prende courtoisement sus certainne composition de raençon ensi que il vorroit que il fesist les siens, se il estoient escheu en ce dangier. »Lors respondi messires Guiçars, et dist : « Volentiers ; j'en ferai mon plain pooir. » A ces
30 parolles retourna li dis mareschaus devers le duch, et prist en se compagnie le captal de Beus, le signeur de Rosem et le signeur de Muchident, pour mieulz

abrisier le duch. Quant cil signeur furent devant lui, se li remoustrèrent tant de belles parolles, unes et aultres, qu'il descendi à leur entente, et prist les quatre chevaliers bretons dessus dis et Selvestre Bude et leurs gens à merci comme prisonniers. Ensi eut il de rechief le saisine et possession de [le forteresche de] Montpaon; et prist le feauté des hommes de le ville, et y ordonna deus chevaliers gascons et quarante hommes d'armes et otant d'arciers pour le garder. Et le fisent cil tantost reparer bien et à droit par les païsans de là environ, et le refreschirent de vivres et d'artillerie.

§ 676. Apriès le reconquès de Montpaon, et que li dus de Lancastre l'eut repourveue de bonnes gens d'armes et de chapitainnes, ils se deslogièrent; et donna li dis dus congiet à toutes ses gens pour retraire cescun en son lieu. Si se departirent li un de l'autre et retournèrent en leurs nations, et s'en revint li dus en le cité de Bourdiaus et li Poitevin en leur pays, et li signeur de Gascongne [s'en ralèrent] en leurs villes et chastiaus. Si se commencièrent à espardre les compagnes sus les pays, li quel y faisoient moult de maulz, ossi bien en terre d'amis que d'anemis. Si les soustenoit lidis dus et leur souffroit à faire leurs aises pour le cause de ce qu'il en pensoit à avoir besongne. Et par especial les guerres estoient pour le temps de lors plus dures et plus fortes sans comparison en Poito que aultre part. Et tenoient une grande garnison li François ou chastiel de Montcontour à quatre liewes de Touwars et à sis de Poitiers; des quelz messires Pières de la Gresille et Jourdains de Coulongne estoient chapitainne et souverain. Si couroient priès que tous les jours [devant Touwars ou devant Poitiers, et y faisoient grans contraires et moult les resongnoient chil du païs; d'autre part à Chastel Eraut se tenoit Charuels et bien cinc cens Bretons qui trop adamagoient le païs; et chil de le Roche de Ponsoy et chil de Saint Salvin ossi priès que tous les jours], et n'osoient li baron et li chevalier de Poito, qui Englès se tenoient, chevaucier fors en grant route pour le doubtance des François qui estoient enclos en leur pays.

§ 677. Assés tost apriès le revenue de Montpaon et que cil signeur de Poito furent retrait en leur pays, qui tenoient frontière as François, y eut secrés trettiés entre monsigneur Loeis de Saint Juliien, le visconte de Rocewart, et aultres François d'un costé, et le signeur de Pons ; et tant parlementèrent et tant esploitièrent li François par mi grans pourcas qui vinrent dou roy de France qui nuit et jour travilloit à attraire chiaus de Poito à son accord, que li sires de Pons se tourna françois oultre la volenté de ma dame sa femme, et chiaus de sa ville de Pons en Poito, et demora à ce dont la dame englesce et li sires françois.

De ces nouvelles furent moult courouciet li baron et li chevalier de Poito qui englès estoient ; car cilz sires de Pons est là uns grans sires malement. Quant li dus de Lancastre entendi ce, si en eut grant mautalent et tint grant mal dou signeur de Pons et grant bien de ma dame sa femme, et de chiaus de le ville de Pons, qui se voloient tenir englès. Si y envoia tantost pour estre chapitainne de la ditte ville de Pons, et pour aidier et consillier la dame, un chevalier qui s'appeloit messires Aymenions de Bourch, hardi homme et vaillant durement. Si couroit priès que tous les jours li sires de Pons devant sa ville et ne les deportoit en riens. Et tele fois y venoit que il estoit recaciés et reboutés, et retournoit à damage. Ensi estoient là les coses entoueillies, et li signeur et li chevalier l'un contre l'autre ; et y fouloit li fors le foible ne on n'i faisoit droit ne loy ne raison à nullui. Et estoient les villes et li chastiel entrelachiet li un en l'autre, li uns englès, li autres françois, qui couroient et racouroient et pilloient li un sus l'autre sans point de deport.

Or s'avisèrent aucun baron et chevalier de Poito qui englès estoient, que cil de le garnison de Montcontour les travilloient plus que nul aultre et que il se trairoient celle part et les iroient assegier. Si fisent un mandement en le cité de Poitiers, ou non dou seneschal de Poito, monsigneur Thumas de Persi, au quel commandement obeïrent tout chevalier et escuier, et furent bien cinc cens lances et deus mil brigans paveschiés par mi les arciers. Là estoient messires Guiçars d'Angle, messires Loeis de Harcourt, li sires de Partenay, li sires de Puiane, li sires de Tannai Bouton, li sires de Crupegnach, messires Parcevaus de Coulongne, messires Joffrois d'Argenton, messires Huges de Vivone, li sire de Tors, li sires de Puisances, messires Jakemes de Surgières, messires Mauburnis de Linières et pluiseur aultre ; et ossi des chevaliers englès qui pour le temps se tenoient en Poito, par cause d'office ou de garder le pays, telz que monsigneur Bauduin de Fraiville, monsigneur d'Aghoriset, monsigneur Gautier Huet, monsigneur Richart de Pontchardon et des aultres. Quant il se furent tout mis ensamble à Poitiers, et il eurent ordonné leurs besongnes, leur arroi et leur charoi, il se partirent à grant esploit et prisent le chemin de Montcontour, tout ordonné et appareillié ensi que pour le assegier.

§ 678. Cilz chastiaus de Montcontour siet sur les marces d'Ango et de Poito, et est malement fors et biaus, à quatre liewes de Touars. Tant esploitièrent li dessus dit Poitevin, qui estoient bien en compte trois mil combatant, que il y parvinrent. Si le assegièrent et environnèrent tout au tour; et avoient fait amener et achariier avoech eulz grans engiens de le cité de Poitiers, et ossi il en mandèrent en le ville de Touars. Si les fisent, tantost qu'il furent venu, drecier par devant le dit chastiel de Montcontour, li quel jettoient nuit et jour à le ditte forterèce. Avoecques ce, li signeur envoioient leurs gens tous les jours assallir et escarmucier à chiaus dou dit fort, et là eut fait pluiseurs grans apertises d'armes, car avoech les Poitevins estoient gens de compagnes qui point ne voloient sejourner, telz que Jehans Cressueille et David Holegrave. Cil doi avoecques monsigneur Gautier Huet en estoient chapitainne. Messires Pières de la Gresille et Jourdains de Coulongne qui dedens estoient, se portoient vaillamment, et s'en venoient tous les jours combatre as Englès à leurs barrières.

Entre les assaus que là eut fais, dont il en y eut

pluiseurs au xe jour que li Englès et Poitevin furent là venu, il s'avancièrent telement et de si grant volenté et par si bonne ordenance, que de force il pertruisièrent les murs dou chastiel, et entrèrent dedens, et conquisent les François. Et y furent tout mort et occis cil qui dedens estoient, excepté messires Pières et Jourdains, et cinc ou sis hommes d'armes que les compagnes prisent à merci.

Apriès ceste avenue et le prise de Montcontour, messires Thumas de Persi, messires Loeis de Harcourt et messires Guiçars d'Angle par l'acort et conseil des aultres barons et chevaliers, donnèrent le chastiel à monsigneur Gautier Huet, à Jehan Cressuelle et à David Holegrave et as compagnes qui bien estoient cinc cens combatans, pour faire la frontière as Poitevins contre chiaus d'Ango et du Maine ; et puis se departirent li signeur, et retournèrent cescuns en leurs lieus. Ensi demora li chastiaus de Montcontour et li frontière en le garde et ordenance des dessus dis qui y fisent tantost une grande garnison, et le remparèrent grandement, et le tinrent de puis moult longement, et moult grevèrent le pays de là environ, car tous les jours il couroient en Ango et en Mainne.

§ 679. Nous retourrons à parler de monsigneur Bertran de Claiekin, connestable de France, qui s'estoit tenus à Paris et dalés le roy, de puis le revenue de Pont Volain, où ilz et li sires de Cliçon avoient ruet jus les Englès, sicom ci dessus est dit, et bien avoient entendu que li Englès en Poito et en Ghiane tenoient les camps. Si ques tantost apriès le Cande-

ler, que li prins tamps commença à retourner, li dis messires Bertrans s'avisa qu'il metteroit sus une grande armée et assamblée de signeurs et de gens d'armes, et chevauceroit d'autre part ossi bien que li
5 Englès chevauçoient en Poito ou pays de Quersi et de Roerge, car là avoit aucuns Englès qui s'i tenoient trop honnourablement et estoient tenu de puis la guerre renouvelée. Et encores de nouviel les gens monsigneur Jehan d'Evrues, qui se tenoient ou pays
10 de Limozin, avoient en Auvergne pris un chastiel, cité et ville tout ensamble qui s'appelle [Ussel], qui mies ne faisoit à souffrir. Si disoit li dis connestables que il se voloit traire de celle part. Si fist par le congiet dou roy un grant mandement de signeurs, de
15 gens d'armes et d'arciers; et se parti de Paris à grant route et toutdis li croissoient gens. Et tant esploita li dis connestables qu'il vint en Auvergne. Adont estoient dalés lui et en se compagnie li dus de Berri, li dus de Bourbon, li contes d'Alençon, li contes du
20 Perce, ses frères, li contes de Saint Pol, li daufins d'Auvergne, li contes de Vendome, li contes de Porsiien, li sires de Sulli, li sires de Montagut, messires Huges Dauffins, li sires de Biaugeu, li sires de Rocefort, li sires de Calençon et grant fuison de barons
25 et de chevaliers des marces et tenures de France. Si esploitièrent tant ces gens d'armes avoech le dessus dit connestable que il vinrent devant le cité d'Ussel. Si le assegièrent et y furent quinse jours. Là en dedens il y eut pluiseurs assaus, grans et fors;
30 mais onques en celle empainte il ne peurent prendre le forterèce, car il y avoit dedens Englès, qui trop vaillamment le gardèrent. Si s'en partirent ces [gens]

d'armes et chevaucièrent oultre avoech le connestable en Roerge.

Et li aucun des chiés des signeurs vinrent en Avignon veoir le pape Grigore et le duch d'Ango, qui se tenoit dalés lui. Tantost apriès celle visitation, que cil signeur fisent au pape et au duch d'Ango, il se departirent de le cité d'Avignon et se retraisent devant le connestable qui chevauçoit en Roerge et conqueroit villes et chastiaus sus les Englès. Si s'en vinrent devant le ville de La Millau, et le assegièrent, la quele messire Thumas de Welkefare tenoit et avoit tenu tout le temps, et aussi le Roce Vauclere. Mais li dessus dis chevaliers englès, par composition à ce dont que messires Bertrans fu venus ou pays, s'en parti et li Englès qui de se route se tenoient. Et li rendirent encores aucuns chastiaus sur les frontières de Limozin. Et quant li dis messires Bertrans les ot rafreschis, il prist son chemin et son retour, et tout cil signeur de France en se compagnie pour venir de rechief devant le cité d'Ussel, en Auvergne, et le assegièrent. Et fisent là li dus de Berri et li dus de Bourbon et li connestables amener et achariier grans engiens de Rion et de Clermont, et drecier devant la ditte forterèce, et avoech tout ce appareillier grans atournemens d'assaus.

§ 680. Quant li Englès, qui s'estoient tenu en le cité d'Ussel si vaillamment, veirent le manière et ordenance dou connestable et des François, et il entendirent que messires Thumas de Welkefare estoit partis de ses forterèces de Roerge et que confors ne leur apparoit de nul costé, si se commencièrent à consillier et aviser qu'il se renderoient par trettié, non aultrement. Si trettièrent si bellement et si sagement devers le connestable, qu'il se partirent sans damage et sans blasme, et emportoient tout le leur, ce que porter en pooient devant yaus. Et avoech tout ce, on les devoit conviier jusques à Sainte Sivière en Limozin. Ceste ordenance fut tenue : li Englès se partirent et rendirent tout ce que il tenoient d'Ussel, cité et chastiel, et furent mené sanz peril jusques en le garnison dessus dite. Ensi acquitta en ce voiage messires Bertrans un grant fuison de pays que li Englès avoient tenu, et tourna françois ; dont il acquist grant grasce, et puis retourna en France.

Vous avés bien ci dessus oy parler de le chevaucie monsigneur Robert Canolles, qu'il fist en France, et comment il retourna en son pays de Derval en Bretagne; et est bien voirs que aucun Englès, à leur retour, parlèrent grandement de sen honneur en Engleterre, et tant que li rois et ses consaulz en furent enfourmé contre lui et mal content. Mais quant li dis messires Robers le sceut, il s'envoia escuser par deus de ses escuiers d'onneur, telement que li rois et se[s] consaulz se tinrent pour mal enfourmé en devant dou dit monsigneur Robert, et de lui bien se contentèrent, parmi ce que messires Alains de Bouquesele et aucun aultre chevalier, bien amé et proçain dou roy, l'aidièrent à escuser. Et en fu trouvés en son tort tant que il le compara chierement, messires Jehans Mestreourde, car il en fu pris et justiciés publikement en le cité de Londres. Par celle justice fu lavés et escusés de toutes amises li dessus dis messires Robers et demora en le grace dou roy et dou prince.

§ 681. Li rois d'Engleterre qui se veoit guerriiés et cuvriiés des François malement, acqueroit amis, ce qu'il pooit, par dedeça le mer. Et avoit pour lui le duch de Guerles, son neveu, et le duch de Jullers, et devoient en celle saison mettre sus une grande somme de gens d'armes, et bien estoit en leur poissance pour entrer en France. Et de ce et d'yaulz se doubtoit bien li rois de France. En ce temps envoioit li rois d'Engleterre le conte de Herfort et les chevaliers de son hostel moult ordeneement en Bretagne, pour parler au duch sus aucunes ordenances qui devoient estre entre lui et le duch.

Et pour lors n'estoient point bien cler li Englès et li Flamench, et s'estoient celle saison heriiet sus mer, et tant que li Flamench avoient perdu : dont il leur desplaisoit. Si se trouvèrent d'aventure devant un havene en Bretagne que on dist à le Bay, chil Englès et cil Flamench. Si estoit paterons de le navie des Flamens Jehans Pietresone, et des Englès messires Guis de Briane. Si tretos comme il se furent trouvé, il ferirent ensamble et assamblèrent de leurs vaissiaus ; et là eut grant bataille et dure malement. Et estoient là des chevaliers dou dit roy avoec le comte de Herfort, messires Richars de Pennebruge, messires Alains de Bouquesele, messires Richars Sturi, messires Thumas Wisk, et des aultres. Si se combatirent chil chevalier et leurs gens moult asprement à ces Flamens, et s'i portèrent très vaillamment, comment que li Flamench fuissent plus grant fuison et pourveu de leur fait. Car il n'avoient desiré toute le saison aultre cose que il peuissent avoir trouvés les Englès, mais pour ce ne l'eurent il mies davantage. Si dura ceste ba-

taille sus mer bien trois heures, et là ot fait pluiseurs apertises d'armes et maint homme navré et blechié dou trait. Et avoient leurs nefs atachies à grawés de fier et à kainnes pour quoi il ne peuissent
5 fuir. Toutes fois finablement la place demora as Englès, et furent li dit Flamench desconfi, et sires Jehans Pietresone, leurs paterons, pris, et tous li demorans mors et pris ; onques piés n'en escapa. Et retournèrent li dit Englès arrière en Engleterre, qui
10 en menèrent leur conquès et leurs prisonniers, et ne fisent point leur voiage en Bretagne adont. Si comptèrent ces nouvelles au roi d'Engleterre lor signeur, qui fu moult joians de leur avenue, quant il entendi que li Flamench qui envay les avoient, estoient des-
15 confi. Si furent tantos envoiiet en prison fremée Jehan Pietresone et li aultre, et espars par mi Engleterre.

§ 682. Apriès celle desconfiture qui fu faite sus les Flamens, devant le Bay en Bretagne, li rois d'En-
20 gleterre mist grans gens sus mer à l'encontre des Flamens, et les commanda à guerriier et heriier et à clore les pas, par quoi riens ne leur venist fors à grant dangier. Quant cil de Bruges, d'Ippre et de Gand entendirent ces nouvelles, si misent leurs con-
25 saulz ensamble et disent, tout imaginé et consideré, que pourfitable ne leur estoit mie d'avoir la guerre et le hayne as Englès, qui leur estoient voisin et marcissant à yaus, pour l'oppinion de leur signeur le conte aidier à soustenir, comment que il en touchoit
30 aucunement à yaus, otant bien c'au conte. Si se dissimulèrent li plus sage des bonnes villes, et en-

voiièrent de par yaus souffisans hommes et bons
trettieurs en Engleterre devers le roy et son conseil,
li quel esploitièrent si bien [ains leur retour], que
il aportèrent pais au pays de Flandres et as Flamens
sus certains articles et ordenances qui furent ditté et
seelé entre l'une partie et l'autre : si demora la cose
en bon et segur estat.

Or parlerons un petit dou roy Jame de Mayogres.

§ 683. Vous avés bien oy recorder comment li
rois de Mayogres fu pris ou Val d'Olif en Castille au
reconquès que li rois Henris fist en Espagne, et de-
mora prisonniers au dit roy Henri. Quant la royne
de Naples, sa femme, et la markise de Montferrat, sa
soer, entendirent ces nouvelles, si furent moult cou-
reciés de l'avenue et y pourveirent de remede et de
conseil. Je vous dirai par quel manière elles trait-
tièrent et fisent traittier par sages et vaillans hommes
devers le roy Henri ; et tant que li rois de Mayogres
fu mis à finance et rançonnés à cent mil frans, le[s]-
quelz les deus dames dessus dittes paiièrent si courtoi-
sement que li rois Henris leur en sceut gré. Tantost
que li rois de Mayogres se peut partir, il retourna en
Naples et ne volt mies sejourner; mès quist or et ar-
gent à grant pooir et amis de tous lés. Et se remist
de rechief au chemin en istance de ce que pour guer-
riier le roy d'Arragon, sen adversaire, qu'il ne pooit
amer; car il li avoit son père mort et li tenoit son
hiretage. Si esploita tant li dis rois qu'il vint en Avi-
gnon devers le pape Grigore XIe, et là se tint plus
d'un mois. Et fist ses complaintes si bien et si à point
au dit Saint Père, que il descendi à ses priières. Et con-

senti bien au dit roy de Mayogres, que il fesist guerre au dit roy d'Arragon, car il avoit cause qui le mouvoit; c'estoit pour son hiretage. Dont se pourvei li dis rois de Mayogres de gens d'armes là où il les peut avoir, et le acata bien et chier, Englès, Gascons, Alemans, Bretons et gens de compagnes, des quelz messires Garsions dou Chastiel, messires Jehans de Malatrait et Selevestre Bude et Jakes de Bray estoient chapitainne. Si pooient estre environ douse cens combatans; et passèrent oultre et entrèrent en Navare et sejournèrent là par le consentement et acord dou roy; et de Navare en Arragon. Et commencièrent cil chevalier, ces gens d'armes et leurs routes, à faire guerre au roy d'Arragon et à courir sus son pays, à prendre et à essillier petis fors et travillier le plain pays où il pooient habiter et entrer et rançonner hommes et femmes; et tant que li rois d'Arragon, qui bien se doubtoit de celle guerre, envoia grant gent d'armes sus les frontières; des quelz li viscontes de Rokebertin et li contes de Rodès furent meneur et chapitainne. Celle guerre pendant, qui estoit ja toute ouverte et moult felle, li rois James de Mayogres s'acouça malades de rechief ou Val de Sorie; de la quele maladie il morut. Par ensi eurent li Aragonnois pais de ce costé un grant temps; et se departirent ces compagnes qui là avoient guerriiet, et s'en retournèrent en France, cescuns devers le signeur dont il pensoient avoir plus grant pourfit. Or parlerons nous dou duch de Lancastre.

§ 684. Li dus Jehans de Lancastre qui se tenoit en le bonne cité de Bourdiaus sus Garone, et dalés

lui pluiseurs barons et chevaliers d'Aquitainne, car
encores y estoient les coses en bon estat pour le partie
des Englès, quoi c'aucun baron de Poito et de Li-
mozin se fuissent retourné françois, faisoit souvent
des issues et chevaucies sus ses ennemis, où riens ne
perdoit; et bien le ressongnoient ou pays cil qui te-
noient les frontières pour le duch d'Ango. Cilz dus
estoit veues et sans moullier; car ma dame Blance de
Lancastre et Derbi, sa femme, estoit trespassée de ce
siècle. Si avisèrent li baron de Gascongne et messires
Guiçars d'Angle, que li rois dan Pietres avoit deus
filles de son premier mariage de la suer le roy de Por-
tingal, les queles estoient en le cité de Bayone, et là
à garant afuies. Et les avoient amenées par mer aucun
chevalier de le Marce de Sebille, pour le doubtance
dou roy Henri, sitost qu'il sceurent le mort de leur
père, le roy dan Pietre. Si se tenoient là les deus fil-
letes toutes esgarées, dont on pooit avoir grant pité,
car elles estoient hiretières de Castille, qui bien leur
fesist droit, par le succession dou roy, leur père. Si fu
ce remoustré au duch de Lancastre en disant ensi :
« Monsigneur, vous estes à marier, et nous savons là
un grant mariage pour vous, dont vous ou vostre hoir
serés encores rois de Castille. Et s'est très grant au-
mosne de reconforter et consillier puceletes et filles de
roy, especiaument qui sont en tel estat comme celles
sont. Si prendés l'ainsnée en mariage, nous le vous
consillons, car en present nous ne savons où vous
vous poés plus hautement marier, ne de quoi si grans
pourfis vous puist nestre. » Ces parolles [et autres]
entamèrent telement le coer dou dit duch et si bien li
plaisirent, que il y entendi volentiers. Et envoia tantos

et sans delay querre les deus damoiselles qui s'appelloient Constanse et Ysabiel par quatre de ses chevaliers. Et parti de Bourdiaus li dis dus, quant il sceut et entendi que elles venoient, et ala encontre elles en
5 grant arroy. Et espousa l'ainnée, ma dame Constanse, sus ce chemin en un village dalés le cité de Bourdiaus, qui s'appelle Rocefort. Et eut illuech au jour des espousalles grans festes et grans reviaus et fuison de signeurs et de dames pour la feste plus efforcier.
10 Tantos apriès les espousalles, li dus amena ma dame sa femme en le cité de Bourdiaus; et là eut de rechief grant feste. Et furent la ditte dame et sa suer moult conjoïes et festées des dames et damoizelles de Bourdiaus; et leur furent donné grans dons et biaus
15 presens pour l'amour dou dit duch.

§ 685. Ces nouvelles vinrent en Castille au roy Henri et as barons dou dit royaume, qui ahers et alloiiet à lui s'estoient de foy et d'ommage, comment sa nièce avoit espousé le duch de Lancastre, et en-
20 cores supposoit on que se mainnée suer Ysabiel espouseroit le conte de Cantbruge, le dit duch retourné en Engleterre. Si fu plus pensieus li di rois Henris que devant, et en mist son conseil ensamble. Si fu adont conseilliés que il envoiast grans messages de-
25 vers le roy de France, qui bien sceuissent parler et remoustrer son afaire, et qui de ce mariage estoit tous enfourmés. A ce conseil et avis se tint li rois Henris, et ordonna sages hommes et les plus autentis de son royaume pour aler en France. Si se misent ou chemin
30 en grant arroy et fisent tant par leurs journées qu'il vinrent en le cité de Paris, où il trouvèrent le roy, qui

les rechut à grant joie, ensi que bien le sceut faire.
Entre le dit roy et le conseil dou roy Henri, qui avoient
procurations et seellés bons et justes de faire trettier
et proceder en toutes coses, ou nom de leur signeur,
eut pluiseurs parlemens, consaulz et trettiés secrés et 5
aultres, li quel tournèrent à effect. Finablement en ce
temps furent acordées, ordonnées et confremées
alliances et confederations moult grandes et jurées
solennelment de toutes parties, à tenir fermement et
non brisier ne aler à l'encontre par aucune voie, que 10
cil doi roy demoroient en une unité de pais, d'amour
et d'alliance. Et jura adont li rois de France solennel-
ment en parolle de roy que il aideroit et conforteroit
le roy de Castille en tous ses besoings, et ne feroit
pais ne acord aucunement au roy d'Engleterre, que 15
il ne fust mis dedens. A ces trettiés, acors et alliances
faire, rendi grant painne et diligense messires Bertrans
de Claiekin, qui moult amoit le roy Henri.

Apriès toutes ces coses faites, confremées et acordées
et seelées, se departirent li ambasadour dou roy Henri 20
et retournèrent en Espagne, et trouvèrent leur signeur
au Lyon en Espagne, qui fu moult liés de leur revenue
et de ce qu'il avoient si bien esploitié. Et se tint de
puis par mi ces alliances li rois Henris plus assegurés
et confortés que devant. 25

§ 686. Nous retourrons au duch de Lancastre qui se
tenoit en le bonne cité de Bourdiaus, et eut avis envi-
ron le Saint Michiel, qu'il retourneroit en Engleterre,
pour mieulz enfourmer le roy son père des besongnes
d'Aquitainnes : si se ordonna et appareilla selonch ce. 30
Un petit devant ce que il deuist mouvoir ne partir,

il assambla en le cité de Bourdiaus tous les barons et chevaliers de Giane qui pour le temps se tenoient Englès. Et quant il furent tout venu, il leur remoustra que il avoient entention de retourner en Engle-
5 terre pour certainnes coses et le pourfit d'yaus tous et de la ducé d'Aquitainne, et que à l'esté qui revenoit, il retourneroit, se li rois, ses frères, l'acordoit. Ces parolles plaisirent bien à tous ceulz qui les entendirent. Là institua et ordonna li dis dus monsigneur
10 le captal de Beus, le signeur de Moutchident et le signeur de Lespare pour estre mainbour et gouvreneur de tout le pays de Gascongne, qui pour yaus se tenoit, et en Poito monsigneur Loeis de Harcourt et le signeur de Partenay; et en Saintonge mon-
15 signeur Joffroi d'Argenton et monsigneur Guillaume de Monttendre ; et laissa tous seneschaus et officiers ensi comme il estoient en devant. Là furent ordonné d'aler en Engleterre avoech le dit duch, par le conseil des Gascons, Saintongiers et Poitevins, pour
20 parler au roy et remoustrer les besongnes et l'estat d'Aquitainne [plus plainement], messires Guiçars d'Angle, li sires de Puiane, et messires Aymeris de Tarste. Et encores pour le cause d'yaus attendre, detria li dus un petit. Quant il furent tout appa-
25 relliet et les nefs cargies et ordonnées, il entrèrent dedens sur le havene de Bourdiaus, qui est biaus et larges. Si se parti li dis dus à grant compagnie de gens d'armes et d'arciers, et avoit bien soissante gros vaissiaus en se route parmi les pourveances, et en
30 mena avoecques lui sa femme et sa suer ; envis les euist laissies. Si esploitièrent tant li maronnier par le bon vent qu'il eurent qu'il arrivèrent ou havene de

Hantonne en Engleterre. Et là issirent il des vaissiaus et entrèrent en le ville; se s'i reposèrent et rafreschirent par deus jours, et puis s'en partirent. Et chevaucièrent tant qu'il vinrent à Windesore, où li rois se tenoit, qui rechut son fil le duch, les dames et les damoiselles et les chevaliers estragniers à grant feste. Et par especial il vei moult volentiers monsigneur Guichart d'Angle.

En ce temps trespassa cilz gentilz chevaliers, messires Gautiers de Mauni, en le cité de Londres, dont tout li baron d'Engleterre furent moult coureciet, pour le loyauté et bon conseil que en lui avoient toutdis veu et trouvé. Si fu ensepelis à grant solennité en un monastère de Chartrous, qu'il avoit fait edifier au dehors de Londres. Et furent au jour de son obsèque là li rois d'Engleterre et tout si enfant, et li prelat et baron d'Engleterre. Si rescheï toute sa terre de delà le mer et de cha en Haynau au conte Jehan de Pennebruch, qui avoit à femme ma dame Anne, sa fille. Si envoia li dis contes de Pennebruch relever sa terre en Haynau, qui escheue li estoit, par deus de ses chevaliers qui en fisent leur devoir au duc Aubert, ensi qu'il apertenoit, et qui tenoit la conté de Haynau pour ce temps en bail.

§ 687. Tout cel iver se portèrent ensi les besongnes en Engleterre, et y eut pluiseurs consaulz et imaginations entre les signeurs sus l'estat dou pays, à savoir comment il se maintenroient sus l'esté qui venoit. Et avoient li Englès intention de faire deus voiages, l'un en Ghiane, et l'autre en France par Calais, et acqueroient amis de tous lés ce qu'il

pooient, tant en Alemagne comme ens es marces de l'empire, où pluiseur signeur, chevalier et escuier estoient de leur acord. Avoech tout ce, il faisoient le plus grant appareil de pourveances et de toutes coses
5 neccessaires à ost que on euist [veu] en grant temps faire. Bien savoit li rois de France aucuns des secrés des Englès et sus quel estat il estoient, et quel cose il proposoient à faire. Si se consilloit et fourmoit sur ce, et faisoit pourveir ses cités, villes et chastiaus moult
10 grossement en Pikardie, et tenoit par tout en garnison grant fuison de gens d'armes, par quoi li pays ne fust souspris d'aucune mal aventure.

Quant li estés fut venus et li rois Edouwars d'Engleterre eut tenu sa feste et fait la solennité de Saint
15 Gorge, ou chastiel de Windesore, ensi que il avoit d'usage cascun an de faire, et que messires Guichars d'Angle y fu entrés comme confrères, avoech le roy et ses enfans et les barons d'Engleterre qui se nommoient en confraternité les chevaliers dou bleu ghertier, li dis
20 rois s'avala à Londres en son palais de Westmoustier, et là eut grans consaulz et parlemens sus les besongnes de rechief dou pays. Et pour tant que li dus de Lancastre devoit en celle saison passer en France par les plains de Pikardie, et li contes de Cantbruge,
25 ses frères, avoecques lui, li rois ordena et institua, à le prière et requeste de monsigneur Guichart d'Angle et des Poitevins, le conte de Pennebruch à aler en Poito pour viseter le pays et faire guerre as François de ce costé, car li Gascon et Poitevin avoient priiet
30 et requis au roy d'Engleterre par lettres et par la bouche de monsigneur Guiçart d'Angle, que, se il estoit si conseilliés que nulz de ses filz ne peuist en

celle saison faire ce voiage, il leur envoiast le conte
de Pennebruch que moult amoient et desiroient à
avoir, car il le sentoient bon chevalier et hardi du-
rement. Se dist li rois d'Engleterre au conte de Pen-
nebruch, presens pluiseurs barons et chevaliers, qui
là estoient assamblé au conseil : « Jehan, biaus fils,
je vous ordonne et institue que vous alés en Poito en
le compagnie de monsigneur Guiçart d'Angle, et
là serés gouvrenères et souverains de toutes les gens
d'armes que vous y trouverés, dont il y a grant
fuison, si com je sui enfourmés, et de chiaus ossi que
vous y menrés. » Li contes de Pennebruch à ceste
parolle s'engenoulla devant le roy, et dist : « Monsi-
gneur, grant mercis de le haute honneur, que vous
me faites. Je serai volentiers ens es parties par de delà
uns de vos petis mareschaus. » Ensi sus cel estat se
departi cilz parlemens, et retourna les rois à Winde-
sore, et emmena monsigneur Guiçart avoech lui, au
quel il parloit souvent des besongnes de Poito et de
Ghiane. Messires Guiçars li disoit : « Monsigneur,
mès que nostre chapitainne et mainbour, li contes
de Pennebruch, soit arivés par de delà, nous ferons
bonne guerre et forte. Car encor y trouverons nous
entre quatre mil et cinc mil lances, qui toutes obeï-
ront à vous, mais qu'il soient paiiet de leurs gages. »
Lors respondoit li rois : « Messire Guiçart, messire
Guiçart, ne vous soussiiés point d'avoir or et argent
assés pour faire [par delà] bonne guerre, car j'en ay
assés ; et si l'emploie volentiers en tel marcheandise,
puis qu'il me touche et besongne pour l'onneur de
moy et de mon royaume. »

§ 688. Ensi et de pluiseurs aultres parolles s'esbatoit souvent en parlant li rois d'Engleterre au dit monsigneur Guichart, que moult amoit et creoit : c'estoit bien raisons. Or fu li contes de Pennebruch tous appareilliés, et li saisons vint et ordenance qu'il deubt partir. Si prist congiet au roy qui li donna liement, et à tous chiaus qui en se compagnie devoient aler, et me samble que messires Othes de Grantson d'oultre le Sone y fu ordonnés [et institués] d'aler. Li contes de Pennebruch n'eut mies adont trop grant gent en se compagnie fors ses chevaliers tant seulement, sus l'information que li rois avoit de monsigneur Guiçart d'Angle, mais il emportoit en nobles et en florins tel somme de monnoie que pour gagier trois mil combatans un an. Si esploitièrent tant li dessus dit, apriès le congiet pris dou roy, que il vinrent à Hantonne ; là sejournèrent il quinse jours, en attendant le vent qui leur estoit contraires. Au xviie jour il eurent vent à volenté, si entrèrent en leurs vaissiaus, et se partirent dou havene, et se commandèrent en le garde et conduit de Diu et de saint Gorge, et puis singlèrent devers Poito.

Li rois Charles de France, qui savoit la grignour partie des consaulz d'Engleterre, mies ne sçai par qui il li estoient revelé, et comment messires Guiçars d'Angle et si compagnon estoient alé en Engleterre et sus quel estat, pour impetrer au roy qu'il euissent un bon mainbour et chapitainne, et ja savoit que li contes de Pennebruch y estoit ordenés de venir, et toute se carge, si s'estoit li dis rois de France avisés selonch ce, et avoit secretement mis sus une armée de gens d'armes par mer, voires à sa prière et requeste, car ces gens estoient au roy Henri de Castille, les quels il li avoit envoiiés parmi les alliances et confederations qu'il avoient ensamble. Et estoient cil Espagnol [de une flote] quarante grosses nefs et trese barges bien pourveues et breteschies ensi que nefs d'Espagne sont ; si en estoient patron et souverain quatre vaillant homme, Ambrose Boukenègre, Cabesse de Vake, dan Ferrant de Pyon et Radigos de la Roselle. Si avoient cil Espagnol un grant temps waucré sus mer, en attendant le retour des Poitevins et la venue du conte de Pennebruch ; car bien savoient que il devoient venir et ariver en Poito, et s'estoient mis à l'ancre devant le ville de le Rocelle. Or avint ensi que le jour devant la vigile Saint Jehan Baptiste que on compta l'an mil trois cens settante et deus, li contes de Pennebruch et se route deurent ariver ou havene de le Rocelle, mès il trouvèrent les dessus dis Espagnolz au devant, qui leur calengièrent le rivage, et furent moult liet de leur venue. Quant li Englès et li Poitevin veirent les Espagnolz, et que combatre les couvenoit, si se confortèrent en eulz meismes, comment qu'il ne fuissent mies bien parti tant de gens comme de grans vaissiaus, et s'armèrent et ordonnèrent ensi que pour tantost combatre, et misent leurs arciers au devant d'iaus. Evous les nefs espagnoles venans, qui bien estoient pourveues et garitées, et dedens grant fuison de gens, d'argens et de brigans qui avoient arbalestres et kanons. Et li pluiseur tenoient grans barriaus de fier et plommées de plonch pour tout effondrer : tantost furent approciet en demenant grant noise et grant huée. Ces grosses nefs d'Espagne prisent le vent d'amont pour prendre leur tour sus ces nefs englesces que peu amiroient ne prisoient, et puis s'en vinrent atendant à plain voile sus yaus. Là eut à che commenchement grant trairie des unes as aultres, et s'i portèrent li Englès moult bien. Là fist li contes de Pennebruch aucuns de ses escuiers chevaliers pour honneur, et puis entendirent à yaus deffendre et combatre de grant volenté. Là eut grant bataille et dure, et li Englès eurent bien à quoi entendre, car cil Espagnol qui estoient en leurs vaissiaus si grans qu'il se moustroient tout deseure ces vaissiaus d'Engleterre, et qui tenoient gros barriaus de fier et pières, les lançoient et jettoient contreval pour effondrer les nefs englesces, et bleçoient gens et hommes d'armes malement. Là estoient entre les chevaliers d'Engleterre et de Poito chevalerie et proèce remoustrées très grandement. Li contes de Pennebruch se combattoit et requeroit ses ennemis moult fierement, et y fist ce jour pluiseurs grans apertises d'armes, et ossi fisent messires Othes de Grantson, messires Guiçars d'Angle, li sires de Puiane et tout li aultre chevalier.

§ 689. A ce que je oy recorder chiaus qui furent à celle besongne devant le Rocelle, bien moustrèrent li Englès et li Poitevin qui là estoient, que il desiroient moult à conquerre et avoir grant pris d'armes; car onques gens ne se tinrent si vaillamment ne si bien ne se combatirent, car ils n'estoient qu'un petit ens ou regard des Espagnols et en menus vaissiaus, et se poet on esmervillier comment tant durèrent; mès la grant proèce et chevalerie d'yaus les confortoit et tenoit en force et en vigheur; et se il

fuissent ingal de nefs et de vaissiaus, li Espagnol ne
l'euissent mies eu d'avantage, car il tenoient leurs
lances acerées, dont il lançoient les horions si grans
que nulz ne les osoit approcier, se il n'estoit trop
bien armés et paveschiés. Mès li très et jets qui ve-
noit d'amont, de pières, de plommées de plonc et de
barriaus de fier, les grevoit et empechoit durement,
et navra et bleça des leurs chevaliers et escuiers ce
premier jour pluiseurs. Bien veoient les gens de le
Rocelle le bataille, mès point ne s'avançoient d'aler
ne de traire celle part pour conforter leurs gens qui
si vaillamment se combatoient, ançois les laissoient
couvenir. En cel estri et en celle rihote furent il
jusques à le nuit que il se departirent li un de l'autre,
et se misent à l'ancre, mès li Englès perdirent ce
premier jour deus barges de pourveances, et furent
tout cil mis à bort qui dedens estoient. Toute celle
nuit fu messires Jehans de Harpedane, qui pour le
temps estoit seneschaus de le Rocelle, en grans priiè-
res envers chiaus de le ville, le maieur, sire Jehan
[Cauderier], et les aultres que il se volsissent armer
et faire armer le communauté de le ville et entrer
en barges et en nefs, qui sus le kay estoient pour
aler aidier et conforter leurs gens, qui tout ce jour
si vaillamment s'estoient combatu. Cil de le Rocelle
qui nulle volenté n'en avoient, s'escusoient et di-
soient que il avoient à garder leur ville et que ce
n'estoient mies gens de mer ne combatre ne se sa-
roient sus mer ne as Espagnolz; mais se la bataille
estoit sus terre, il iroient volentiers. Si demora la
cose en cel estat, ne onques ne les peut amener pour
priière que il peuìst faire à ce que il y vosissent aler.

A ce jour estoient en le Rocelle li sires de Tannai Bouton, messires Jakemes de Surgières et messires Mauburnis de Linières, qui bien s'aquittèrent de priier ossi avoech le dessus dit chiaus de le Ro-
5 celle. Quant cil quatre chevalier veirent que il ne poroient riens esploitier, il s'armèrent et fisent armer leurs gens, ce qu'il en avoient, ce n'estoit point fuison, et entrèrent en quatre barges que il prisent sus le kay, et au point dou jour, quant li flos fu revenus,
10 il se fisent naviier jusques à leurs compagnons, qui leur seurent grant gret de leur venue, et disent bien au conte de Pennebruch et à monsigneur Guiçart que de chiaus de le Rocelle il ne seroient point secouru ne conforté, et qu'il se avisassent sur ce. Et cil
15 qui amender ne le pooient, respondirent que il leur couvenoit le merci de Dieu et l'aventure attendre, et que un temps venroit que cil de le Rocelle s'en repentiroient.

§ 690. Quant ce vint au jour que tous li wèbes fu
20 revenus et que plains flos estoit, cil Espagnol se desancrèrent en demenant grant noise de trompes et de trompètes, et se misent en bonne ordenance ensi que le jour devant, et arroutèrent toutes leurs grosses nefs pouveues et armées moult grandement, et pri-
25 sent l'avantage dou vent, pour enclore les nefs des Englès qui n'estoient point grant fuison, ens ou regard d'yaus. Et estoient li quatre patron qui ci dessus sont nommé, tout devant en bonne ordenance. Li Englès et Poitevin, qui bien veoient leur couve-
30 nant, se ordenèrent selonch ce, et se recueillièrent tout ensamble, et ce que il avoient d'arciers, il les

misent tout devant. Evous les Espagnos venus à plain
voile, Ambrose Boukenègre, Cabesse de Vake, dan
Ferrant de Pyon et Radigo de la Roselle, qui les en-
vaïrent, et commencièrent la bataille felenesce et
perilleuse. Quant il furent tout assamblé, li Espa-
gnol jettèrent grans cros et havès de fier à kainnes, et
se atachièrent as Englès, par quoi il ne se peuissent
departir : car il les comptoient ensi que pour yaus.
Avoech le conte de Pennebruch et monsigneur Gui-
chart avoit vint et deus chevaliers de grant volenté
et de bon hardement, qui vaillamment se combatoient
de lances et d'espées et d'armeures que il portoient.
Là furent en cel estat un grant temps lançans et com-
batans l'un à l'autre. Mais li Espagnol avoient trop
grant avantage d'assallir et de yaus targier et deffen-
dre envers les Englès; car il estoient en grans vais-
siaus plus grans et plus fors assés que li Englès.
Pour quoi il lançoient d'amont barriaus de fier, pières
et plommées, qui moult travilloient les Englès. En cel
estat et en celle rihote, combatant et deffendant, lan-
çant et traiant l'un sus l'autre, furent il jusques à
l'eure de tierce, ne onques gens sus mer ne prisent si
grant travail que li Englès et Poitevin fisent, car il
en y avoit le plus des leurs blechiés dou trait et dou
jet des pières et fondes d'amont, et tant que messires
Aymeris de Tarste, cilz vaillans chevaliers de Gas-
congne, y fu occis et messires Jehans de Lan-
tonne qui estoit chevaliers dou corps dou conte
de Pennebruch. Au vaissiel dou dit conte estoient
arresté quatre nefs espagnoles, des queles Cabesse
de Vake et Ferrant de Pyon estoient gouvreneur
et conduiseur. En ces vaissiaus, ce vous di, avoit

grant fuison de dure gent, et tant au combatre, au traire et au lancier, travillièrent le conte et ses gens qu'il entrèrent en leur vaissiel où il eut fait tamainte grant apertise d'armes, et là fu pris li dis conte et tout cil mort et pris, qui estoient en son vaissiel : tout premierement de ses chevaliers pris messires Robers Tinfors, messires Jehans Courson et messires Jehans de Gruières, et mors messires Symons Housagre, messires Jehans de Mortain et messires Jehans Touchet. D'autre part se combatoient li Poitevin, messires Guichars d'Angle, li sire de Puiane et li sires de Tannai Bouton, et aucun bon chevalier de leur route, et en une autre nef messires Othes de Grantson à Ambrose Boukenègre et à Radigo de la Roselle : si avoient plus que leur fais. Et tant que li chevalier furent tout pris des Espagnolz, ne onques nulz n'en escapa qui ne fu mors ou pris, Englès ne Poitevins, et toutes leurs gens ou dangier des Espagnolz de prendre ou de l'occire. Mais quant il eurent les signeurs et il en furent saisit, de puis il ne tuèrent nulz des varlès, car li signeur priièrent que on leur laissast leurs gens, et qu'il feroient bon pour tous.

§ 691. Qui se trueve en tel parti d'armes que messires Guichars d'Angle et li contes de Pennebruc et leurs gens se trouvèrent devant le Rocelle en ce jour dessus nommé, il fault prendre en gré l'aventure, tele que Diex et fortune li envoie. Et sachiés que pour ce jour, coi que li baron, chevalier et escuier, qui là furent mort et pris, le comparassent, li rois d'Engleterre y perdi plus que nuls, car par celle desconfiture se perdi de puis tous li pays, sicom vous orés en avant

recorder en l'ystore. On me dist que la nef englesce
où li finance estoit, dont messires Guiçars devoit gagier
et paiier les saudoiiers en Giane, et tous li avoirs qui
dedens estoit, fu perie et ne vint à nul pourfit. Tout
ce jour qui fut la vigile Saint Jehan Baptiste, le nuit et
l'endemain jusques apriès nonne, se tinrent li Espa-
gnol à l'ancre devant le Rocelle, en demenant grant
joie et grant reviel, dont il en cheï trop bien à un che-
valier de Poito qui s'appelloit messires Jakemes de
Surgières; car il parla si bellement à sen mestre qu'il
fu quittes parmi trois cens frans qu'il paia là tous ap-
pareilliés, et vint le jour Saint Jehan [disner] en le
ville de le Rocelle. Par lui sceut on lors comment la
besongne avoit alé et li quel estoient mort et pris.
Pluiseur des bourgois de le ville moustroient par
samblant qu'il en fuissent courroucié, qui tout joiant
en estoient, car onques n'amèrent naturelment les
Englès. Quant ce vint apriès nonne ce dit jour Saint
Jean Baptiste que li flos fu revenus, li Espagnol se
desancrèrent et sachièrent les voiles amont, et se
departirent en demenant grant noise de trompes
et de trompètes, de muses et de tabours. Si avoit
au son de leurs mas grans estramières à manière de
pennons armoiiés des armes de Castille si grans et
si lons que li coron bien souvent frapoient en l'ai-
gue, et estoit grans biautés dou regarder. En cel
estat se departirent li dessus dit, et prisent leur
tour de le haute mer pour cheminer vers Galisse.
En ce [propre] jour que on dist ce jour Saint
Jehan Baptiste au soir, vinrent en le ville de le
Rocelle grant fuison de gens d'armes Gascon et En-
glès, li quel encores de ceste avenue n'avoient point

oy parler. Mais bien sçavoient que li Espagnol gisoient
et avoient geu un temps devant le Rocelle : si ve-
noient celle part pour chiaus de le ditte ville recon-
forter. Des quelz gens d'armes estoient chapitainne
5 messires li captaus de Beus, messires Berars de la
Lande, messires Pieres de Landuras, messires li sou-
dis et messires Bertrans dou Franc Gascon, et des
Englès, messires Thumas de Persi, messires Richars
de Pontchardon, messires Guillaumez de Ferintonne,
10 monsigneur d'Agoriset, monsigneur Bauduin de Frai-
ville, monsigneur Gautier Huet et monsigneur Jehan
d'Evrues. Quant cil signeur et leurs routes, où bien
avoit sis cens hommes d'armes, furent venu en le
Rocelle, on leur fist grant chière de bras, car on
15 n'en osoit aultre cose faire. Adont furent il enfourmé
par monsigneur Jakeme de Surgièrez de la bataille
des Espagnolz, comment elle avoit alé, car il y avoit
esté, et li quel y estoient mort ne pris. De ces nou-
velles furent li baron et li chevalier trop durement
20 couroucié, et se tinrent bien pour infortuné, quant il
n'i avoient esté, et regretèrent grandement et longe-
ment le conte de Pennebruch et monsigneur Gui-
chart d'Angle, quant il avoient ensi perdu leur saison.
Si se tinrent en le Rocelle ne sçai quans jours, pour
25 avoir avis et conseil et comment il se maintenroient
et quel part il se trairoient. Nous lairons à parler un
petit d'yaus, et parlerons de Yevain de Galles et
comment il esploita en celle saison.

§ 692. Cilz Yewains de Galles avoit esté filz à un
30 prince de Galles, le quel li rois [Edouwars] d'Engle-
terre avoit fait morir, je ne sçai mies par quel raison,

et saisi la signourie et princeté et donné à son fil
le prince de Galles. Si estoit cilz Yewains venus en
France et complains au roy Charle de France des
injures que li rois d'Engleterre li avoit fait et faisoit
encores, que mort son père et li tolloit son hiretage ;
dont li rois de France l'avoit retenu et ja moult
avancié et donné en carge et en gouvrenance grant
fuison de gens d'armes. Encores en cel esté dont je
parolle presentement, li avoit il delivrés bien trois mil
combatans et envoiiet sus mer pour courir en En-
gleterre. De quoi li dis Yewains s'en estoit bien ac-
quittés et loyaument, sicom je vous dirai. Quant il
eut se carge de gens d'armes, ensi que ci est dit, il
entra en mer en ses vaissiaus que li rois de France
li avoit fait appareillier et pourveir ou havene de
Harflues, et se departi et singla à plain voille devers
Engleterre, et vint prendre terre en l'isle de Grenesée
à l'encontre de Normendie, dou quel isle Aymons
Rose, uns escuiers d'onneur dou roy d'Engleterre,
estoit chapitainne. Quant il sceut que li François es-
toient là arrivet, les quelz Yewains de Galles menoit,
si en eut grant mautalent et se mit tanstot au devant,
et fist son mandement parmi le dit isle, qui n'est mies
grans, et assambla que de ses gens, que de chiaus dou
dit isle, environ yaus huit cens, et s'en vint sus un
certain pas combattre bien et hardiement le dit
Yewain et ses gens, et là eut grant bataille et dure
et qui longement dura. Finablement li Englès furent
desconfi, et en y eut mors plus de trois cens sus le
place. Et couvint le dit Aymon fuir, aultrement il
euist esté mors ou pris, et se sauva à grant meschief,
et s'en vint bouter en un chastiel qui siet à deus liewes

de là où la bataille avoit esté, que on appelle Cornet,
qui est biaus et fors, et l'avoit li dis Aymons [en celle
saison] fait bien pourveir de tout ce qu'il apertenoit à
forterèce. Après celle desconfiture, li dis Yewains
5 chevauça avant, et recueilla ses gens et entendi que
Aymons s'estoit boutés ou chastiel de Cornet; si se
traiy tantost celle part et y mist le siège, et l'envi-
ronna de tous costés et y fist pluiseurs assaus. Mais li
chastiaus est fors, et si estoit bien pourveus de bonne
10 artellerie; se ne l'avoient mies li François à leur aise.

Che siège pendant devant Cornet, avint li aventure
de le prise le conte de Pennebruch et de monsigneur
Guiçart d'Angle et des aultres devant le Rocelle, si-
com ci dessus est contenu. De quoi li rois de France,
15 quant il en oy les nouvelles, fu durement resjoïs, et
entendi plus fort as besongnes de Poito que onques
mès. Car il senti que assés legierement, se li Englès
venoient encores un petit à leur desous, les cités et
les bonnes villes se retourneroient. Si eut avis et
20 conseil li dis rois, que en Poito, en Saintonge et en
Rocellois il envoieroit pour celle raison son connes-
table et toutes gens d'armes, et feroit caudement les
dessus dis pays guerriier par mer et par terre, en-
trues que li Englès et Poitevin n'avoient nul souve-
25 rain chapitainne, car li pays gisoit en grant branle :
pour coi il envoia ses messages et ses lettres au dit
Yewain de Galles, qui se tenoit à siège devant Cornet,
dou quel siège il savoit tout l'estat, et que li chas-
tiaus estoit imprendables; et que, tantos ces lettres
30 veues, il se partesist de là et deffesist son siège et
entrast en mer en un vaissiel, qui ordonnés pour
lui estoit, et s'en alast en Espagne devers le roy

Henri, pour impetrer et avoir barges et gallées et son
amiral et gens d'armes, et de rechief venist mettre
le siège par mer devant le Rocelle. Li dis Yewains,
quant il oy les messages et le mandement dou roy,
si obeï, ce fu raisons, et desfist son siège et donna
à toutes gens congiet et leur presta navie pour retour-
ner à Harflues. Et là endroit il entra en une grosse
nef qui ordonée li estoit, et prist le chemin d'Espagne.
Ensi se desfit li siège de Cornet.

§ 693. Vous devés savoir que li rois d'Engleterre
fu moult courouciés, quant il sceut les nouvelles de
l'armée qu'il envoioit en Poito, qui estoit ruée jus
des Espagnolz : et ossi furent tout cil qui l'amoient,
mès amender ne le peurent tant c'à ceste fois. Si ima-
ginèrent tantost li sage homme d'Engleterre que li
pays de Poito et de Saintonge se perderoit par cel
afaire, et le remoustrèrent bien au roy et au duch
de Lancastre. Si furent un grant temps sus cel estat
que li contes de Sallebrin, atout cinc cens hommes
d'armes et otant d'arciers, iroit celle part ; mès com-
ment qu'il fust consilliet et aviset, il n'en fu riens
fait. Car il vinrent aultres nouvelles et aultres trett-
iés et consauls de Bretagne, qui tous chiaulz em-
pecièrent. De quoi li dis rois se repenti de puis,
quant il n'i peut mettre remède. Or avint que li
Espagnol qui pris avoient le conte de Pennebruch et
les aultres, dont li livres fait mention, eurent un petit
de sejour sus mer par vent contraire et detriance
plus d'un mois. Toutes fois il arrivèrent au port Saint
Andrieu en Galisse, et entrèrent en le ville ensi que à
heure de miedi ; et là amenèrent en un hostel tous

leurs prisonniers loiiés, enkainnés et embuiés selonch leur usage. Aultre courtoisie ne scèvent li Espagnol faire, il sont sannable as Alemans.

Ce propre jour au matin estoient là arivés en sa
5 nef li dessus dit Yewains [de Galles] et se route, et très en cel hostel où dan Ferrant de Pyon et Cabesse de Vake avoient amené le conte de Pennebruch et ses chevaliers. Si fu dit ensi à Yewain là où il estoit en sa cambre : « Sire, venés veoir ces chevaliers d'En-
10 gleterre que nos gens ont pris ; il enteront tantost cheens. » Yewains qui fu desirans dou veoir, pour savoir liquel c'estoient, passa oultre, et encontra en le sale de son hostel, à l'issue de sa cambre, le conte de Pennebruch. Bien le cogneut comment que il
15 l'euist petit veu, se li dist en rampronnant: « Contes de Pennebruch, venés vous en ce pays, pour moy faire hommage de la terre que vous tenés en le princeté de Galles, dont je sui hoirs et que vos rois me tolt et oste par mauvais conseil. » Li contes de Penne-
20 bruch qui fu tous honteus, car il se veoit et sentoit prisonniers en estragne pays, et point ne cognissoit cel homme qui parloit son langage, respondi : « Qui estes vous, qui m'acueilliés de telz parolles ? » — « Je sui Yewains, fiulz au prince Aymon de Galles, que
25 vostres rois d'Engleterre, fist morir à tort et à pechié, et m'a deshireté, et quant je porai par l'ayde de mon très chier signeur, le roy de France, je y pourveray de remède. Et voeil bien que vous sachiés que, se je vous trouvoie en place ne en voie où je me peuisse
30 combatre à vous, je vous remousteroie le loyauté que vous m'avés fait, et ossi li contes de Herfort et Edowars li Despensiers. Car par vos pères, avoech

aultres consilleurs, fu traïs à mort messires mes pères, dont il me doit bien desplaire, et l'amenderai quant je poray. » Adont salli avant messires Thumas de Saint Aubin, qui estoit chevaliers dou conte, et se hasta de parler, et dist : « Yewain, se vous volés dire et maintenir, que en monsigneur ait ne euist onques nulle lasqueté quelconques, ne en monsigneur son père, ne qu'il vous doie foy ne hommage, metés vostre gage avant, vous trouverés qui le levera. » Dont respondi Yewains, et dist : « Vous estes prisonnier, je ne puis avoir nulle honneur de vous appeller. Vous n'i estes point à vous,ançois estes à ceulz qui vous ont pris, et quant vous serés quittes de vo prison, je parlerai plus avant, car la cose ne demorra pas ensi. » Entre ces parolles, se boutèrent aucun chevalier et vaillant homme d'Espagne qui là estoient, et les departirent. De puis ne demora mies grant temps, que li quatre amiral dessus nommé amenèrent les prisonniers devers le cité de Burghes en Espagne, pour rendre au roy à qui il estoient, qui pour le temps se tenoit droit là. Quant li rois Henris sceut que li dessus dit venoient et approçoient Burghes, si envoia son fil ainné qui s'appelloit Jehan, et le quel on nommoit pour le temps l'enfant de Castille, à l'encontre des dessus dis, et grant fuison de chevaliers et d'escuiers pour yaus honnerer ; car bien sçavoit li dis rois quel cose apertenoit à faire. Et il meismes les honnoura de parolle et de fait, quant il furent venu jusques à lui. Assés tost en ouvra li rois par ordenance, et furent espars en divers lieus parmi le royaume de Castille.

§ 694. Nous retourrons as besongnes de Poito qui pour ce temps ne furent mies petites, et parlerons comment li chevalier Gascon et Englès qui, le jour Saint Jehan Baptiste, au soir, vinrent en le Rocelle, perseverèrent, ensi que cil qui moult courouciet furent de ce que le jour devant il n'estoient venu à le bataille et que il n'avoient trouvé à point les Espagnolz. Or eurent il entre yaus conseil et avis quel cose il feroient ne où il se trairoient, car ja se commençoient il à doulter de ceulz de le Rocelle. Si ordonnèrent et instituèrent monsigneur Jehan d'Evrues à estre seneschal de le Rocelle à trois cens armeures de fier, et le garder, et lui tenir ou chastiel de le Rocelle. Car tant qu'il en seroient signeur, cil de le ville ne s'oseroient reveler. Ceste ordenance faite, messires li captaus, qui estoit tous gouvrenères et chiés de ceste chevaucie, et messires Thumas de Persi, messires d'Agorisès, messires Richars de Pontchardon, messires li soudis, messires Berars de le Lande, et li aultre et leurs routes se departirent de le Rocelle et pooient estre environ quatre cens lances, et prisent le chemin de Subise; car là avoit Bretons qui tenoient eglises et petis fors et les avoient fortefiiés. Sitost que cil signeur et leurs gens furent là venu, il les boutèrent hors, et en delivrèrent le ditte marce.

En ce temps tenoient les camps sus les marces d'Ango, d'Auvergne et de Berri, li connestables de France, li dus de Berri, li dus de Bourbon, li contes d'Alençon, li daufins d'Auvergne, messires Loeis de Saussoirre, li sires de Cliçon, li sires de Laval, li viscontes de Roem, li sires de Biaumanoir, et grant fuison de baronnie de France, et estoient plus de

trois mil lances. Si chevaucièrent tant cil signeur qui
se tenoient tout au connestable, que il entrèrent en
Poito, où il tiroient à venir, et vinrent mettre le
siège devant un chastiel qui s'appelle Montmorillon.
Sitost que il furent là venu, il l'assallirent vistement
et radement, et le conquisent de force, et furent mort
tout cil qui dedens estoient; si le rafreschirent
d'autres gens. Apriès il vinrent devant Chauvegni,
qui siet sus le rivière de Cruese, et le assiegièrent et
y furent deus jours. Au tierch, chil de Chauvegni se
rendirent et furent pris à merchi. En apriès il che-
vaucièrent oultre et vinrent devant Leuzach, où il y
a ville et chastiel; si se rendirent tantost sans yaus
faire assallir. Et puis s'en vinrent devant le cité de
Poitiers et jurent une nuit ens es vignes, de quoi cil
de le cité estoient moult esbahi; et se doubtoient à
avoir le siège, mès non eurent tant c'à celle fois; car
il se partirent à l'endemain et se traisent devant le
chastiel de Montcontour, dont Jehans Cressuelle et
David Holegrave estoient chapitainne. Et avoient
desous yaus bien soissante compagnons preus et
hardis, et qui moult avoient constraint le pays et le
marce d'Ango et de Tourainne et ossi toutes les
garnisons françoises; pour quoi li connestables dist
que il n'entenderoit à aultre cose, si l'aroit.

§ 695. Tant esploitièrent li connestables de France,
li dus de Bourbon, li contes d'Alençon, li sires de
Cliçon, li viscontes de Rohen, li sires de Laval, li
sires de Biaumanoir, li sires de Sulli, et tout li baron,
li chevalier et leurs routes, que il vinrent devant
Montcontour, un très biel chastiel à sis liewes de

Poitiers. Quant il furent là venu, si l'assegièrent de
grant façon, et se misent tantost à l'assallir par bonne
ordenance. Et pour ce que il avoit à l'environ des
murs grans fossés et parfons, et qu'il ne pooient
5 approcier les murs de plus priès, à leur aise et
volenté, il envoiièrent querre et coper par les vil-
lains dou pays grant fuison de bois et d'arbres, et
les fisent là amener et aporter à force de harnas et
de corps et tout reverser ens es fossés, et jetter grant
10 fuison d'estrain et de terre sus. Et eurent tout ce
fait en quatre jours, tant que il pooient bien aler
jusques au dit mur à leur aise. Et puis quant il
eurent tout fait, si commencièrent à assallir de grant
volenté et par bon esploit, et chil dou fort à yaus
15 deffendre, car il leur besongnoit; et eurent un jour
tout entier l'assaut où il rechurent moult de painne,
et furent en grant aventure d'estre pris; mès il
estoient là dedens tant de bonnes gens que ce
v^e jour il n'eurent garde. Au vi^e jour, li connes-
20 tables et si Breton se ordenèrent et traisent avant
pour assallir plus fort que devant. Et s'en vin-
rent tous paveschiés, portans pilz et haviaus en leurs
mains, et vinrent jusques as murs. Si commen-
cièrent à ferir et à fraper et à traire hors pières et à
25 pertuisier le dit murage en pluiseurs lieus, et tant
fisent que li compagnon qui dedens estoient, se com-
mencièrent à esbahir; nompourquant il se deffen-
doient si vaillamment que onques gens mieulz. Jehans
Cressuelle et David Holegrave, qui chapitainne en
30 estoient, imaginèrent le peril et comment messires
Bertrans et si Breton les assalloient, et à ce qu'il
moustroient, point de là ne partiroient, si les aroient,

et se de force estoient pris, il seroient tout mort, et
veoient bien que nulz confors ne leur apparoit de
nul costé; si entrèrent en trettiés pour yaus rendre,
salve leurs corps et leurs biens. Li connestables qui
ne voloit mies trop fouler ne grever ses gens, ne
chiaus dou fort trop presser, pour tant que il estoient
droites gens d'armes, entendi à ces trettiés et les
laissa passer, parmi tant que il se partirent, salve
leurs corps; mès nul de leurs biens il n'en portèrent,
fors or et argent, [et les fist conduire jusques à Poi-
tiers. Ainsi eut li connestables le chastel de Mont-
contour]; si en prist le saisine et le fist remparer, et
se tint illuec pour lui et ses gens refreschir, car il ne
pooit encores savoir quel part il se trairoit, ou devant
Poitiers, ou ailleurs.

§ 696. Quant cil de le cité de Poitiers sceurent
ces nouvelles, que li connestables et li Breton avoient
repris le chastiel de Montcontour, si furent plus
esbahi que devant, et envoiièrent tantos leurs mes-
sages devers monsigneur Thumas de Persi, qui estoit
leurs seneschaus et qui chevauçoit en le route et
compagnie dou captal. Ançois que li dis messires
Thumas en oïst nouvelles, messires Jehans d'Evrues,
qui se tenoit ens ou chastiel de le Rocelle, en fu
enfourmés, et li fu dit comment li connestables de
France avoit ja jeu devant Poitiers et avisé le lieu.
Et bien pensoient cil de Poitiers que il aroient le
siège, et se n'i estoit point leurs seneschaus. Li dis
seneschaus de le Rocelle, messires Jehans d'Evrues,
ne mist mies ce en noncalloir, mès pour conforter et
consillier chiaus de Poitiers, se parti de le Rocelle à

cinquante lances, et ordonna et institua à son departement un escuier qui s'appelloit Phelippot Mansiel, à estre chapitainne et gardiiens jusques à son retour dou dit chastiel de le Rocelle, et puis chevauça
5 jusques à Poitiers, et s'i bouta, dont cil de le cité li sceurent grant gré. Or vinrent ces nouvelles à monsigneur Thumas de Persi, qui se tenoit en le route dou captal, de par ses bonnes gens de Poitiers qui li prioient que il se volsist retraire celle part, car il
10 supposoient à avoir le siège, et ossi que il volsist venir fors assés, car li François estoient durement fort sus les camps. Messires Thumas, ces nouvelles oyes, les remoustra au captal pour savoir qu'il en vorroit dire. Li captaus eut sur ce avis et lui avisé,
15 il n'eut mies conseil de rompre se chevaucie, mès donna congiet au dit monsigneur Thumas de partir à cinquante lances et à traire celle part. Dont se departi li dis messires Thumas et chevauça tant qu'il vint en le cité de Poitiers, où il fu recheus à grant
20 joie des hommes de le ville qui moult le desiroient, et trouva là monsigneur Jehan d'Evrues; si se fisent grant feste et grant recueilloite. Tout cel estat et ceste ordenance sceut li connestables qui se tenoit encores à Montcontour, et comment cil de Poitiers
25 estoient rafresci de bonnes gens d'armes. A ce dont li estoient venues nouvelles dou duch de Berri, qui se tenoit atout grant fuison de gens d'armes d'Auvergne, de Berri, de Bourgogne et de Limozin, sus les marces de Limozin, et voloit mettre le siège
30 devant Sainte Sivière en Limozin, la quele ville et garnison estoit à monsigneur Jehan d'Evrues, et le gardoient de par lui messires Guillaumez de Persi,

Richars Gilles et Richars Holme, atout grant fuison
de bons compagnons ; et avoient courut tout le temps
sus le pays d'Auvergne et de Limozin et fait y moult
de damages et de destourbiers, pour quoi li dus de
Berri se voloit traire celle part, et prioit au dit con-
nestable que se il pooit nullement, que il volsist venir
devers lui, pour aler devant le dit fort. Li connes-
tables, qui moult imaginatis estoit, regarda que à
present à lui traire ne ses gens devant Poitiers, il ne
feroit riens ; car la chités estoit grandement rafres-
chie de bonnes gens d'armes, et qu'il se trairoit
devers le duch de Berri. Si se parti de Montcontour
atout son host, quant il eut ordonné qui garderoit
le forterèce dessus ditte. Et esploita tant que il vint
devers le dit duch de Berri, qui li sceut grant gré de
sa venue, et à tous le[s] barons et chevaliers ossi. Là
eut grant gent d'armes, quant ces deus hos furent
remis ensamble. Si esploita tant li dis dus de Berri et
li connestables [en sa compaignie], que il vinrent
devant Sainte Sivière et estoient bien quatre mil
hommes d'armes. Si assegièrent la garnison et ceulz
qui dedens estoient, et avoient bien pourpos qu'il
ne s'en partiroient, si l'aroient. Quant cil signeur
furent venu devant, il ne sejournèrent mies, mès
commencièrent à assallir par yaus et par leurs gens,
par grant ordenance ; et messires Guillaumes de Persi
et ses gens à yaus deffendre.

Ces nouvelles vinrent en le cité de Poitiers à
monsigneur Jehan d'Evrues, comment li dus de
Berri, li dus de Bourbon, li dauffins d'Auvergne, li
connestables de France, li sires de Cliçon, li viscontes
de Roem et bien quatre mil hommes d'armes avoient

assegiet sa forterèce en Limozin et ses gens dedens ; si n'en fu mies mains pensieus que devant, et en parla à monsigneur Thumas de Persi qui estoit presens au raport de ces nouvelles, et dist : « Messire Thumas, vous estes seneschaus de ce pays, et qui avés grant vois et grant poissance; je vous pri que vous entendés à vostre cousin et mes gens secourir, qui seront pris de force, se on ne les conforte. » — « Par ma foy », respondi messires Thumas, « j'en sui en grant volenté, et pour l'amour de vous, je me partirai de ci en vostre compagnie, et nous en irons parler à monsigneur le captal qui n'est pas lonch de ci, et mettrai grant painne à lui esmouvoir, afin que nous alons lever le siège et combatre les François. » Lors se departirent [de Poitiers] li dessus dit, et recommendèrent le cité en le garde dou maiieur de le ditte cité, qui s'appelloit Jehans Renaus, un bon et loyal homme. Si chevaucièrent tant li dessus dit, que il trouvèrent le captal sus les camps qui s'en aloit devers Saint Jehan l'Angelier. Adont li doi chevalier qui là estoient, li remoustrèrent comment li François avoient pris Montmorillon dalés Poitiers et ossi le fort chastiel de Montcontour, et se tenoient à siège devant Sainte Sivière qui estoit à monsigneur Jehan d'Evrues, à qui on devoit bien aucun grant service. Et encores dedens le dit fort estoient enclos et assis messires Guillaumes de Persi, Richars Gille et Richars Holme, qui ne faisoient mies à perdre. Li captaus pensa sus ces parolles un petit, et puis respondi et dist : « Signeur, quel cose vous semble il bon que j'en face ? » A ce conseil furent appellé aucun chevalier qui là estoient. « Sire », respondirent li dessus dit,

« il y a grant temps que nous vous avons oy dire que vous desirés moult les François à combatre, et vous ne les poés trouver mieulz à point; si vous traiiés celle part et faites vostre mandement parmi Poito et Saintonge; encores y a gens assés pour combatre les François avoecques le grant volenté que nous en avons. » — « Par ma foy », respondi li captaus, « et je le voeil. Voirement ai jou ensi dit que je les desire à combatre; si les combaterons temprement, se il plaist à Dieu et à saint Jorge. » Tantos là sus les camps li dis captaus envoia lettres et messages par devers les barons, chevaliers et escuiers de Poito et de Saintonge, qui en leur compagnie n'estoient, et leur prioit et enjoindoit estroitement qu'il se pressissent priés de venir au plus efforciement qu'il pooient, et leur donnoit place où on le trouveroit. Tout baron, chevalier et escuier, as quelz ces nouvelles vinrent et qui certefiiet et mandé en furent, se partirent sans point d'arrest, et se misent au chemin pour trouver le dit captal, cescuns au plus estoffeement qu'il peut. Là vinrent li sires de Partenay, messires Loeis de Harcourt, messires Huges de Vivone, messires Parchevaus de Coulongne, messires Aymeris de Rochewart, messires Jakemes de Surgières, messires Joffrois d'Argenton, li sires de Ponsances, li sires de Rousseillon, li sires de Crupegnach, messires Jehans d'Angle, messires Guillaumez de Monttendre et pluiseurs aultre. Et fisent tant qu'il se trouvèrent tout ensamble, et s'en vinrent logier, Englès, Poitevins, Gascons et Saintongiers, en l'abbeye de Charros sus les marces du Limozin ; si se trouvèrent bien nuef cens lanches et cinc cens archiers.

§ 697. Ces nouvelles vinrent en l'ost devant Sainte
Sivière à monsigneur Bertran et as aultres signeurs
que li Englès et li Poitevin et tout cil de leur alliance
approçoient durement et venoient pour lever le siège.
5 Quant li connestables entendi ce, il n'en fu de riens
effraés, ains fist armer toutes manières de gens et
commanda que cescuns traisist avant à l'assaut. A son
commandement et ordenance ne volt nulz desobeïr,
quelz sires qu'il fust. Si vinrent François et Breton
10 devant le forterèce armé et paveschié de bonne
manière, [et commenchèrent à assaillir de bonne vo-
lenté, chascuns sires dessous sa bannère] et entre ses
gens. Si vous di que c'estoit grans biautés dou veoir
et imaginer ces signeurs de France et le riche arroy
15 et riche[sse] d'yaus. Car adont à cel assaut, il y eut
par droit compte quarante et nuef banières et grant
fusion de pennons. Et là estoient li dis connestables
et messires Loeis de Saussoire mareschaus, cescuns
ensi que il devoit estre, qui travilloient moult à esvi-
20 gurer leurs gens pour assallir de plus grant [volenté
et] corage. Là s'avançoient chevalier et escuier de
toutes nations pour leur honneur accroistre et leurs
corps avancier, qui y faisoient merveilles d'armes. Car
li pluiseur passoient tout parmi les fossés qui estoient
25 plain d'aigue, et s'en venoient les targes sus leurs
testes jusques au mur. Et en celle apertise pour cose
que cil d'amont jettoient, point ne reculoient, mès
aloient toutdis avant. Et là estoient sus les fossés li
dus de Berri, li dus de Bourbon, li contes d'Alençon, li
30 dauffins d'Auvergne et les grans signeurs qui amon-
nestoient leurs gens de bien faire et pour la cause des
signeurs, qui les regardoient, s'avançoient li compa-

gnon plus volentiers, et ne ressongnoient mort ne
peril. Messires Guillaumez de Persi et li doi escuier
d'onneur qui chapitainne estoient de le forterèce, re-
gardèrent comment on les assalloit de grant volenté, et
que cilz assaulz point ne se refroidoit ne cessoit, et que,
à ensi continuer il ne se poroient tenir, et se ne lor
apparoit confors de nul costé, si com il supposoient.
Car se il sceuissent comment leurs gens estoient à
mains de dis liewes d'yaus, il se fuissent encore recon-
forté et à bonne cause. Car bien se fuissent tenu tant
que il en euissent oy nouvelles, mès point n'en sa-
voient. Pour tant entrèrent il en trettiet devers le
[dit] connestable pour eskiewer plus grant dangier.
Messires Bertrans qui estoit tous enfourmés que,
dedens le soir, il oroit nouvelles des Englès et des
Poitevins, car il chevauçoient, entendi à leurs trettiés
volentiers, et les prist salves leurs vies, et se saisi de
le forterèce dont il fist grant feste. Apriès tout che,
il fist toutes ses gens traire sus les camps et mettre en
ordenance de bataille, ensi que pour tantost com-
battre ; et leur dist et fist dire : « Signeur, avisés
vous, car li anemi approcent, et esperons encore
anuit à estre combatu. » Ensi se tinrent il de puis
heure de haute tierce que la forterèce fu rendue
jusques au bas vespre tout rengié et ordonné sus les
camps au dehors de Sainte Sivière, attendans les
Englès et les Poitevins, dont il cuidoient estre com-
batu. Et voirement l'euissent il esté sans nulle faute ;
mès nouvelles vinrent au captal et à monsigneur
Thumas de Persi et à monsigneur Jehan d'Evrues
que Sainte Sivière estoit rendue. De ceste avenue
furent li signeur et li compagnon tout courouciet ; si

disent et jurèrent là li signeur entre yaus que jamès en forterèce qui fust en Poito il n'enteroient, si aroient combatu les François [et ruet jus].

§ 698. Ce terme pendant et ceste chevaucie faisant, chil de Poitiers eschéïrent en grant discention et rebellion l'un contre l'autre. Car li communaulté et les eglises et aucun riche homme de le ville se voloient tourner françois. Jehans Renaus, qui maires en estoit, et tout li officiier dou prince et aucun aultre grant riche homme ne s'i voloient nullement acorder : pour quoi il en furent en tel estri que priès sus le combatre. Et mandèrent cil qui le plus grant acord avoient secretement devers le connestable que, se il se voloit avancier et venir si fors que pour prendre le saisine de Poitiers, on li renderoit le ville. Quant li connestables, qui se tenoit en Limozin, oy ces nouvelles, si s'en descouvri au duch de Berri et au duch de Bourbon, et leur dist : « Mi signeur, ensi me mandent cil de Poitiers. A Dieu le veu, je me trairai celle part atout trois cens lances, et verai quel cose il vorront faire ; et vous demorrés sus ce pays et ferés frontière as Englès. Se je puis esploitier, il n'i revenront jamès à temps. » A ceste ordenance s'acordèrent bien li dessus dit signeur. Lors se parti secretement li dis connestables et prist trois cens lances de com[pa]gnons d'eslitte tous bien montés, et ossi il le couvenoit; car, sus demi jour et sus une nuit, il avoient bien à chevaucier trente liewes, car il ne pooient mies aler le droit chemin, qu'il ne fuissent sceu et aperceu. Si chevauça li dis connestables et se route, à grant esploit, par bois, par bruières et par divers

chemins et par pays inhabitable, et se uns chevaus
des leurs se recrandesist, il ne l'attendoient point.

Li maires de le cité de Poitiers, qui soupeçonnoit
bien tout cel afaire, envoia secretement un message
devers monsigneur Thumas de Persi, son mestre,
qui estoit en le compagnie dou captal, et li dist li
varlès, quant il vint à lui : « Sire, mon mestre
vous segnefie que vous aiiés avis, car il besongne,
et vous hastés de retourner en Poitiers, car il sont
en grant discention l'un contre l'autre, et se
voellent les cinc pars de le ville tourner françois, et
ja en a estet li maires vos varlès en grant peril
d'estre occis. Encores, ne sçai je se vous y porés ve-
nir à temps; car mon mestre fait doubte que il
n'aient mandé le connestable. ». Quant li connes-
tables de Poito entendi che, qui bien congnissoit le
varlet, si fu trop durement esmervilliés, et nompour-
quant il le crei bien de toutes ses parolles, car il
sentoit assés le corage de chiaus de Poitiers ; si re-
corda tout ce au captal. Dont dist li captaus :
« Messires Thumas, vous ne vos partirés pas de
moy ; vous estes li uns des plus grans de nostre
route ou cilz où j'ay plus grant fiance d'avoir
bon conseil, mès nous y envoierons. » Respondi
messires Thumas : « Sire, à votre ordenance en
soit. » Là fu ordonnés messires Jehans d'Angle et
sevrés des aultres, et li fu dit : « Messire Jehan,
prendés cent lances des nostres, et chevauciés hastee-
ment vers Poitiers, et vous boutés dedens le ville et
ne vous en partés jusques à tant que nous vous re-
manderons sus certainnes ensengnes. » Messires
Jehans d'Angle obei tantost; on li delivra sus les

camps cent lances, qui se dessevrèrent des autres : si chevaucièrent quoiteusement devers Poitiers ; mès onques ne se peurent tant haster que li connestables de France ne venist devant et trouva les portes ou-
5 vertes, et le recueillièrent à grant joie et toutes ses gens. Ja estoit li dis messires, Jehans d'Angle et se route à une petite liewe de Poitiers, quant ces nouvelles li vinrent, qu'il n'avoit que faire plus avant, se il ne se voloit perdre ; car li connestables et bien
10 trois cens lances estoient dedens Poitiers. De ces parolles fu moult courroucićs li dis messires Jehans, ce fu bien raisons ; comment que il ne les peuist amender, si tourna sus frain et tout chil ossi qui avoech lui estoient. Si retournèrent arrière dont il estoient
15 parti, et chevaucièrent tant que il trouvèrent le captal et monsigneur Thumas et les aultres ; si leur compta li dis messires Jehans l'aventure, comment elle aloit et dou connestable qui s'estoit boutés en Poitiers.

§ 699. Quant li Gascon, li Englès et li Poitevin
20 qui là estoient tout ensamble d'un acord et d'une alliance, entendirent ces nouvelles, si furent plus esmervilliet et esbahi que devant, et n'i eut baron [ne] chevalier qui ne fust durement pensieus et courouchiés, et bien y avoit cause, car il veoient les coses
25 aler diversement. Si disent li Poitevin pour les Gascons et Englès reconforter : « Signeur, sachiés de verité que il nous desplaist grandement des coses qui ensi vont en ce pays, se conseil ou remede y poions mettre. Et regardés entre vous quel cose vous volés
30 que nous façons, nous le ferons ne ja en nous vous ne trouverés nulle lasqueté. » — « Certainnement, si-

gneur, » ce respondirent li Englès, « nous vous en
creons bien, et nous ne sons pas pensieu sur vous ne
sus vostre estat et afaire, fors sus le infortuneté de
nous; car toutes les coses nous viennent à rebous.
Si nous fault avoir sur ce avis et conseil comment à
nostre honneur nous en porons perseverer. » Là re-
gardèrent par grant deliberation de conseil et pour
le milleur, que ce seroit bon que li Poitevin fesissent
leur route à par yaus, et li Englès le leur, et li Gas-
cons le leur et se retraisissent en leurs garnisons, et
quand il vorroient chevaucier et il veroient bien où
à emploiier leur chevaucie, il le segnefieroient l'un à
l'autre, et il se trouveroient apparilliet. Ceste orde-
nance fu tenue et se departirent moult amiablement
li un de l'autre, et prisent li dit Poitevin le chemin
de Touwars, et li Gascon le chemin de Saint Jehan
l'Angelier, et li Englès le chemin de Niorth. Ensi se
desrompi ceste chevaucie.

Li Englès qui chevauçoient tout ensamble, quant
il cuidièrent entrer en le ville de Niorth, on leur cloy
les portes, et leur disent li villain de le ville que
point là il n'enteroient et qu'il alaissent d'autre part.
Or furent li Englès plus courouchié que devant, et
disent que ceste rebellion contre telz villains ne fai-
soit mies à souffrir. Si se appareillièrent tantost et
misent en ordenance pour assallir et assallirent de
grant corage; et cil de le ville se deffendirent à leur
pooir. Là eut grant assaut et dur, et qui se tint une
longe espasse; mès finablement chil de Niorth ne les
peurent souffrir, car il n'avoient nul gentil homme,
dont il fuissent conforté et consillié. Et se il se peuis-
sent estre tenu jusques au vespre, il euissent esté se-

couru et conforté dou connestable, en quel istance il s'estoient clos contre li Englès. Mès li dit Englès le assallirent si virtueusement et de si grant volenté que de force il rompirent les murs et entrèrent ens et
5 occirent le plus grant partie des hommes de le ville, et puis le coururent et pillièrent toute sans nul deport, et se tinrent là jusques à tant qu'il oïrent autres nouvelles.

§ 700. Vous avés bien chi dessus oy recorder com-
10 ment Yewains de Galles à l'ordenance et commandement dou roy de France ala en Espagne parler au roy Henri pour impetrer une partie de se navie. Li rois Henris ne l'euist jamais refusé ne escondi au roy de France, mès fu tous joians quant il peut envoiier. Si
15 ordonna son mestre amiral dan Radigo de Rous à estre patrons, avoech le dessus dit Yewain, de toute ceste armée. Si se partirent dou port de Saint Andrieu en Galisse, quant la navie fu toute preste à quarante grosses nefs, huit galées et trese barges, toutes fre-
20 tées et appareillies et cargies de gens d'armes. Si singlèrent tant par mer sans avoir empeecement ne vent contraire, qu'il arrivèrent devant le ville de le Rocelle, où il tendoient à venir et ancrèrent tout par devant, et s'i ordonnèrent et establirent par manière
25 de siège. Cil de le Rocelle, quant il veirent celle grosse flotte là des Espagnolz venue, furent durement esbahi; car il n'avoient point apris à estre assegié si poissamment par mer ne de telz gens. Toutes fois quel samblant que toute la saison il euissent moustré as
30 Englès, il avoient le corage tout bon françois, mès il s'en dissimuloient ce qu'il pooient, et se fuissent ja

trés volentiers tourné françois, se il osassent ; mais
tant que li chastiaus fust en le main des Englès, il ne
pooient, se il ne se mettoient en aventure d'estre tout
destruit. Quant cil de le Rocelle veirent que c'estoit
tout acertes que on les avoit assegiés, si y pourveirent
couvertement de conseil et de remède ; car il tret-
tièrent secretement devers Yewain de Gallez et dan
Radigo de Rous trettiés amiables par composition
tele que il voloient bien estre assegiet, mais il ne de-
voient riens fourfaire l'un sus l'autre ; si se tinrent en
tel estat un terme.

Li connestables de France, qui se tenoit en le cité
de Poitiers à tout grant fuison de gens d'armes, envoia
monsigneur Renault, signeur de Pons, en Poito, de-
vant le chastiel de Subize, qui siet sus le Charente à
l'emboukure de le mer, et ordonna desous le dessus
dit bien trois cens lances, dont la plus grant partie
estoient Breton et Pikart. Et y furent envoiiet doi es-
cuier Breton vaillant homme durement, Thiebaus
dou Pont et Alyot de Chalay. Si vinrent ces gens
d'armes mettre le siège devant le dit chastiel de Subize,
et le assegièrent à l'un des lés et ne mies partout. De-
dens le forterèce n'avoit que une seule dame veve
sans marit, qui s'appelloit la dame de Subize, et pour
se loyauté tenir, elle demoroit Englesce ; si estoit là
aseulée entre ses gens, et ne cuidoit mies avoir le
siège si soudainnement que elle l'eut. Quant elle vei
que ce fu acertes et que li sires de Pons et li Breton
le cuvrioient telement, si envoia devers monsigneur
le captal de Beus qui se tenoit en garnison en le ville
de Saint Jehan l'Angelier, en lui priant humlement et
doucement que il volsist entendre à lui conforter ;

car li sires de Pons et Thiebaus dou Pont Breton et environ trois cens armeures de fier, l'avoient assegiet et le constraindoient durement. Li captaus de Beus, comme courtois et vaillans chevaliers, et qui tous jours fu enclins et en grant volenté de conforter dames et damoiselles, en quel parti que elles fuissent, ensi que tout noble et gentil homme de sanch doivent estre, et sicom il reconforta et aida jadis, et se mist en grant peril ou marchiet à Miaus contre les Jakebonhommes, pour la royne de France qui lors estoit ducoise de Normendie, respondi as messages, qui ces nouvelles li aportèrent : « Retournés devers la dame de Subize, et li dittes de par moy que elle se conforte, car je n'entenderai à aultre cose, si l'arai secourue et levet le siège; et me recommendés à lui plus de cent fois. » Li message furent moult liet de ceste response, et retournèrent à Subise devers leur dame, qui ossi en ot grant joie. Li captaus de Beus ne mist mies en noncalloir ceste emprise, mès envoia tantost devers le capitainne de Saintes, monsigneur Guillaume de Ferintonne et manda monsigneur Henri Haie, senescal d'Angouloime, monsigneur Renault, signeur de Maruel, neveut à monsigneur Raymon, et à Niort monsigneur Thumas de Persi, Jehan Cressuelle et David Holegrave; et à Luzegnan monsigneur Petiton de Courton, monsigneur Gautier Huet, et monsigneur Meurisse Wis et pluiseurs aultres. Et s'assamblèrent tout ces gens d'armes en le ville de Saint Jehan. Tout ce couvenant et ceste ordenance sceut bien par ses espies, qu'il avoit alant et venant, Yewains de Galles, qui se tenoit devant le Rocelle et ossi le siège dou signeur de Pons qu'il

avoit mis et tenoit devant Subize. Si imagina li dis
Yewains, qui fu uns moult apers et vaillans homs
d'armes, que ceste assamblée dou captal se faisoit
pour lever le siège et ruer jus le signeur de Pons et
se route. Si s'apensa que il y pourveroit de remède,
se il pooit. Si pria tous les milleurs hommes d'armes
de sa navie par election, et les trouva [si] appa-
reilliés et obeissans à sa volenté, et fist son fet secre-
tement et eut environ quatre cens armeures de fier;
si les fist tous entrer par ordenance ens es treise barges
qu'il avoit amenet d'Espagne, et se mist en l'une, et
puis nagièrent et rimèrent tant li notonnier, que il
vinrent en l'emboukure de le Charente à l'opposite
dou chastiel de Subize, sans ce que li sires de Pons
ne la dame de Subize en seuissent riens, et là se tin-
rent tout quoi à l'ancre sus la ditte rivière.

§ 701. Li captaus, qui se tenoit à Saint Jeham l'An-
gelier et qui avoit fait son mandement de quatre
cens hommes, et de plus fu enfourmés ainsi son depar-
tement que li sires de Pons et toute somme n'avoit
devant Subise non plus de cent lances, si crut ceste
information trop legierement, dont il en fu decheus
et renvoia le droite moitié de ses gens pour garder
leurs forterèces, et se parti de Saint Jehan atout
deus cens lances, tous des milleurs à son avis. Et
chevauça tant ce jour que sus le nuit il vint assés
priès de l'ost as François, qui riens ne savoient de sa
venue, et descendi en un bosket et fist toutes ses gens
descendre : si restraindirent leurs armeures et rechen-
glèrent leurs chevaus, et puis montèrent sans faire
nul effroi. Et chevaucièrent tout quoiement tant que

il vinrent ou logeis dou signeur de Pons et des Bretons, qui se tenoient tout asseguret, et ja estoit moult tart. Evous monsigneur le captal et se route, qui entrent sans dire mot ne faire trop grant noise en ces logeis, et commencent à ruer par terre tentes et trés et foelliès et à abatre gens, occire et decoper et à prendre. Là furent pris li sires de Pons, Thiebaus dou Pont, Alyos de Chalay et tout chil qui là estoient mort ou pris. Et en furent li Englès si mestre et si signeur, que tout fu leur pour ceste heure. Yewains de Galles qui estoit à l'autre part à l'encontre de celle host oultre le rivière derrière le dit chastiel, tous pourveus et avisés quel cose il devoit faire et qui bien savoit le venue dou dit captal, avoit pris terre et toutes ses gens ossi, qui bien estoient quatre cens combatans. Et là estoient messires Jakemes de Montmore et Morelès, ses frères. Et portoient ces gens d'armes grant fuison de fallos et de tortis tous alumés, et s'en vinrent par derrière les logeis, où cil Englès se tenoient, qui cuidoient avoir tout fait et tenoient leurs prisonniers dalés yaus ensi que pour tous assegurés. Evous le dit Yewain et se route, qui estoit forte et espesse et en grant volenté de bien faire le besongne, et entrent en ces logeis, les espées toutesnues, et commencent à escriier leurs cris et à occire et decoper gens d'armes et ruer par terre et prendre et fiancier prisonniers et à delivrer chiaus qui pris estoient. Que vous feroi je lonch compte? Là fu pris li captaus de Beus d'un escuier de Pikardie, qui s'appelloit Pières Danviller, apert homme d'armes durement desous le pennon Yewain. Là furent telement espars et ruet par terre li Englès

que il ne se peurent ravoir ne desfendre, et furent
tout li prisonnier françois rescous. Li sires de Pons
premierement, qui en fu très ewireus et au quel li
aventure fu plus belle qu'à nulz des aultres; car se li
Englès l'euissent tenu jamais, il n'euist veu sa deli-
vrance. Là furent pris messires Henris Haie, messires
Meurisses Wis et pluiseur aultre chevalier et escuier,
et ossi li seneschaus de Poito, messires Thumas de
Persi; et le prist uns prestres de Galles, chapellains
dou dit Yewain, qui s'appelloit messires David House.
Là furent priès que tout pris et mort, et se sauvèrent
à grant meschief messires Gautiers Hues, messires
Guillaumes de Ferrintonne et messires Petiton de
Courton et Jehan Cressuelle, qui afuirent vers le for-
terèce par une estragne voie, ensi que uns varlès les
mena, qui savoit le couvine de laiens, les entrées et
les issues. Si furent recueilliet de la dame de Subise
par une fausse porte, et leur jetta on une plance par
où il entrèrent en leur forterèce. Si recordèrent à la
ditte dame de Subise leur aventure et comment il
leur estoit mesavenu par povre soing. De ces nou-
velles fu la dame toute desconfortée, et vei bien que
rendre le couvenoit et venir en l'obeissance dou roy
de France.

§ 702. Ceste nuit fu tantost passée, car c'estoit en
temps d'esté, ou mois d'aoust, mais pour ce que il
faisoit noir et brun, la lune estoit en decours. Si se
tinrent li François et cil de leur costé tout liet et
grandement reconforté, et bien y avoit cause; car il
leur estoit avenu une très belle aventure que pris le
captal de Beus, le plus renommé chevalier de toute

Gascongne et que li François redoubtoient le plus pour ses hautainnes emprises. De ceste avenue et achievement eut Yewains de Galles grant grasce. Quant ce vint à l'endemain dont la besongne avoit
5 estet le nuit, li dis Yewains et cil qui prisonniers avoient, les fisent mener pour tous perilz eschiewer en leur aultre navie devant le Rocelle, car envis les euissent perdus; et puis s'en vinrent rengié et ordonné devant le chastiel de Subise. Et mandèrent en leur
10 navie encores grant fuison de Genevois et arbalestriers; si fisent grant samblant d'assallir la forterèce, et s'en misent en bon arroi. La dame de Subise qui veoit tout son confort mort et pris, dont moult li anoioit, demanda conseil as chevaliers, qui là dedens
15 estoient retrait à sauveté, monsigneur Gautier Huet, et monsigneur Guillaume de Ferrintonne et monsigneur Petiton de Courton. Li chevalier li respondirent : « Dame, nous savons bien que à le longe vous ne vous poés tenir; et nous sommes cheens enclos;
20 si n'en poons partir fors par le dangier des François. Nous traitterons devers yaus que nous partirons sauvement sus le conduit le signeur de Pons; et vous demorrés en l'obeissance dou roy de France. » La dame respondi : « Diex y ait part, puis que il
25 ne poet estre autrement. » Adont li troi chevalier dessus nommet envoiièrent un hiraut des leurs hors dou chastiel parler à Yewain de Galles et au signeur de Pons, qui estoient tout appareilliet et leurs gens pour assallir. Li dessus dit entendirent à ces trettiés
30 volentiers et eurent grasce de partir tout li Englès qui dedens le fort estoient et de retraire par saufconduit là où mieus leur plaisoit, fust en Poito ou

en Saintonge; si se partirent sans plus attendre.
Et la dame de Subize, ses chastiaus et toute sa terre,
demora en l'obeissance dou roy de France. Et li
dis Yewains [de Galles] se retray en se navie devant
le Rocelle qu'il tenoit pour assegie, quoi que compositions fust entre li et chiaus de le ville, que
point ne devoient grever l'un l'autre. Et tint toutdis
monsigneur le captal dalés lui, ne point n'avoit volenté d'envoiier en France devers le roy jusques à
tant qu'il oroit aultres nouvelles.

§ 703. Vous devés savoir que se li rois d'Engleterre et li Englès furent courouciet de le prise le
captal de Beus, li rois de France et li François en
furent moult resjoy et en tinrent leur guerre à plus
belle, et à plus foible le poissance des Englès. Tantost
apriès ceste avenue, li sires de Pons, li sires de Cliçon,
li viscontes de Roem, li sires de Laval, li sires de
Biaumanoir, Thiebaus dou Pont, Alyot de Calay et
une grande route de Bretons et de Poitevins d'une
alliance, qui bien estoient cinc cens hommes d'armes,
chevaucièrent caudement par devers Saint Jehan
l'Angelier, dont li captaus avoit estet chapitainne,
et esploitièrent tant que il vinrent devant et fisent
grant samblant de l'assallir. Cil de Saint Jehan furent
tout esbahi de leur venue, car il n'avoient nul gentil
homme, qui les consillast, et si veoient leur chapitainne pris, et le plus grant partie des Englès; et ne
leur apparoit confors de nul costé. Si se rendirent et
ouvrirent leurs portes as dessus dis, parmi tant que
on ne leur devoit nul mal faire. De ce leur tint on
bien couvent. Et il jurèrent foy et seurté et toute

obeïssance de ce jour en avant à tenir au roy de
France. Quant il eurent ce fait, il s'en partirent et
chevaucièrent ossi caudement par devers le cité d'An-
gouloime, qui est belle et forte, et y apent uns biaus
chastiaus ; mais il avoient perdu leur seneschal, mon-
signeur Henri Haie, et n'estoit là dedens de le partie
des Englès, qui les consillast ne confortast. Si furent
si esbahi, quant li sires de Cliçon et li sires de Pons et
li dessus dit approcièrent leur cité, que il n'eurent
nulle volenté d'yaus tenir, et entrèrent en trettiés
devers les dis François; et les aida à faire li sires de
Pons, pour tant qu'il y avoit plus grant fiance que
ens es Bretons. Si jurèrent feaulté et obeïssance au
roy de France ; et entrèrent li Breton dedens le ditte
cité, et là se rafreschirent par un jour, et l'endemain
s'en partirent ; si chevaucièrent viers Taillebourch,
sus le rivière de Charente, qui se tourna françoise
ossi. Et puis chevaucièrent devers le cité de Saintes
en Poito, où messires Guillaumez de Ferrintonne,
seneschaus de Saintonge, estoit retrais, li quelz dist
qu'il ne se renderoit mies si legierement, et fist clore
la cité et toutes manières de gens aler à leurs def-
fenses, fust envis ou volenté. Quant li Breton veirent
ce, si se ordonnèrent et apparillièrent de grant
manière et commencièrent à assallir la ditte cité de
Saintes, et cil dedens à yaus deffendre par le conseil
dou dit monsigneur Guillaume et de ses gens, qui
pooient estre environ soissante armeures de fier. Et
y eut un jour tout entier grant assaut, mès riens n'i
perdirent. Si se retraisent au soir li Breton tout las
et travilliet en manechant durement chiaus de le ville,
et leur disent au partir : « Folle gent, vous vos tenés

et cloés contre nous, et si ne poés durer que nous
ne vous aions. Et quant vous serés pris de force,
vostre ville sera toute courue et reubée et arse, et
serés tout mort sans merci. » Ces parolles entendirent bien aucun homme de le ville, si les notèrent
grandement et les segnefiièrent à l'evesque dou lieu,
qui en fist grant compte, et leur dist : « Se il avient
ensi que li Breton vous prommettent, vous n'en arés
mies mains : par le oppinion de monsigneur Guillaume porions nous estre tout perdu sans nul recouvrier. » Lors demandèrent cil de le cité à l'evesque
conseil, comment il poroient ouvrer pour le mieulz
sus cel estat. Li evesques leur dist, qui desiroit à estre
françois : « Prendés monsigneur Guillaume de Ferrintonne et les plus notables de conseil, et les mettés
en prison, ou dittes que vous les occirés, se il ne
s'acordent à rendre le cité. » Ensi que li dis evesques
le consilla, fu fait. De nuit cil de Saintes prisent de
force leur senescal à son hostel et huit de ses escuiers,
et leur disent : « Signeur, nous ne nos sentons mies
fort assés pour nous tenir contre le poissance de ces
Bretons, car encores doient il i estre de matin
rafreschi de nouvelles gens de par le connestable
qui se tient à Poitiers. Si volons que vous rendés
ceste cité ançois que nous y recevons plus grant
damage, ou briefment nous vous occirons. » Messires
Guillaumes et si compagnon veirent bien que deffence
n'i valoit riens ; si leur dist : « Signeur, je vous lairai
couvenir, puis que ensi est que vous avés volenté
de vous rendre, mès mettés nous hors de vostres
trettiés, si ferés courtoisie et vous en sarons gré ; et
chil respondirent : « Volentiers. »

§ 704. Quant ce vint l'endemain au matin, li sires de Cliçon, li sires de Pons, li viscontes de Rohem, et li baron qui là estoient fisent sonner leurs trompètes pour assallir et armer et appareillier toutes gens et
5 traire avant et mettre en ordenance d'assaut. Evous autres nouvelles qui leur vinrent envoiies de par chiaus de Saintes. A ces trettiés entendirent li signeur de l'ost pour tant que ce leur sambloit honneurs de conquerre une tele cité que Saintes est, et mettre en
10 l'obeïssance dou roy de France, sans travillier ni blechier leurs gens, qui leur estoit grans pourfis. Et ossi il tiroient toutdis à chevaucier avant. Si furent cil trettié oy, retenu et acordé; et se departirent messires Guillaumes de Ferintonne et ses gens sauve-
15 ment sus le conduit le signeur de Pons, qui fist les dis Englès conduire jusques en le cité de Bourdiaus. Ensi eurent li François la bonne cité de Saintes, et en prisent le feauté et l'ommage; et jurèrent li homme de le ville à estre bon et loyal françois de ce jour en
20 avant. Et puis s'en partirent, quant il s'i furent rafreschi trois jours, et chevaucièrent devant Pons, qui se tenoit encores englesce, quoi que li sires fust françois, et en estoit chapitainne messires Aymenions de Bourch.

25 Mais quant chil de le ville se veirent ensi enclos de tous lés des François, et que cil de Poitiers, de Saintes et de Saint Jehan l'Angelier s'estoient rendu et tourné françois et que li dit Englès perdoient tous les jours, et que li captaus estoit pris, par le quel toutes recou-
30 vrances se peuissent estre faites, il n'eurent nulle volenté d'yaus tenir; mais se rendirent par composition que tout chil qui le opinion des Englès voloient

[tenir et] soustenir, se pooient partir sans damage et
sans peril, et avoient conduit jusques à Bourdiaus.
Si se parti sus cel estat messires Aymenions, qui
l'avoit gardée plus d'an et demi, et avoech lui toute
se route, et se traist à Bourdiaus, [et li sire de Pons
entra] en sa ville, où il fut recheus à grant joie. Et
là fist on grans dons et biaus presens, afin que il leur
pardonnast son mautalent, car il avoit dit et juret
en devant que il en feroit plus de soissante de ses
gens meismes trenchier les testes; et pour celle
doubte s'estoient il tenu si longement. Mais anchois
que il y peuist entrer ne que il vosissent ouvrir leurs
portes, il leur quitta et pardonna tout à le priière
dou signeur de Cliçon et des barons, qui estoient
en se compagnie. Or parlerons nous de chiaus de le
Rocelle.

§ 705. Chil de le Rocelle estoient en trettiés cou-
vers et secrés devers Yewain de Galles, qui les avoit
assegiés par mer, sicom chi dessus vous avés oy, et
ossi devers le connestable de France qui se tenoit à
Poitiers, mès il n'en osoient nulz descouvrir; car
encores estoit li chastiaus en le possession des En-
glès, et sans le chastiel il ne s'osassent nullement
tourner françois. Quant messires Jehans d'Evrues, si-
com chi dessus est recordé, s'en parti pour confor-
ter de tous poins chiaus de Poitiers, il y establi un
escuier à garde, qui s'appelloit Phelippot Mansiel, qui
n'estoit mies trop soutieulz; et demorèrent avoech
lui environ soissante compagnons. En ce temps avoit
en le ville de le Rocelle un maieur durement agu et
soubtil en toutes ses coses et bon François de corage,

sicom il le moustra. Car quant il vei que poins fu, il ouvra de sa soutilleté, et ja s'en estoit descouvers à pluiseurs bourgois de le ville, qui estoient tout de son acord. Bien sçavoit li dis maires, qui s'appelloit
5 sire Jehan [Cauderier], que cilz Phelippos, qui estoit gardiiens dou chastiel, comment qu'il fust bons homs d'armes, n'estoit mies trop soubtieulz ne perchevans sus nul malisce; si le pria un jour de disner dalés lui, et aucuns bourgois de le ville. Chilz Phe-
10 lippos qui n'i pensoit que tout bien, li acorda et y vint. Anchois que on s'assesist au disner, sire Jehans [Cauderier], qui estoit tous pourveus de son fait et qui enfourmé en avoit ses compagnons, dist à Phelippot : « Chastelains, j'ay recheu de puis hier unes
15 lettres de par nostre chier signeur le roy d'Engleterre, qui bien vous touchent. » — « Et queles sont elles? » dist cilz. Respondi li maires : « Je les vous mousterai et ferai lire en vostre presence, car c'est bien raisons. » Adont ala il en un coffre et prist une
20 lettre toute ouverte, anchiennement faite, seelée dou grant seel le roy Edowart d'Engleterre, qui de riens ne touchoit à son fait; mais il li fist touchier par grant sens, et dist à Phelippot : « Vés le chi. » Lors li moustra le seel au quel cilz s'apaisa moult bien, car
25 assés le recogneut; mais il ne savoit lire : pour tant fu il decheus. Sire Jehans [Cauderier] appella un clerch que il avoit tout pourveu et avisé de son fait, et dist : « Lisiés nous ceste lettre. » Li clers le prist et lisi ce que point n'estoit en le lettre, et parloit en
30 lisant que li rois d'Engleterre commandoit au maieur [de le Rochelle] que il fesist faire leur moustre de tous hommes armés demorans en le Rocelle, et l'en

rescrisist le nombre par le porteur de ces lettres, car
il le voloit savoir, et ossi de chiaus dou chastiel; car
il esperoit temprement à là venir et arriver. Quant
ces parolles furent toutes dittes, ensi que on list une
lettre, li maires appella ledit Phelippot, et li dist :
« Chastellain, vous oés bien que li rois, vos sires, me
mande et commande : siques de par lui, je vous
commande que demain vous fachiés vostre moustre
de vos compagnons en le place devant le chastiel. Et
tantost après la vostre, je ferai la mienne, par quoi
vous le verés ossi, si vaurra trop mieulz, et en ceste
meisme place. Si en rescrirons l'un par l'autre la
verité à nostre très chier signeur le roy d'Engleterre.
Et aussi se il besongne argent à vos compagnons, je
crois bien oïl, tantost le moustre faite, je vous en
presterai, par quoi vous les paierés lor gages, car li
rois d'Engleterre, nos sires, le m'a mandé ensi en
une lettre close, que je les paie sus mon offisce. »
Phelippes qui adjoustoit en toutes ces parolles grant
loyauté, li dist : « Sires maires, de par Dieu, puis que
c'est à demain que je doy faire ma moustre, je le
ferai volentiers, et li compagnon en aront grant joie,
pour tant qu'il seront paiiet; car il desirent à avoir
argent. » Adont laissièrent il les parolles [sur tel es-
tat] et alèrent disner, et furent tout aise. Apriès disner
cilz Phelippos se retray ens ou chastiel de le Rocelle,
et compta à ses compagnons tout ce que vous avés
oy et leur dist : « Signeur, faites bonne chière, car
demain tantos apriès vo moustre, vous serés paiiet de
vos gages; car li rois l'a ensi mandé et ordené au
maieur de ceste ville, et j'en ay veu les lettres. » Li
saudoiier qui desiroient à avoir argent, car on leur

devoit de trois mois ou plus, respondirent : « Vechi riches nouvelles. » Si commencièrent à fourbir leurs bachinès, à roler leurs cotes de fier et à esclarchir leurs espées ou armeures teles qu'il les avoient. Ce soir se pourvei tout secretement sire Jehans [Cauderier] et enfourma le plus grant partie de chiaus de le Rocelle, que il sentoit de son acord, et leur donna ordenance pour l'endemain, à savoir comment il se maintenroient.

Assés priès dou chastiel de le Rocelle et sus le place où ceste moustre se devoit faire, avoit vieses maisons où nulz ne demoroit. Si dist li maires que là dedens on feroit une embusche que quatre cens hommes armés, tous les plus aidables de le ville, et quant cil dou chastiel seroient hors issu, il se metteroient ent[re] le chastel et yaus et les encloroient; ensi seroient il attrapé, ne il ne veoient mies que par aultre voie il les peuist avoir. Cilz consaulz fu tenus, et cil nommé et esleu en le ville qui devoient estre en l'embusche, et y alèrent tout secretement très le nuit tout armé de piet en cap, et yaus enfourmé quel cose il feroient. Quant ce vint au matin apriès soleil levant, li maires de le Rocelle et li juret et chil de l'offisce tant seulement, se traisent tout de sarmé par couvreture pour plus legierement attraire chiaus dou chastiel avant. Et se vinrent sus le place où li moustre se devoit faire, et estoient monté cescuns sus bons gros ronchins pour tantost partir, quant la meslée se commenceroit. Li chastellains si tost que il vei apparoir le maieur et les jurés, il hasta ses compagnons, et dist : « Alons! alons! là jus en le place on nous attent! » Lors se departirent dou chastiel

tout li compagnon sans nulle souspeçon, qui moustrer
se voloient et qui argent attendoient. Et ne demo-
rèrent dedens le chastiel fors que varlet et meschines,
et vuidièrent le porte et [le] laissièrent toute ample
ouverte, pour ce que il y cuidoient tantost retraire, et
s'en vinrent sus le place yaus remoustrer au maiieur
et as jurés qui là estampoient. Quant il furent tout en
un mont, li maires, pour yaus ensonniier, les mist en
parolles, et disoit à l'un et puis à l'autre : « Encores
n'avés vous pas tout vostre harnas, pour prendre
plains gages, il le vous fault amender. » Et chil
disoient : « Sire, volentiers. » Ensi en genglant et en
bourdant, il les tint tant que li embusche sailli hors
armé si bien que riens n'i falloit, et se boutèrent
tantost entre le chastiel et yaus, et se saisirent de le
porte. Quant li saudoiier veirent ce, si cogneurent bien
qu'il estoient trahi et decheu : si furent durement
esbahi et à bonne cause. A ces cops se parti li mai-
res et tout li aultre, et laissièrent leurs gens couvenir,
qui tantost furent mestre de ces saudoiiers qui se
laissièrent bellement prendre, car il veirent bien que
deffense n'y valoit riens. Là les fisent li Rocellois tous
un à un desarmer sus le place, et les menèrent en
prisons en le ville en divers lieus, en tours et en
portes de le ville : dou plus n'estoient que yaus doi
ensamble.

Assés tost apriès ce, vint li maires tous armés sus
le place, et plus de mil homes en se compagnie. Si se
traist incontinent devers le chastiel qui en l'eure li
fu rendus; car il n'i avoit dedens fors menue gent,
mechines et varlès, en qui n'avoit nulle deffense;
mès furent tout joiant, quant il se peurent rendre, et

on les laissa en pais. Ensi fu reconquis li chastiaus de le Rocelle.

§ 706. Quant li dus de Berri et li dus de Bourbon et ossi li dus de Bourgongne, qui s'estoient tenu moult longhement sur le[s] marches d'Auvergne et de Limozin, à plus de deus mil lanches, entendirent ces nouvelles, que chil de le Rocelle avoient bouté hors les Englès de leur chastiel et le tenoient pour leur, si s'avisèrent que il se trairoient celle part pour veoir et savoir quel cose il vorroient faire. Si se departirent de le marche où il s'estoient tenu, et chevaucièrent devers Poito le droit chemin pour venir à Poitiers par devers le connestable. Si trouvèrent une ville en leur chemin en Poito c'on dist Saint Maxiien, qui se tenoit englesce, car li chastiaus qui siet au dehors de le ville estoit en le gouvrenance d'Englès. Sitos que chil signeur et leurs routes furent venu devant le ville, chil de Saint Maxiien se rendirent, salves leurs corps et leurs biens, mès li chastiaus ne se volt rendre. Dont le fisent assallir li dit signeur moult efforciement, et là eut un jour tout entier grant assaut, et ne peut ce jour estre pris. A l'endemain de rechief, il vinrent assallir si efforchiement et de si grant volenté, qu'il le prisent, et furent tout chil mort qui dedens estoient; puis chevaucièrent li signeur oultre, quant il eurent ordonné gens de par yaus pour garder le ville, et vinrent devant Melle, et le prisent et le misent en l'obeïssance dou roy de France, et puis vinrent devant le chastiel de Sevray. Chil de Sivray se tinrent deus jours, et puis se rendirent, salve leurs corps et leurs biens. Ensi li

signeur, en venant devers le chité de Poitiers, con-
queroient villes et chastiaus, et ne laissoient riens
derrière yaus, qui ne demorast en l'obeissance dou
roy de France; et tant cheminèrent qu'il vinrent à
Poitiers où il furent recheu à grant joie dou connes-
table et de ses gens et de chiaus de le cité.

§ 707. Quant li troi duch dessus nommé furent
venu à Poitiers et toutes leurs routes, qui se logièrent
là où environ sus le plat pays pour estre mieulz à
leur aise, li duc de Berri eut conseil qu'il envoieroit
devers chiaus de le Rocelle pour sçavoir quel cose
il vorroient dire et faire, car encores se tenoient il si
clos que nulz n'entroit ne issoit en leur ville. Si y
envoia li dis dus certains hommes et messages pour
trettier et savoir mieulz leur entente. Li message de
par le duch de Berri et le connestable furent belle-
ment recheu, et respondu qu'il envoieroient devers
le roy de France; et se li rois leur voloit acorder
che qu'il demandoient, il demorroient bon François.
Mais il prioient au duch de Berri et au connestable
que il ne se volsissent mie avanchier ne leurs gens,
pour yaus porter nul damage ne nul contraire, jusques
adont qu'il aroient mieus causé. Che fu tout che que
li message raportèrent. Cheste response plaisi [assés]
bien as dessus dis le duch de Berri et le connes-
table, mès ils se tinrent tout quoi à Poitiers et sus le
Marche, sans riens fourfaire as Rocellois; et Yewains
de Galles par mer ossi les tenoit pour assegiés, com-
ment qu'il ne leur fesist nul contraire.

Or vous dirai de l'estat des Rocellois et sus quel
point et article il se fondèrent et perseverèrent. Tout

premierement il envoiièrent douse de leurs bourgois des plus souffissans et des plus notables à Paris devers le roy de France, sus bon saufconduit que il eurent dou roy alant et venant, anchois que il se
5 partesissent de le Rocelle. Li rois qui les desiroit à avoir pour amis et pour ses obeïssans, les rechut liement et oy volentiers toutes leurs requestes, qui furent celes que je vous dirai. Cil de le Rocelle voloient tout premierement, anchois que il se me-
10 sissent en l'obeïssance dou roy, que li chastiaus de le Rocelle fust abatus. En apriès il voloient que li rois de France pour tous jours mès, ilz et ses hoirs, les tenist comme de son droit demainne de le couronne de France, ne jamais n'en fuissent eslongié pour
15 pais, pour accord, pour mariage ne pour alliance quelconques il euist au roy d'Engleterre ne à autre signeur. Tierchement il voloient que li rois de France fesist là forgier florins et monnoie d'otel pris et aloy, sans nulle exception, que on forgoit à Paris.
20 Quartement il voloient que nulz rois de France, si hoir ne si successeur, ne peuissent mettre ne assir sus yaus ne sus leurs masniers taille ne sousside, gabelle, ayde ne imposition nulle ne fouage ne cose qui le ressemblast, se il ne l'acordoient ou donnoient
25 de grasce. Quintement il voloient et requeroient que li rois les fesist absorre et dispenser de leurs fois et sieremens qu'il avoient juret et prommis au roy d'Engleterre, la quele cose estoit uns grans prejudisces à l'ame, et s'en sentoient grandement cargié
30 en conscience. Pour tant il voloient que li rois à ses despens leur impetrast du Saint Père le pape absolution et dispensation de tous ces fourfais.

Quant li rois de France oy leurs articles et leurs
requestes, si leur en respondi moult doucement qu'il
en aroit avis. Sur ce, li dis rois s'en conseilla par
pluiseurs fois as plus sages de son royaume, et tint
là dalés lui moult longement chiaus de le Rocelle, 5
mès finablement de toutes leurs demandes il n'en
peut riens rabatre, et couvint que il leur acordast
toutes, seelast, cancelast et confremast pour tenir à
perpetuité. Et se partirent dou roy de France [bien
content], chartré, burlé et seelé tout ensi comme il 10
le veurent avoir et deviser, car li rois de France les
desiroit moult à avoir en se obeissance, et recom-
mendoit le Rocelle pour le plus notable ville que il
euist par delà Paris. Et encores à leur departement,
leur donna il grans dons et biaus jeuiaus et riches 15
presens pour reporter à leurs femmes. Dont se par-
tirent dou roy et de Paris li Rocellois, et se misent
au retour.

§ 708. Or retournèrent li bourgois de le Rocelle
en leur ville, qui avoient sejourné, tant à Paris que 20
sus leur chemin, bien deus mois. Si moustrèrent à
chiaus qui là les avoient envoiiés et à le communauté
de le ville, quel cose il avoient esploitié et impetré,
sans nulle exeption, toutes leurs demandes. De ce
eurent il grant joie, et [se] contentèrent grandement 25
bien dou roi et de son conseil. Ne demora de puis
mies trois jours que il misent ouvriers en oevre et
fisent abatre leur chastiel et mettre rés à rés de le
terre, ne onques n'i demora pière sus aultre, et l'as-
samblèrent là en le place en un mont. De puis en 30
fisent il ouvrer as neccessités de le ville et paver au-

cunes rues qui en devant en avoient grant mestier. Quant il eurent ensi fait, il mandèrent au duc de Berri que il venist là, se il li plaisoit, et que on le recheveroit volentiers au nom dou roy de Franche, et
5 feroient tout che qu'il devoient faire. Li dus de Berri y envoia monsigneur Bertran de Claikin, qui avoit de prendre le possession procuration du roy de France. Lors se parti de Poitiers à cent lances li dis connestables, à l'ordenance dou duch de Berri, et
10 chevauça tant qu'il vint en le ville de le Rocelle, où il fu recheus à grant joie, et moustra de quoi procuration dou roy, son signeur. Si prist le foy et l'ommage des hommes de le ville, et y sejourna trois jours, et li furent faites toutes droitures, ensi comme
15 proprement au roy, et y rechut grans dons et biaus presens. Et ossi il en donna fuison as dames et as damoiselles, et, quant il eut assés revelé et jeué, il se parti de le Rocelle, et retourna arrière à Poitiers.

Ne demora gaires de temps puissedi que li rois de
20 France envoia ses messages devers Yewain de Galles, en lui mandant et segnefiant que il le veroit volentiers, et son prisonnier le captal de Beus. Encore ordonna li rois en ce voiage, que li amiraus dou vaillant roy Henri de Chastille, dan Radigho de Rous, se par-
25 tesist o toute sa navie et retournast en Espagne, car pour celle saison il ne le voloit plus ensonniier. Ensi se desfist li armée de mer, et retournèrent li Espagnol, et furent, ains leur departement, tout sech paiiet de leurs gages, tant et si bien que il se conten-
30 tèrent grandement dou roy de France et de son paiement. Et Yewains de Galles, au commandement et ordenance dou roy, prist le chemin de Paris, et là

amena le captal de Beus, dont li rois eut grant joie,
et le quel bien cognissoit, car il l'avoit vu aultrefois :
se li fist grant chière et lie, et le tint en prison cour-
toise, et li fist prommettre et offrir grans dons et grans
hiretages et grans pourfis, pour li rattraire à sen amour
par quoi il se fust retournés françois ; mès li captaus
n'i volt onques entendre, mais bien disoit as barons
et as chevaliers de France, qui le visetoient et qui de
chou l'aparloient, que il se ranceneroit volentiers
si grandement que cinc ou sis fois plus que sa reve-
nue par an ne li valoit, mès li rois n'avoit point
conseil de ce faire. Si demora la cose en cel estat, et
fu de premiers mis ou chastiel dou Louvre, et là
gardés bien songneusement ; et le visetoient souvent
li baron et li chevalier de France.

Or revenrons nous as besognes de Poito, qui ne sont
mies encores toutes furnies.

§ 709. Quant li connestables de France eut pris
le saisine et possession de le bonne ville de le Rocelle,
et il se fu retrais à Poitiers, si eurent conseil li
signeur que il se partiroient de là et venroient
devant aucuns chastiaus qui estoient en le marche
de le Rocelle, par quoi la ville, se il se partoient dou
pays, demorroit en plus segur estat. Car encores
estoient englès Marant, Surgières [et] Fontenay le
Conte, et couroient tous les jours chil de ces garni-
sons jusques as portes de le Rocelle, et leur faisoient
moult de destourbiers. Si se partirent de Poitiers en
grant arroi li dus de Berri, li dus de Bourgongne, li
dus de Bourbon, li daufins d'Auvergne, li sires de
Sulli, li connestables de France, li mareschaus de

France et bien deus mil lances, et s'en vinrent premierement devant le chastiel de Benon. Si en estoit chapitainne de par le captal uns escuiers d'onneur de le conté de Fois, qui s'appelloit Guillonès de Paus, et uns chevaliers de Naples, qui s'appelloit messires Jakes, doi appert homme d'armes malement. Et avoient là dedens avoech yaus des bons compagnons, qui ne furent mies trop effraé, quant chil signeur et li connestables les eurent assegiés, mès se confortèrent en ce que bien lor sambloit qu'il estoient pourveu assés de vivres et d'arteillerie. Si furent assali pluiseurs fois, mès trop bien se deffendirent de deus ou de trois assaus à che commenchement qu'il eurent. Assés priès de là siet li garnison de Surgières, où il avoit bien soissante lances d'Englès, tous bons compagnons et droite gent d'armes. Si s'avisèrent un jour que de nuit il venroient resvillier l'ost des François, et s'enventurroient se il pooient riens conquerir. Si se partirent de leur fort, quant il fu tout avespri, et chevaucièrent devers Benon, et se boutèrent environ mienuit en l'ost et chevaucièrent si avant qu'il vinrent sus le logeis dou connestable, et là s'arrestèrent. Si commenchièrent à abatre et à decoper et blechier gens qui de ce ne se donnoient garde. Si en y eut moult de navrés et de mal appareilliés; et par especial, ou logeis dou connestable, fu occis uns siens escuiers d'onneur, que il amoit oultre l'ensengne. Li hos s'estourmi, on s'arma tantost. Chil se retraisent, quant il veirent que poins fu et qu'il eurent fait leur emprise, et retournèrent sans damage en leur garnison. Quant li connestables sceut le verité de son escuier que tant amoit, que il estoit mors, si fu telement courouchiés que plus ne peut, et jura que de là jamais ne partiroit, si aroit pris le chastiel de Benon, et seroient sans merchi tout chil mort, qui dedens estoient. A l'endemain, quant il eut fait entierer son escuier, il commanda toutes ses gens à armer et traire avant à l'assaut, et, pour mieulz esploitier, il meisme s'arma et y ala. Là eut grant assaut et dur et bien continué; et telement s'i esprouvèrent Breton et aultres gens, que li chastiaus de Benon fu pris et conquis de forche, et tout chil qui dedens estoient, mort et occis, sans prendre nullui à merchi.

§ 710. Apriès che que li connestables de France eut faite sen entente dou chastiel de Benon et de tous ceulz qui dedens estoient, il donna conseil de traire devant le chastiel de Marant à quatre liewes de le Rocelle. Dou chastiel de Marant estoit chapitainne uns Alemans qui s'appelloit Wisebare, hardi homme durement, et avoit avoech lui grant fuison d'Alemans. Mais, quant il veirent que cil signeur de France venoient si efforciement et que riens ne se tenoit devant yaus, et que chil de le Rocelle s'estoient tourné franchois, et que li connestables avoit tous mis à mort chiaus dou chastiel de Benon, si furent si effraé que il n'eurent nulle volenté d'yaus tenir; mès se rendirent, et le forterèce, et se tournèrent tout françois, et le jurèrent à estre bon de ce jour en avant, en le main dou signeur de Pons, que li connestables y envoia pour trettiier et pour prendre le saisine et possession, mès il y misent une condicion tant que on leur vorroit paiier de leurs gages, ensi que li Englès les avoient paiiés bien et courtoisement, et, se on en estoit en defaute, il se pooient partir sans nulle reproce et traire quel part qu'il voloient : on leur eut ensi en couvent. Si demorèrent sus cel estat comme en devant, pour tenir et garder le forterèche, et puis passèrent li signeur oultre, et vinrent devant le chastiel de Surgières. Quant il furent là parvenu, il le trouvèrent tout vuit et tout ouvert; car chil qui l'avoient gardé toute le saison, pour le doubtance dou connestable, s'en estoient parti et bouté en aultres forterèces en Poito. Si entrèrent li François dedens le chastiel de Surgières, et le rafreschirent de nouvelles gens, et puis chevaucièrent devant Fontenay le Conte, où la femme à monsigneur Jehan de Harpedane se tenoit, et avoech lui pluiseurs bons compagnons, qui ne furent à che commenchement noient effraé de tenir le forterèce contre les François.

§ 711. Quant li dus de Berri et li aultre duch et leurs routes et li connestables de France furent venu devant Fontenai le Conte en Poito, si assegièrent le ville et le chastiel par bonne ordenance, et chiaus qui dedens estoient; et puis ordonnèrent enghin et manière comment il les poroient conquerre. Si y fisent pluiseurs assaus, le terme qu'il y sisent; mais il ne l'avoient mies d'avantage, car il trouvoient chiaus de le garnison appers et legiers et bien ordonnés pour yaus deffendre. Si y eut là devant le ville de Fontenay pluiseurs assaus, escarmuces et grans apertises d'armes et moult de gens blechiés. Car priès [que] tous les jours y avoit aucun fais d'armes, et par deus ou par trois estours. Si ne pooit remanoir que il n'en y euist [des mors et] des blechiés ; et vous di que, se chil de Fontenai sentesissent ne euissent esperance que il peuissent estre conforté dedens trois ne quatre mois, de qui que ce fust par mer ou par terre, il se fuissent assés tenu, car il avoient pourveances à grant fuison, et si estoient en forte place. Mais, quant il imaginoient le peril que il estoient là enclos et que de jour en jour on leur prommetoit que, se de force pris estoient, il seroient [tout] mort sans merchi, et se ne leur apparoit confors de nul costé, il s'avisèrent et entendirent as trettiés dou connestable, qui furent tel qu'il se pooient partir, se il voloient, et porter ent tout le leur, et seroient conduit jusques en le ville de Touwars, où tout li chevalier de Poito englès pour le temps se tenoient et s'estoient là recueilliet. Cilz trettiés passa et fu tenus, et se partirent cil de Fontenay qui englès estoient, et en menèrent leur dame avoech euls, et se retraisent sus le conduit dou connestable en le ville de Touwars, où il furent recueilliet. Ensi eurent li François Fontenai le Conte, le ville et le chastiel, et y ordonnèrent un chevalier à chapitainne, et vint lances desous lui, qui s'appelloit messires Renaulz de Lazi, et puis retournèrent devers le cité de Poitiers, et esploitièrent tant qu'il y vinrent, [et y furent receu à grant joye].

§ 712. Quant cil signeur de France furent retret à Poitiers et rafreschi quatre jours, yaus et leurs chevaus, il eurent conseil qu'il s'en partiroient et s'en iroient devant Touwars où tout li chevalier de Poito

se tenoient, chil qui soustenoient l'opinion dou roy d'Engleterre, et bien y avoit cent, uns c'autres, et metteroient là le siège et ne s'en partiroient, si en aroient une fin, ou il seroient tout françois, ou il
5 demorroient tout englès. Si se partirent en grant arroi et bien ordené de le cité de Poitiers, et estoient bien trois mil lances, chevaliers et escuiers, et quatre mil pavais parmi les Genevois. Si cheminèrent tant ces gens d'armes qu'il vinrent devant Touwars,
10 où il tendoient à venir. Si y establirent et ordonnèrent tantost leur siège grant et biel, tout à l'environ de le ville et dou chastiel, car bien estoient gens pour ce faire, et n'i laissoient nullui entrer ne issir, ne point n'assalloient; car bien savoient que par
15 assaut jamais ne les aroient, car là dedens avoit trop de bonnes gens d'armes, mais il disoient que là tant seroient que il les affameroient, se li rois d'Engleterre, de se poissance, ou si enfant ne venoient lever leur siège. Quant li baron et li chevalier qui là
20 dedens enclos estoient, telz que messires Loeis de Harcourt, li sires de Partenai, li sires de Cors, messires Hughes de Vivone, messires Aymeris de Rochewart, messires Perchevaus de Coulongne, messires Renaulz de Touwars, li sires de Roussellon, messires
25 Guillaumez de Crupegnach, messires Joffrois d'Argenton, messires Jakes de Surgières, messires Jehans d'Angle, messires Guillaumez de Monttendre, messires Mauburnis de Linières et pluiseurs aultres que je ne puis mies tous nommer, perchurent le manière,
30 et imaginèrent l'arroy et l'ordenance des François, comment il estoient là trait et se fortefioient et monteplioient tous les jours, si eurent sur ce avis et

conseil ; car bien veoient que cil signeur qui assegié
les avoient, ne partiroient point, si en aroient leur
entente ou en partie. Si dist messires Perchevaus
de Coulongne, qui fu uns sages et imaginatis cheva-
liers et bien enlangagiés, un jour qu'il estoient tout
ensamble en une cambre pour avoir conseil sus leurs
besongnes : « Signeur, signeur, com plus gielle, plus
destraint. A ce pourpos, vous savés que nous avons
tenu nostre loyauté devers le roi d'Engleterre tant
que nous avons pout, et que par droit il nous en doit
savoir gré, car en son service et pour son hiretage
aidier à garder et deffendre, nous avons emploiiet
et aventuré nos corps sans nulle faintise et mis toute
nostre chavance au par daarrain. Nous sommes chi
enclos, et n'en poons partir ne issir fors par dangier,
et sur ce j'ai moult imaginé et estudiié comment
nous ferons et comment de chi à nostre honneur
nous isterons, car partir nous en fault, et, se vous le
volés oïr, je le vous dirai, salve tous jours le milleur
conseil. » Li chevalier qui là estoient, respondirent :
« Oïl, sire, nous le volons oïr. » Lors dist messires
Perchevaus : « Il ne poet estre que li rois d'Engle-
terre pour qui nous sommes en ce parti, ne soit
enfourmés en quel dangier chil François nous
tiennent, et comment tous les jours ses hiretages se
pert. Se il le voet laissier perdre, nous ne li poons
garder ne sauver, car nous ne sommes mies si fort
de nous meismes que pour resister et estriver contre
le poissance dou roy de France ; car encores nous
veons en ce pays que cités, villes, forterèces et chas-
tiaus, avoech prelas, barons et chevaliers, dames et
communautés, se tournent tous les jours françois, et

nous font guerre, la quele cose nous ne poons longement souffrir ne soustenir : pour quoi je conseille que nous entrons en trettiés devers ces signeurs de France qui chi nous ont assegiés, et prendons unes triuwes à durer deus ou trois mois. En celle triewe durant, et au plus tost que nous poons, segnefions tout plainnement nostre estat à nostre signeur le roy d'Engleterre et le dangier où nous sommes et comment ses pays se piert, et impetrons en celle triewe devers ces signeurs de France que, se li rois d'Engleterre ou li uns de ses enfans poeent venir, ou tout ensamble, si fort devant ceste ville, dedens un terme expresse que nous y assignerons par l'acord et ordenance de nous et d'yaus, que pour combatre yaus et leur poissance et lever le siège, nous demorrons englès à tous jours mès ; et se li contraires est, nous serons bon François de ce jour en avant. Or respondés se il vous samble que jou aie bien parlé. » Il respondirent tout d'une vois : « Oïl, ce est la voie la plus prochainne par la quele nous en poons voirement à nostre honneur et gardant nostre loyauté issir. »

A ce conseil et pourpos n'i eut plus riens replikié, mès fu tenus et affremés, et en usèrent en avant par l'avis et conseil dou dessus dit monsigneur Percheval, et entrèrent en trettiés devers le duch de Berri et le connestable de Franche. Chil trettiet entre yaus durèrent plus de quinse jours, car li dessus dit signeur, qui devant Touwars se tenoient, n'en voloient riens faire sans le sceu dou roy de France. Tant fu alé de l'un à l'autre et parlementé, que chil de Thouwars et li chevalier de Poito qui dedens estoient,

et ossi chil qui devant seoient, demorèrent en segur
estat parmi unes triuwes qui furent là prises, durans
jusques au jour Saint Mikiel prochain venant, et, se
dedens ce jour li rois d'Engleterre où li uns de ses
filz, ou tout ensamble, pooient venir si fort en Poito
que pour tenir le place devant Touwars contre les
François, il demorroient, yaus et leurs terres, englès
à tousjours mès, et, se c'estoit que li rois d'Engleterre,
ou li uns de ses filz, ne tenoient le journée, tout chil
baron et chevalier poitevin, qui dedens Touwars
enclos estoient, devenoient [franchois], et metteroient
yaus et leurs terres en l'obeissance dou roy de France.
Ceste cose sambla grandement raisonnable à tous
ceulz qui en oirent parler. Nequedent, comment que
les triewes durassent et que il fuissent en segur estat
dedens [la dite ville de Thouwart et ossi ou siège des
dis signeurs de France], ne se deffist mie pour ce
li sièges, mès [tous les jours que Dieux amenoit se
renforchoit, car par bonne deliberation et conseil,
comme on doibt entendre et presupposer], y en-
voioit tous les jours li rois de France gens tous à
esliçon des milleurs de son royaume, pour aidier à
garder se journée contre le roy d'Engleterre, ensi
que ordonné estoit et que devise se portoit.

§ 713. Au plus tos que li baron et li chevalier, qui
dedens Touwars assegiet estoient, peurent, il envoiiè-
rent en Engleterre certains messages et lettres moult
doulces et moult sentans sus l'estat dou pays, et dou
dangier où il estoient, et que pour Dieu et par pité
li rois y volsist pourveir de remède, car en lui en
touchoit plus qu'à tout le monde. Quant li rois d'En-

gleterre oy ces nouvelles, et comment si chevalier de Poito li segnefioient, si dist que, se il plaisoit à Dieu, il iroit personelment et seroit à le journée devant Touwars et y menroit tous ses enfans. Proprement li princes de Galles, ses filz, comment qu'il ne fust mies bien hetiés, dist que il iroit, et deuist demorer ens ou voiage. Adont fist li rois d'Engleterre un très grant et très especial mandement de tous chevaliers et escuiers parmi son royaume et hors de son royaume, et le fist à savoir ou royaume d'Escoce, et eut bien de purs Escos trois cens lances, et se hasta li dis rois dou plus qu'il peut. Et li cheï adont si bien que toute le saison on avoit fait pourveances sus mer pour son fil le duch de Lancastre, qui devoit passer le mer et ariver à Calais, siques ces pourveances furent contournées en l'armée dou roy, et li voiages dou duch de Lancastre brisiés et retardés. Onques li rois d'Engleterre, pour ariver en Normendie ne en Bretagne, ne nulle part, n'eut tant de bonnes gens d'armes, ne tel fuison d'arciers qu'il eut là. Ançois que li rois partesist d'Engleterre, il ordonna, present tous les pers de son royaume, prelas, contes, barons et chevaliers et consaulz des cités et bonnes villes, que, se il moroit ne devioit en ce voiage, il voloit que Richars, filz au prince de Galles, son fil, fust rois et successères de lui et de tout le royaume d'Engleterre, et que li dus de Lancastre, ses filz ne si troi aultre fil, messires Jehans, messires Aymons ne messires Thumas, n'i peuissent clamer droit, et tout che leur fist li rois, leurs pères, jurer solennelment et avoir en couvent à tenir fermement devant tous le[s] prelas, contes et barons, à ce especialment ap-

pellés. Quant toutes ces coses furent [ordonnées et]
faites, il se parti de Londres, et si troi fil; et ja la
plus grant partie de ses gens estoient devant, qui
l'attendoient à Hantonne ou là environ, où il de-
voient monter en mer et où toute leur navie et leur
pourveance estoit. Si entrèrent li rois, si enfant et
toutes leurs gens, en leurs vaissiaus, ensi comme or-
dené estoient. Quant il veirent que poins fu, et se
desancrèrent dou dit havene et commencièrent à
singler et à tourner devers le Rocelle. En celle flote
avoit bien quatre cens vaissiaus, uns c'autres, quatre
mil hommes d'armes et dis mil archiers.

Or vous dirai que il avint de celle navie et dou
voiage dou roy qui tiroit pour venir en Poito. Il
n'euist cure où il euist pris terre, [ou en Poitou], ou en
Bourdelois : tout li estoit un, mès que il fust oultre le
mer. Li rois, si enfant et leur grosse navie, waucrè-
rent et furent sus le mer le terme de nuef sep-
mainnes par faute de vent, ou contraire ou aultre-
ment, que onques ne peurent prendre terre en Poito,
en Saintonge, en Rocellois ne sus les marches voi-
sines, dont trop courroucié [et esmerveilliet] estoient.
Si singlèrent il de vent de quartier et de tous vens
pour leur voiage avancier, mais il reculoient otant
sus un jour que il aloient en trois. En ce dangier fu-
rent il tant que li jours Saint Mikiel espira, et que li
rois vei et cogneut bien que il ne poroit tenir sa
journée devant Touwars pour conforter ses gens. Si
eut conseil, quant il eut ensi travilliet sus mer, que
je vous di, de retourner arrière en Engleterre, et que
il comptast Poito à perdu pour celle saison. Adont
dist li rois d'Engleterre de coer courroucié, quant il se

mist au retour : « Diex nous aye, et Saint Jorge ! il n'i eut onques mès en France si mescheant roy comme cilz à present est, et se n'i eut onques roy qui tant me donnast à faire comme il fait. » Ensi et sus cel
5 estat, sans riens faire, retourna li dis rois en Engleterre, si enfant et toutes leurs gens. Et, si tost comme il furent retourné, li vens fu si bons et si courtois sus mer et si propisces pour faire un tel voiage que il avoient empris, que deus cens nefs, d'un voille,
10 marcheans d'Engleterre, de Galles et d'Escoce, arivèrent ou havene de Bourdiaus sus le Garonne, qui là aloient as vins. Dont on dist et recorda en pluiseurs lieus en ce temps que Diex y fu pour le roy de France.

15 § 714. Si en sçavoit messires Thumas de Felleton, qui estoit seneschaus de Bourdiaus, le journée expresse pour yaus rendre as François, que li baron et li chevalier, qui dedens Touwars se tenoient, avoient [pris], et ossi que li rois d'Engleterre, ses sires,
20 en estoit segnefiiés. Si le manda et segnefia, et avoit mandet et segnefiié certainnement et seurement à tous les barons de Gascongne qui pour englès se tenoient, tant que par son pourcach et pour yaus acquitter, li sires de Duras, li sires de Rosem, li sires
25 de Mouchident, li sires de Longuerem, li sires de Condon, messires Bernardès de Labreth, sires de Geronde, li sires de Pommiers, messires Helyes de Poumiers, li sires de Chaumont, li sires de Montferrant, messires Pières de Landuras, messires Petiton
30 de Courton et pluiseur aultre, yaulz et leurs gens, cescuns au plus qu'il en pooient avoir, estoient venu

à Bourdiaus. Et parti de là li dis seneschaus en leur
compagnie, et ossi li seneschaus des Landes; et
avoient tant chevaucié qu'il estoient entré en Poito
et venu à Niorth, et là trouvèrent il les chevaliers
englès, monsigneur d'Aghoriset, monsigneur Jehan
d'Evrues, monsigneur Richart de Pontchardon, mon-
signeur Hue de Cavrelée, monsigneur Robert Mitton,
monsigneur Martin l'Escot, monsigneur Bauduin de
Fraiville, monsigneur Thumas Balastre, monsigneur
Jehan Trivet, Jehan Cressuelle, David Holegrave et
des aultres qui tout s'estoient là recueilliet, et ossi
monsigneur Aymeri de Rochewart, monsigneur Joffroi
d'Argenton, monsigneur Mauburni de Linières et
[monsigneur] Guillaumes de Monttendre, qui s'es-
toient parti de Touwars et dou trettié des aultres si-
gneurs de Poito et retrait à Niorth avoech les Englès.
Quant il se trouvèrent tout ensamble, si furent plus
de douse cens lances, et approchièrent Touwars, et
se misent sus les camps sitos que il veirent que la
journée estoit inspirée, et que dou roy d'Engleterre
on n'ooit nulles nouvelles.

Vous devés sçavoir que, pour tenir se journée à
l'ordenance dou connestable dessus ditte, li rois de
France avoit là envoiiet toute la fleur de son royaume,
car il avoit entendu veritablement que li rois d'En-
gleterre et si enfant y seroient au plus fort comme il
poroient. Si voloit ossi que ses gens y fuissent si fort
que pour tenir honnourablement leur journée : pour
quoi avoech le dit connestable estoient si doi frère, li
dus de Berri et li dus de Bourgongne, moult estoffée-
ment de chevaliers et d'escuiers, et ossi li dus de Bour-
bon, li contes d'Alençon, messires Robers d'Alençon,

ses frères, li daufins d'Auvergne, li contes de Boulongne, li sires de Sulli, li sires de Craan et tant de haus signeurs et de barons que uns detris seroit de nommer; car là estoit li fleurs de gens d'armes de
5 toute Bretagne, de Normendie, de Bourgongne, d'Auvergne, de Berri, de Tourainne, de Blois, d'Ango, de Limozin et du Mainne, et encores grant fuison d'estragniers, d'Alemans, de Thiois, de Flamens et de Haynuiers, et estoient bien quinse mil hommes
10 d'armes et trente mil d'autres gens. Nonobstant leur force et leur poissance, il furent moult resjoy quant il sceurent et veirent que li jours Saint Mikiel estoit passés et inspirés, et li rois d'Engleterre ne aucuns de ses enfans n'estoient point comparut pour lever le
15 siège. Si segnefiièrent ossi tantost ces nouvelles au roy de France, qui en fu moult resjoïs, quant sans peril ne bataille, mès par sages trettiés, il couvenoit que cil de Poito et leurs terres fuissent en se obeïssance.

§ 715. Li Gascon et li Englès, qui estoient à Niorth,
20 et là venu et amassé, et se trouvoient bien douse cens lances de bonnes gens, et savoient tous les trettiés des barons et chevaliers de Poito, qui en Touwars se tenoient, car notefiiet espccialement leur estoit, veirent que li jours estoit passés qu'il se devoient
25 rendre, se il n'estoient conforté, et que li rois d'Engleterre ne aucuns de ses enfans n'estoient encores point trait avant, dont on euist oy ne eu nulles nouvelles, dont il estoient moult courouchié. Si eurent conseil entre yaus, comment il poroient perseverer et
30 trouver voie d'onneur que cil Poitevin, qui oblegiet s'estoient enviers les François, demorassent toutdis

de leur partie, car moult les amoient dalés yaus. Si
eurent sus ces besongnes [en le ville de Niorth] grans
consaulz ensamble. Finablement, yaus aviset et con-
silliet, il segnefiièrent, par lettres seelées, envoiies par
un hiraut, leur entente as Poitevins, qui en Touwars
se tenoient. Se devisoient et disoient ces lettres avoec-
ques salus et amistés, que, comme ensi fust que à
leur avis pour le milleur il s'estoient composé enviers
les François, par foy et sierement, de yaus mettre en
l'obeissance dou roy de France [et de devenir tous
Franchois], se dedens le jour de le Saint Mikiel il
n'estoient conforté dou roy d'Engleterre, leur chier
signeur, ou aucun de ses enfans personelment, or
veoient que la defaute y estoit, et supposoient que
c'estoit par fortune de mer, et non aultrement. Toutes
fois il estoient là trait et venu à Niorth, à quatre
liewes priès d'yaus, et se trouvoient bien douse cens
lances, ou plus de bonnes gens d'estoffe. Si offroient
que, se il voloient issir de Touwars et prendre jour-
née de bataille pour combatre les François, il even-
turoient leurs corps avoecques l'iretage de leur signeur
le roy d'Engleterre.

Ces lettres furent entre les Poitevins volentiers oyes
et veues, et en sceurent li pluiseur grant gré as Gas-
cons et as Englès, qui ensi leur segnefioient, et se
conseillièrent sur cestes grandement et longement,
mès, yaus conseillié, tout consideré et bien imaginé
leur afaire et les trettiés les quels il avoient jurés à
tenir as François, il ne pooient veoir ne trouver par
nulle voie de droit, que il fesissent aultre cose que
d'yaus rendre, puis que li rois d'Engleterre ou li uns
de ses filz ne seroit à le bataille que li Gascon voloient

avoir personelement. En ce conseil et parlement avoit grant vois li sires de Partenay, et volt, tele fois fu, que on acceptast le journée des Gascons, et y moustroit voie de droit et de raison assés par deus conditions. La première estoit que il savoient de verité, et ce estoit tout notore, que li rois d'Engleterre, leurs sires, et si enfant et la grigneur partie de leur poissance estoient sus mer, et que fortune leur avoit estet si contraire que il n'avoient pout ne pooient ariver ne prendre terre en Poito, dont il devoient bien estre escusé, car outre pooir n'e[s]t riens. La seconde raison estoit que, quoique il euissent juré et seelé as François, il ne pooient l'iretage dou roy d'Engleterre donner, anulliier ne alliier aucunement as François, sans son gré. Ces parolles et raisons proposées dou dit baron de Partenay estoient bien specifiies et examinées en ce conseil, mès tantost on y remetoit aultres raisons qui toutes les afoiblissoient. Dont il avint que li sires de Partenay issi un jour dou parlement et dist au partir que il demorroit englès, et s'en revint à son hostel. Mais li sires de Puiane et li sires de Tannai Bouton le vinrent, de puis qu'il fu refroidiés, requerre, et l'en menèrent de rechief où tous li consaulz estoit. Là li fu tant dit et remoustré, dont de l'un, puis de l'autre, que finablement il s'acorda à tous leurs trettiés, et s'escusèrent moult bellement et moult sagement par lettres enviers les barons et les chevaliers gascons et englès, qui à Niorth se tenoient, et qui leur response attendoient. Si les raporta li hiraus, et envoiièrent avoecques leurs lettres sèelées le copie dou trettié, ensi que il devoient tenir as François, pour mieulz coulourer

leur escusance. Quant Englès et Gascon veirent qu'il
n'en aroient aultre cose, si furent moult couroucié,
mais pour ce ne se departirent il mies si tretost de
Niorth, ançois se tinrent il là bien un mois pour sa-
voir encor plus plainnement comment il se mainten-
roient. Tantost apriès ce parlement parti et finé, qui
fu en le ville de Touwars, li baron et li chevalier de
Poito qui là estoient, mandèrent au duch de Berri,
au duch de Bourgongne, au duch de Bourbon et au
connestable de France, qu'il estoient tout appareilliet
de tenir ce que juré et seelé avoient. De ces nou-
velles furent li signeur de France tout joiant, et che-
vaucièrent en le ville de Touwars à grant joie, et se
misent, yaus et leurs terres, en l'obeïssance dou roy
de France.

§ 716. Ensi se tournèrent tout chil de Poito, ou
en partie, françois, et demorèrent en pais, et encores
se tenoient englès avoec Niorth, et se tinrent toute le
saison, Cisech, Mortagne sus mer, Mortemer, Luze-
gnon, Chastiel Acart, la Roche sur Ion, Gensay, la
tour de la Broe, Merspin et Dieunée. Quant cil si-
gneur de France eurent fait leur emprise et pris le
possession de le ville de Touwars, li dus de Berri, li
dus de Bourgongne, li dus de Bourbon et la grigneur
partie des haus barons de France se departirent et
retournèrent en France, et li connestables s'en vint
à Poitiers.

A ce departement li sires de Cliçon s'en vint mettre
le siège devant Mortagne sus mer o toute sa carge de
gens d'armes, et se loga par devant, et leur prommist
que jamais de là ne partiroit, si les aroit, se trop

grant infortuneté ne li couroit sus. De la garnison de
Mortagne estoit chapitains uns escuiers d'Engleterre,
qui s'appelloit Jakes Clerch, qui frichement et vas-
saument se deffendoit, quant cil Breton l'assalloient.
5 Quant li dis escuiers vei que c'estoit acertes et que
li sires de Cliçon ne le lairoit point, si les aroit con-
quis, et sentoit que sa forterèce n'estoit pas bien pour-
veue pour tenir contre un lonch siège, et savoit encor
tous ces chevaliers de Gascongne et les Englès à
10 Niorth, il s'avisa que il leur segnefieroit. Si leur se-
gnefia secretement par un varlet, qu'il mist de nuit
hors de sa forterèce, tout l'estat en partie dou si-
gneur de Cliçon et le sien ossi. Chil baron et chil
chevalier gascon et englès furent moult resjoy de ces
15 nouvelles, et disent qu'il n'en vorroient pas tenir qua-
rante mil frans, tant desiroient il le signeur de Cliçon
à trouver sus tel parti. Si s'armèrent et montèrent as
chevaus, et issirent de Niorth bien cinc cens lances,
et chevaucièrent couvertement devers Mortagne. Li
20 sires de Cliçon, comme sages et bons guerriiers, n'es-
toit mies à aprendre d'avoir espies sus le pays pour
savoir le couvenant de ses ennemis, et encores quant
il les sentoit en le ville de Niorth; et ce li vint trop
grandement à point, car il euist estet pris à mains,
25 ja n'en euist on failli, se ce n'euist esté uns de ses
espies qui estoit partis de Niorth avoech les Englès
et les Gascons, et qui ja sçavoit quel chemin il te-
noient. Mais cilz espies qui cognissoit le pays, les
adevança et trota tant à piet que il vint devant Mor-
30 tagne; si trouva le signeur de Cliçon seant au souper
dalés ses chevaliers. Se li dist en grant quoité : « Or
tost, sires de Cliçon, montés à cheval et vous partés

de chi et vous sauvés; car vechi plus de cinc cens lances, englès et gascons, qui tantost seront sur vous et qui fort vous manachent, et dient qu'il ne vous vorroient mies ja avoir pris pour le deduit qu'il aront dou prendre. » Quant li sires de Cliçon oy ces nouvelles, si crut bien son espie, car jamais en vain ne li euist dit ces nouvelles. Si dist : « As chevaus! » et bouta la table oultre où il seoit. Ses chevaus li fu tantost appareilliés, et ossi furent tout li aultre, car il avoient de pourveance les sielles mises. Si monta li sires de Cliçon, et montèrent ses gens sans arroi et sans ordenance ne attendre l'un l'autre, et n'eurent mies li varlet loisir de tourser ne de recueillier tentes ne trés, ne cose nulle qui fust à yaus, fors entente d'yaus fuir et d'yaus sauver. Et prisent le chemin de Poitiers, et tant fist li sires de Cliçon qu'il y vint et la plus grant partie de ses gens. Si recorda au connestable de France comment il lor estoit avenu.

§ 717. Quant cil chevalier englès et gascons furent parvenu jusques devant Mortagne et yaus bouté ens es logeis le signeur de Cliçon, et point ne l'i trouvèrent, si furent durement courroucié. Si demorèrent là celle nuit et se tinrent tout aise dou bien des François, et l'endemain il fisent tout le demorant, tentes et trés, tourser et amener à Niorth, et les aultres pourveances, vins, chars, sel et farine, mener ens ou chastiel de Mortagne, dont il furent bien rafreschi. Si retournèrent li dessus dit Englès et Gascon en le ville de Niorth.

De puis ne demora gaires de temps que li baron de

Gascongne et li chevalier qui là estoient, eurent conseil de retourner vers Bourdiaus; car bien pensoient que cel ivier on ne guerrieroit plus en Poito, fors que par garnisons. Si ordonnèrent leurs besongnes, et toursèrent et montèrent as chevaus et se partirent. Si s'adrechièrent parmi la terre le signeur de Partenai et l'ardirent toute, excepté les forterèces, et fisent tant par leurs journées que il vinrent à Bourdiaus, et li englès chevalier demorèrent à Niorth. Si en estoient chapitainnes [uns chevaliers englès nommés] messires Jehans d'Evrues, messires d'Aghorisès et Jehans Cresuelle. De le Roche sur Ion estoit chapitainne uns chevaliers englès qui s'appelloit messires Robers, dis Grenake; de Luzegnon, messires Thumas de Saint Quentin; et de Mortemer, la dame de Mortemer et ses gens; et de Gensay, uns escuiers englès, qui s'appelloit Jakes Taillour; et de Cisek, messires Robers Miton et messires Martins l'Escot. Si vous di que chil de ces garnisons chevauçoient dont d'un lés, puis de l'autre, et ne sejournoient onques. Et tenoient toutes aultres forterèces françoises en grant guerre, et herioient amerement le plat pays et le rançonnoient telement que après yaus il n'i couvenoit nullui envoiier. De tout ce estoit bien enfourmés li connestables de France, qui se tenoit à Poitiers et s'i tint tout cel ivier sans partir; mais il disoit bien que à l'esté il feroit remettre avant as Englès tout che que il pilloient et prendoient sus le pays.

Or parlerons nous un petit des besongnes de Bretagne.

§ 718. Li dus de Bretagne, messires Jehans de

Montfort, estoit durement coureciés en coer des
contraires que li François faisoient as Englès, [et vo-
lentiers euist conforté les dis Englès], se il peuist et
osast; mès li rois de France, qui sages et soubtis fu
là où sa plaisance s'enclinoit, et qui bellement savoit
gens attraire et tenir à amour où ses pourfis estoit,
avoit mis en ce un trop grant remède. Car il avoit
tant fait, que tout li prelat de Bretagne, li baron, li
chevalier, les cités et les bonnes villes estoient de son
acord, excepté messires Robers Canolles; mais cilz
estoit dou conseil et de l'acort dou duch, et disoit
bien que pour perdre tout che qu'il tenoit en Bre-
tagne, il ne relenquiroit ja le roy d'Engleterre ne ses
enfans, qu'il ne fust appareilliés en leur service.
Cilz dus qui appelloit le roy d'Engleterre son père,
car il avoit eu sa fille en mariage, recordoit moult
souvent en soi meismes les biaus services que li rois
d'Engleterre li avoit fais, car ja n'euist estet dus de
Bretagne, se li confors et ayde dou roy d'Engleterre
et de ses gens ne l'i euissent mis. Si en parla plui-
seurs fois as barons et as chevaliers de Bretagne en
remoustrant l'injure que li rois de France faisoit au
roy d'Engleterre, la quelle ne faisoit mies à consentir.
Et cuidoit par ses parolles coulourées attraire ses
gens pour faire partie avoecques lui contre les Fran-
çois, mès jamais ne les y euist amenés ; car il estoient
trop fort enrachiné en l'amour dou roy de France et
dou connestable qui estoit leurs voisins. Et tant en
parla as uns et as aultres que ses gens s'en commen-
cièrent à doubter. Si se gardèrent les cités, li chas-
tiel et les bonnes villes plus priès que devant, et fisent
grans gais. Quant li dus vei ce, il se doubta ossi de

ses gens, que de fait, par le information et requeste dou roy de France il ne li fesissent aucun contraire. Si segnefia tout son estat au roy d'Engleterre, et li pria que il li volsist envoiier gens, par quoi il fust soubdainnement aidiés, se il besongnoit.

Li rois d'Engleterre, qui veoit bien que li dus l'amoit et que ceste rancune que ses gens li moustroient, nasçoit pour l'amour de lui, ne li euist jamais refuset, mais ordonna le signeur de Nuefville, à quatre cens hommes d'armes et otant d'arciers, pour aler en Bretagne et prendre terre à Saint Mahieu de Fine Posterne, et là li tant tenir que li oroit aultres nouvelles. Li sires de Nuefville obei; sa carge de gens d'armes et d'arciers li fu appareillie et delivrée. Si monta en mer ou havene de Hantonne, et tournèrent li maronnier vers Bretagne, li quel singlèrent tant par l'ayde dou vent, que il arrivèrent ou havene de Saint Mahiu et entrèrent en le ville; car li dus avoit là de ses chevaliers tous pourveus, monsigneur Jehan de Lagnigai et aultres, qui li fisent voie. Quant li sires de Nuefville et se route eurent pris terre, et il furent entré courtoisement en le ville de Saint Mahieu, il disent as bonnes gens de le ville, qu'il ne s'esfreassent de riens; car il n'estoient mies là venu pour yaus porter contraire ne damage, mais les en garderoient et deffenderoient, se il besongnoit et voloient bien paiier tout ce qu'il prenderoient. Ces nouvelles rapaisièrent assés chiaus de le ville.

Or s'espardirent et semèrent les parolles par mi la ducé de Bretagne, que li dus avoit mandé en Engleterre confort, et estoient arrivet en le ville de Saint Mahieu plus de mil hommes d'armes, de quoi tous li

pays fu grandement esmeus et en grigneur souspeçon
que devant. Et s'assamblèrent li prelat, li baron, li
chevalier et li consaulz des cités et des bonnes villes
de Bretagne, et s'en vinrent au duch, et li remou-
strèrent vivement et plainnement que il n'avoit que
faire, se paisieulement voloit demorer ou pays, de
estre englès couvertement ne pourvuement, et, se il
le voloit estre, il le leur desist; car tantost il en ordon-
neroient. Li dus, qui vei adont ses gens durement es-
meus et courouciés sur lui, respondi si sagement et
si bellement, que cette assamblée se departi par paix.
Mais pour ce ne partirent mies li Englès de le ville
de Saint Mahieu, ançois s'i tinrent toute le saison.
Si demorèrent les coses en cel estat; li dus en gait et
en soupeçon [de ses gens], et ses gens de lui.

§ 749. Quant la douce saison d'esté fu revenue et
qu'il fait bon hostoiier et logier as camps, messires
Bertrans de Claiekin, connestables de France, qui
tout cel yvier s'estoit tenus à Poitiers et avoit dure-
ment manechiet les Englès, pour tant que leurs gar-
nisons, qu'il tenoient encores en Poito, avoient trop
fort cel yvier guerriiet et travilliet les gens et le pays,
si ordonna toutes ses besongnes de point et d'eure,
ensi que bien le savoit faire, tout son charoi et son
grant arroi, et rassambla tous les compagnons d'en-
viron lui, des quelz il esperoit à estre aidiés et servis,
et se parti de le bonne cité de Poitiers à bien quinse
cens combatans, la grigneur partie tous Bretons, et
s'en vint mettre le siège devant le ville et le chastiel
de Chisek, dont messires Robers Mitton et messires
Martins Scot estoient chapitain. Avoech monsigneur

Bertran estoient de chevaliers bretons, messires Robers de Biaumanoir, messires Alains et messires Jehans de Biaumanoir, messires Ernaulz Limozins, messires Joffrois Ricon, messires Yewains de Lakonet, messires Joffrois de Quaremel, Thiebaus dou Pont, Alains de Saint Pol et Alyos de Calay et pluiseur aultre bon homme(s) d'armes. Quant il furent tout venu devant Cisek, il environnèrent le ville selonch leur quantité, et fisent bon palis derrière yaus, par quoi soudainnement de nuit ou de jour on ne le peuist porter contraire ne damage. Et se tinrent là dedens pour tous assegurés et confortés que jamais n'en partiroient sans avoir le forterèce, et y fisent et y livrèrent pluiseurs assaus.

Li compagnon, qui dedens estoient, se deffendirent vassaument, tant que à che commencement riens n'i perdirent. Toutes fois, pour estre conforté et lever le dit siège, car il sentoient bien que à le longe il ne se poroient tenir, si eurent conseil dou segnefiier [leur estat] à monsigneur Jehan d'Evrues et as compagnons qui se tenoient à Niorth. Si fisent de nuit partir un de leurs varlès, qui aporta une lettre à Niorth, et y fu tantos acourus, car il n'i a que quatre liewes. Messires Jehans d'Evrues et li compagnon lisirent celle lettre et veirent comment messires Robers Mitton et messires Martins l'Escot leur prioient que il les vosissent aidier à dessegier de ces François, et leur segnefioient l'estat et l'ordenance dou connestable si avant qu'il le savoient, dont il se dechurent et leurs gens ossi, car il acertefioient par leurs lettres et par le parolle dou message que messires Bertrans n'avoit devant Chisek non plus de cinc cens combatans.

Quant messires Jehans d'Evrues, messires d'Aghorissès et Cressuelle sceurent ces nouvelles, si affremèrent que il iroient celle part lever le siège et conforter leurs compagnons, car moult y estoient tenu. Si mandèrent tantost chiaus de le garnison de Luzegnon et de Gensay, qui leur estoient moult prochain. Cil vinrent à ce que il avoient de gens, leur garnison gardée, et si s'assamblèrent à Niorth. Là estoient avoec les dessus dis messires Aymeris de Rochewart et messires Joffrois d'Argenton, David Holegrave et Richars Holme. Si se partirent de Niorth tout appareillié et bien monté, et furent compté à l'issir hors de le porte set cens et trois tiestes armées et bien trois cens pillars bretons et poitevins. Si s'en alèrent tout le pas, sans yaus fourhaster, par devers Chisech, et tant s'esploitièrent que il vinrent assés priès, et se misent au dehors d'un petit bois.

Ces nouvelles vinrent ou logeis dou connestable de France, que li Englès estoient là venu et arresté dalés le bois pour yaus combatre. Tantost tout quoiement li connestables fist toutes ses gens armer et tenir en leurs logeis, sans yaus amoustrer, et tout ensamble. Et cuida de premiers que li Englès deuissent de saut venir jusques à leurs logeis pour yaus combatre, mais il n'en fisent riens, dont il furent mal conseilliet, car, se baudement il fuissent venu, ensi qu'il chevauçoient, et yaus frapé en ces logeis, li pluiseur supposent que il euissent desconfi le connestable et ses gens, avoech che que cil de le garnison de Chisek fuissent salli hors, ensi qu'il fisent.

Quant messires Robers Mitton et messires Martins l'Escot veirent apparant les banières et les pennons

de leurs compagnons, si furent tout resjoy, et disent :
« Or tos, armons nous, et nous partons de chi, car
nos gens viennent combattre nos ennemis : s'est raisons que nous soions à le bataille. » Tantost furent
5 armé tout li compagnon de Cisek et se trouvèrent
tout ensamble, et estoient bien soissante armeures de
fier. Si fisent avaler le pont et ouvrir le porte [et se
mirent tout hors, et clore la porte] et relever le pont
apriès yaus. Quant li François en veirent l'ordenance,
10 qui se tenoient armé et tout quoi en leurs logeis, si
disent : « Veci chiaus dou chastiel qui sont issu et
nous viennent combatre. » Là dist li connestables :
« Laissiés les traire avant, il ne nous poeent grever ;
il cuident que leurs gens doient venir pour nous
15 combatre tantos, mais je n'en voi nul apparant.
Nous desconfirons chiaus qui viennent : si arons
mains à faire. » Ensi que il se devisoient, evous les
deus chevaliers englès et leur route, tout à piet en
bonne ordenance, qui viennent les lances devant
20 yaus, et escriant en fuiant : « Saint Jorge ! Ghiane ! »
et se fièrent en ces François ; ossi il furent moult
bien recueilliet. Là eut bonne escarmuce et dure, et
fait tammaint biau fait d'armes ; car cil Englès qui
n'estoient que un petit, se combatoient sagement, et
25 detrioient toutdis, en yaus combatant, ce qu'il
pooient ; car il cuidoient que leurs gens deuissent
venir, mais non fisent, de quoi il ne peurent porter
le grant fuison des François, et furent de premiers
chil là tout desconfi, mort et pris. Onques nulz des
30 leurs ne rentra ou chastiel, et puis se recueillièrent li
François tout ensamble.

§ 720. Ensi furent pris messires Robers Mitton et messires Martins l'Escot et leurs gens de premiers, sans ce que li Englès, qui sus les camps estoient, en seuissent riens. Or vous dirai comment il avint de ceste besongne. Messires Jehans d'Evrues et messires d'Aghorisès et li aultre regardèrent que il y avoit là bien entre yaus trois cens pillars bretons et poitevins que il tenoient de leurs gens. Si les voloient emploiier, et leur disent : « Entre vous, compagnon, vous en irés escarmucier ces François pour yaus attraire de leurs logeis, et si tretost que vous arés assemblé à yaus, nous venrons sus ele en frapant, et les metterons jus. » Il couvint ces compagnons obeïr, puis que les chapitainnes le voloient, mais il ne venoit mies à aucuns à biel. Quant il se furent dessevré des gens d'armes, il approcièrent le logeis des François, et vinrent baudement jusques bien près de là. Li connestables et ses gens, qui se tenoient dedens leurs palis, se tinrent tout quoi, et sentirent tantost que li Englès les avoient là envoiiés pour yaus attraire. Si vinrent aucun de ces Bretons des gens le connestable jusques as barrières de leurs palis pour veoir quelz gens c'estoient. Si parlementèrent à yaus, et trouvèrent que c'estoient tout Poitevin et Breton et gens rassamblés; si leur disent li Breton de par le connestable : « Vous estes bien mescheans gens, qui vous volés faire occire et decoper pour ces Englès, qui vous ont tant de maulz fais. Sachiés que, se nous venons au dessus de vous, nulz n'en sera pris à merci. » Cil pillart entendirent ce que les gens le connestable leur disoient; si commencièrent à murmurer ensamble, et estoient de coer la grigneur partie tout françois, si disent entre yaus : « Il dient voir. Encores appert bien qu'il font peu de compte de nous, quant ensi il nous envoient chi devant pour combatre et escarmuchier et commenchier la bataille, qui ne sons qu'une puignie de povres gens, qui riens ne durrons à ces François; il vault trop mieulz que nous nos tournons devers nostre nation, que nous demorons englès. » Il furent tantost tout de cel accort et tinrent ceste oppinion, et parlementèrent as Bretons, en disant : Issiés hors hardiement; nous vous prommetons loyaument que nous serons des vostres, et nous combaterons avoecques vous, [à ces parolles le vous disons], à ces Englès. » Les gens le connestable respondirent : « Et quel quantité d'hommes d'armes sont il, chil Englès? » Li pillart leur disent : « Il ne sont en tout compte que environ set cens. » Toutes ces parolles et ces devises furent remoustrées au connestable, qui en eut grant joie, et dist en riant : « Chil là sont nostre ; or tost à l'endroit de nous, soions tous nos palis, et puis issons baudement sus yaus; si les combatons. Chil pillart sont bonnes gens, qui nous ont dit la verité de lor ordenance. Nous ferons deus batailles sus elle, dont vous, messires Alain de Biaumanoir, gouvreneres l'une, et messires Joffrois de Quaremiel l'autre. En cascune [ara] trois cens combatans, et je m'en irai assambler de front à yaus. » Chil doy chevalier respondirent qu'il estoient tout prest d'obeïr, et prist cascuns sa carge toute tele qu'il le devoit avoir; mais tout premierement il soiièrent leurs palis rés à rés de le terre. Et, quant ce fu fait et leurs batailles ordenées ensi qu'il devoient faire, il boutèrent soudain-

nement oultre leurs palis et se misent as camps,
banières et pennons devant yaus ventelant au vent,
en yaus tenant tout serré, et encontrèrent premiere-
ment ces pillars bretons et poitevins, qui ja avoient
fait leur marchiet et se tournèrent avoech yaus, et
puis s'en vinrent combatre ces Englès, qui tout s'es-
toient mis ensamble quant il perchurent le banière
dou connestable issir hors et les Bretons ossi ; et
cogneurent tantost qu'il y avoit trahison de leurs
pillars et qu'il estoient torné françois. Nequedent
pour ce il ne se tinrent mies à desconfi, mès mous-
trèrent grant chière et bon samblant de combatre
leurs anemis. Ensi se commença la bataille desous
Chisech des Bretons et des Englès, et tout à piet,
qui fu grande et drue et bien maintenue. Et vint de
premiers li connestables de France assambler à yaus
de grant volenté. Là eut grant estecheis et grant
bouteis de lances et pluiseurs grans apertises d'armes
faites ; car, au voir dire, li Englès, ens ou regart des
Franchois, n'estoient qu'un petit : si se combatoient
si vaillamment que merveilles seroit à recorder, et
se prendoient priès de bien faire pour desconfire
leurs ennemis. Là crioient li Breton lor cri : « Nostre
« Da[me] ! Claiekin ! » et li Englès : « Saint Jorge !
Ghiane ! » Là furent très bon chevalier dou costé des
Englès, messires Jehans d'Evrues, messires d'Agho-
risès, messires Joffrois d'Argenton et messires Aymeris
de Rochewart, et se combatirent vaillamment, et y
fisent pluiseurs grans apertises d'armes. Ossi fisent
Jehans Cressuelle, Richars Holme et Davis Holegrave ;
et de le partie des François, premierement messires
Bertrans de Claiekin, messires Alains et messires Jehans

de Biaumanoir qui se tenoit sus une ele, et messires
Joffrois de Quaremiel sus l'autre, et reconfortoient
grandement leurs gens à l'endroit où il les veoien[t]
branler, et ce rafreschi, ce jour la bataille durant, par
5 pluiseurs fois les Bretons, car on vei bien l'eure
qu'il furent rebouté et reculé et en grant peril de
tout estre desconfi. De leur costé se combatirent
encores moult vassaument messires Joffrois Richou,
messires Yewains de Lakouet, Thiebaus dou Pont,
10 Selevestre Bude, Alains de Saint Pol et Alyos de Calay.
Chil Breton se portèrent si bien pour celle journée,
et si vassaument combatirent leurs ennemis que la
place leur demora, et obtinrent la besongne, et furent
li Englès tout mort ou pris, qui là estoient venu de
15 Niorth, ne onques nulz n'en retourna ne escapa. Si
furent pris de leur costet tout li chevalier et escuier
de nom, et eurent ce jour li Breton plus de trois
cens prisonniers, que de puis il rançonnèrent bien et
chier, et si conquissent tout lor harnois où il eurent
20 grant butin.

§ 721. Apriès celle desconfiture qui fu au dehors
de Chisek faite de monsigneur Bertran de Claiekin
et des Bretons sus les Englès, se parperdi tous li pays
de Poito pour le roy d'Engleterre, sicom vous orés
25 ensievant. Tout premierement il entrèrent en le ville
de Chisech, où il n'i eut nulle deffense, car li homme
de le ville ne se fuissent jamais tenu ou cas que il
avoient perdu leurs chapitainnes, et puis se saisirent
li François dou chastiel, car il n'i avoit que varlès,
30 qui li rendirent tantost, salve leurs vies.

Che fait, incontinent et caudement il s'en chevau-

chièrent par devers Niorth et en menèrent la gri-
gneur partie de leurs prisonniers [avec iaux]. Si ne
trouvèrent en le ville fors les hommes qui estoient
bon François, se il osassent, et rendirent tantost le
ville et se misent en l'obeïssance dou roy de France.
Si se reposèrent là li Breton et li François et rafres-
chirent quatre jours. Entrues vint li dus de Berri à
grant gens d'armes d'Auvergne et de Berri, en le cité
de Poitiers : si fu grandement resjoïs quant il sceut
que leurs gens avoient obtenu le place et le journée
devant Chisech, et desconfi les Englès, qui tout y
avoient esté mort ou pris.

Quant li Breton se furent rafreschi en le ville de
Niorth l'espasse de quatre jours, il s'en partirent et
chevauchièrent vers Luzegnon. Si trouvèrent le
chastiel tout vuit, car chil qui demoret y estoient de
par monsigneur Robert Grenake, qui estoit pris de-
vant Chisek, s'en estoient parti sitost qu'il sceurent
comment la besongne avoit alé. Si se saisirent li
François dou biau chastiel de Luzegnon, et y or-
donna li connestables chastellain et gens d'armes
pour le garder, et puis chevauça oultre à toute son
host par devers Chastiel Acart, où la dame de Plain-
martin, femme à monsigneur Guichart d'Angle, se
tenoit, car la forterèce estoit sienne.

§ 722. Quant la dessus nommée dame entendi
que li connestables de France venoit là efforciement
pour lui faire guerre, si envoia un hiraut devers lui,
en priant que sus assegurances elle peuist venir parler
à lui. Li connestables li acorda, et raporta le sauf-
conduit li hiraus. La dame vint jusques à lui, et le

trouva logiet sus les camps : se li pria que elle peuist avoir tant de grasce que d'aler jusques à Poitiers parler au duch de Berri. Encores li acorda li connestables pour l'amour de son mari, monsigneur Guichart; et donna toute assegurance à lui et à sa terre jusques à son retour, et fist tourner ses gens d'autre part par devers Mortemer.

Tant s'esploita la dame de Plainmartin, que elle vint en le cité de Poitiers, où elle trouva le duch de Berri : si eut accès de parler à lui, car li dus le rechut moult doucement, ensi que bien le sceut faire. La dame se volt mettre en genoulz devant lui, mais il ne le volt mies consentir, ançois le volt oïr parler tout en son estant. La dame commença sa parolle, et dist ensi : « Monsigneur, vous savés que je sui une seule femme à point de fait ne de deffense, et veve de vif mari, s'il plaist à Dieu; car mon signeur, messires Guichars, gist prisonniers en Espagne, ens es dangiers dou roy Henri. Si vous vorroie priier en humilité que vous me feissiés celle grasce que, tant que mon signeur sera prisonniers en Espagne, mi chastiel et ma terre, mon corps et [mes biens, avec] mes gens, puissent demorer en pais, par mi tant que nous ne ferons point de guerre, et on ne nous en fera point ossi. » A la priière de la dame volt entendre et descendre à celle fois li dus de Berri, et li acorda legierement. Car, quoi que ses maris, messires Guichars, fust bons Englès, se n'estoit il point trop hays des François; et fist delivrer tantos à la dame lettres selonch sa requeste d'assegurances, de quoi elle fu grandement reconfortée, et les envoia, de puis qu'elle fu retournée à Chastiel Achart, quoiteusement par devers le connestable, qui bien et volentiers y obeï.

Si vinrent li Breton de celle empainte devant Mortemer, où la dame de Mortemer estoit, qui se rendi tantos, pour plus grant peril eskiewer, et se mist en l'obeïssance dou roy de France, et toute sa terre ossi avoech le chastiel de Dieunée.

§ 723. En celle saison ne demorèrent en Poito plus de garnisons englesces que Mortagne sus mer, Merspin et la tour de la Broe, [que tout ne fussent franchoises]. Voirs est que la Roce sur Ion se tenoit encores, mès c'est sus les marces d'Ango et dou ressort d'Ango.

En ce temps s'en vinrent mettre le siège li baron de Normendie et aucun de Bretagne devant Becheriel, et là eut bien dis mil hommes, qui s'i tinrent toute le saison et plus d'un an, car il y avoit dedens englès chevaliers et escuiers, qui trop bien en pensoient. Par devant Becheriel furent fait pluiseurs grans apertises d'armes, et priès que tous les jours y avenoit aucunes coses. Là estoient des Normans li mareschaus de Blainville, li sires de Riville, li sires d'Estouteville, li sires de Graville, li sires de Clères, li sires de Hanbiie, li sires de Frauville, li sires d'Ainneval; et de Bretagne, li sires de Lyon, li sires de Dignant, li sires de Rays, li sires de Rieus, li sires de Quintin, li sires d'Avangor et li sires d'Ansenis et pluiseur aultre baron, chevalier et escuier des basses marces, qui tout s'i tenoient [pour leur corps avanchier et pour l'amour l'un de l'autre, et pour delivrer le pays des Englès].

Or parlerons nous dou connestable de France comment il persevera. Quant il eut priès que tout Poito raquitté et par tout mis gens d'armes et garnisons, il s'en retourna à Poitiers devers les dus qui là
5 estoient, le duch de Berri, le duch de Bourgongne et le duch de Bourbon; si fu li bien venus entre yaus et à bonne cause, car il avoit en celle saison grandement bien esploitié pour yaus. Si eurent conseil chil signeur et li connestables de retourner en France et
10 de venir veoir le roy Charle, et donnèrent congiet à la plus grant partie de leurs gens d'armes de raler cescun sus son lieu et en sa garnison jusques adont qu'il oroit aultres nouvelles. Si se departirent ces gens d'armes, et s'en vinrent une partie des Nor-
15 mans et des Bretons devant Becheriel au siège que on y tenoit. Dou chastiel et de le garnison de Becheriel estoient chapitainne doi chevalier d'Engleterre, apert homme d'armes malement. Si les nommoit on messires Jehans Appert et messires Jehans de Cor-
20 nuaille. Un petit plus bas en Constentin se tenoit englesce Saint Salveur le Visconte. Si en estoit chapitains, de par monsigneur Alain de Bouqueselle à qui la garnison estoit et au quel li rois d'Engleterre l'avoit donnet après le mort monsigneur Jehan Chandos,
25 [messires Thumas de Quatreton]. Avoech Quatreton, qui estoit appert homme d'armes et hardis durement, s'estoient mis et bouté et venu pour querre les armes hors de Poito, où il avoient tout perdu, messires Thomas Trivès, messires Jehans de Bourch, messires
30 Phelippes Pikourde et li troi frère de Maulevrier. Et s'estoient tout par compagnie là aresté pour garnir et garder la forterèce et la ville de Saint Salveur,

pour l'amour de monsigneur Alain ; car li Normant
le maneçoient durement, et disoient que il reven-
roient par là, mais que il euissent acompli leur en-
tente de Becheriel.

Or retournèrent li troi duch dessus nommé, li con-
nestables de France, li sires de Cliçon et chil baron
de Bretagne en France devers le roy ; si le trouvèrent
à Paris, et le duch d'Ango dalés lui. Si se fisent
grans recognissances, et s'eslargi li rois de quanqu'il
peut faire pour l'amour de ses frères et dou connes-
table, et tint cour ouverte deus ou trois jours, et
donna grans dons et biaus jeuiaus là où il les sentoit
bien emploiiés.

En ce temps estoient en trettié de pais ou de
guerre li rois de France et li rois de Navare, et le
pourcaçoient, par l'avis et conseil de aucuns sages et
vaillans hommes dou royaume de France, li contes
de Salebruce et messires Guillaumes des Dormans, et
me samble que li rois de Navare, qui se tenoit à Chie-
rebourch, fu adont si consilliés que legierement il
s'acorda à le pais envers son serourge, le roy de
France, et vint li connestables de France en Nor-
mendie droit à Kem, pour confremer celle pais et
amener le roy de Navare en France. Si fu ens ou
chastiel de Kem de tous poins la pais confremée et
jurée à tenir à tous jours mès. Et vint li rois de Navare
en France à Paris; mais li dus d'Ango, qui onques
ne le peut amer, s'en estoit partis et venus esbatre
en Vermendois, et veoir et viseter sa terre de Guise
en Tierasse, car point ne voloit parler au roy [Charle]
de Navare. Non obstant ce, li rois de France li fist
grant chière et bon samblant, et le tint tout aise da-

lés lui plus de douse jours, et li donna des biaus dons et des riches jeuiaus et à ses gens ossi pour plus grant conjunction d'amours. Et li pria que il li vosist laissier deus biaus filz que il avoit, qui estoient si ne-
5 veut, Charle et Pière. Si seroient dalés son fil le dauffin et Charle de Labreth, car aussi estoient il au- ques d'un eage. Li rois de Navare, qui prendoit grant plaisance en l'amour que ses serourges, li rois de France, li moustroit et faisoit, li acorda à ses deus filz
10 demorer dalés lui, dont puis se repenti, sicom vous orés avant recorder en l'istore.

§ 724. Quant li rois de Navare eut sejourné assés dalés le roy de France, tant que bon li eut samblé, et que li dis rois de France li eut fait si bonne chière
15 que merveilles, et l'eut menet au bois de Vicennes, où il faisoit faire le plus bel ouvrage dou monde, d'un chastiel, de tours et de haus murs, il prist congiet, et se parti de Paris, et chevauça vers Montpellier, et fist tant qu'il y parvint, où il fu recheus à grant joie,
20 car la ville de Montpellier et toute la baronnie pour ce temps estoit sienne.

Nous nos soufferons un petit à parler dou roy de Navare tant qu'à celle fois, et parlerons d'au- tres incidenses qui escheirent en France. En ce
25 temps et en celle meisme saison trespassa de ce siècle li rois David d'Escoce en une abbeye dalés Haindebourch en Escoce. Si fu ensepelis en une aultre abbeye assés priès de là, que on appelle Don- fremelin, dalés le roy Robert, son père. Après ce roy
30 fu rois d'Escoce li rois Robers, uns siens neveus, qui en devant en estoit seneschaus. Cilz [rois] Robers es-

toit uns lasques chevaliers, mais il avoit jusques à
onse biaus filz, tous bons hom[me]s d'armes, et ossi
il voloit user par conseil des besongnes d'Escoce, et
tint en très grant chierté tous chiaus que li rois, ses
oncles, avoit enhays, monsigneur Guillaume, conte
de Duglas, monsigneur Archebaut, son cousin, et
tout leur linage, car che sont loyal chevalier, et n'es-
toit mies se entention que ja il se composast as En-
glès. Mais en ce temps estoient triewes entre les Es-
cos et les Englès, qui avoient à durer encores quatre
ans. Si les tenoient bien li chevalier et li escuier de
l'un pays et de l'autre, mais ce ne faisoient mies li
villain qui se trouvoient ens es foires et marchiés sus
les frontières, ançois se batoient et navroient et sou-
vent occioient, et pilloient vaches, bues, pors, bre-
bis et moutons. Si toloit li plus fors au plus foible, et
quant les plaintes en venoient as rois et à leurs con-
saulz, et que il s'en assambloient et mettoient sus
marce de pays, et li Englès se plaindoient des Escos,
car par especial par yaus venoient les incidenses, et
que il disoient que il avoient rompu leur seelé et
brisiet triewes, qui leur estoit grans blasmes et pre-
judisces, il s'escusoient et respondoient qu'il ne
pooient brisier triewes, par celle condition, se ba-
nières et pennons de signeurs n'i estoient, pour de-
bat de meschans gens enivrés en foires et en mar-
chiés, et pour pillage de biestail triewes ne se rom-
poient mies. Si demoroient les coses en cel estat :
qui plus y avoit mis, plus y avoit perdu.

§ 725. Bien estoit li rois d'Engleterre enfourmés
que il avoit perdu tout son pays de Poito, de Sain-

tonge et de le Rocelle, et que li François estoient grandement fort sur le mer de galées, de barges et de gros vaissiaus, des quelz estoient chapitain avoech Yewain de Galles et dan Radigho de Rous, le maistre amiral et patron dou roy Henri d'Espagne, li contes de Nerbonne, messires Jehans de Rais et messires Jehans de Viane, et tenoient bien sus mer ces gens sis vint gros vaissiaus sans leur pourveances, cargiés de gens d'armes, de bidaus et de Genevois. Et estoit li rois d'Engleterre enfourmés que ces gens waucroient sus les bendes d'Engleterre pour entrer en son pays, et faire, là où il prenderoient terre, un grant fait. Si ordonna li rois le conte de Sallebrin, monsigneur Guillaume de Nuefville et monsigneur Phelippe de Courtenay à estre chapitainne de deus mil hommes d'armes et otant d'arciers, et fisent leurs pourveances en Cornuaille, et là montèrent il en mer. Si singlèrent devers Bretagne, car ailleurs ne pooient il arriver pour faire guerre qui leur vausist, ne pour emploiier leur saison. Et ossi il voloient savoir l'entention dou duch et des barons de Bretagne, se il se tenroient françois ou englès. Si eurent si bon vent que de une flote il arrivèrent à Saint Malo de l'Ille en Bretagne, et trouvèrent ou havene set gros vaissiaus espagnolz de marcheans d'Espagne, cargiés d'avoir, qui là gisoient à l'ancre. Si les ardirent li Englès, et tout l'avoir qui dedens estoit, et misent à mort tous les Espagnos qu'il y trouvèrent, et entrèrent en le ville de Saint Malo et s'i logièrent de fait. Le[s] gens de le ville n'en furent mies signeur, et commenchièrent li Englès à courir là environ et à faire guerre et à prendre vivres.

Ces nouvelles s'espardirent tantost sus le pays, qui en fu durement esmeus et en plus grant souspeçon que devant sus leur duch et sus monsigneur Robert Canolle, et disent generalment que il avoient mandés les Englès et là fait venir et ariver, et que ce ne faisoit mies à consentir. Et puis que li dus moustroit clerement que il voloit estre englès et point [ne tenoit] l'ordenance de son pays, il estoit tenus de perdre sa terre. Si se cloirent cités, villes et chastiaus, et fist cascuns bon gait et bonne garde, ensi que pour lui.

Pour le temps de lors se tenoit li dus de Bretagne ens ou chastiel de Vennes, de quoi chil de le cité et dou bourch n'estoient mies bien asseguret. Et messires Robers Canolles se tenoit en son chastiel de Derval, et le faisoit grandement et grossement pourveir de toutes choses de vivres et d'arteillerie et remparer de tous poins, car bien imaginoit que li pays seroit en guerre et que ses chastiaus aroit à faire. Et quant il eut tout ce fait, il le recarga à un sien cousin chevalier, qui s'appelloit messires Hues Broe, et le laissa bien pourveu de toutes coses, et puis se traist ou chastiel et en le ville de Brest, où li sires de Nuefville, d'Engleterre, à toute sa carge de gens d'armes, qui arrivet estoient l'anée devant à Saint Mahieu de Fine Posterne, ensi que vous savés, estoit. Si vint messires Robers Canolles dalés lui pour avoir plus [grant] confort d'aide et de conseil, et ossi Brest est uns des plus fors chastiaus dou monde.

§ 726. Ces nouvelles et les plaintes des barons et des chevaliers de la duché de Bretagne vinrent à Paris devers le roy de France, et li fu remoustré com-

ment li dus avoit mandé grant confort en Engleterre pour mettre les Englès en leur pays, ce que jamais ne consentiroient, car ils sont et voellent domorer bon et loyal François; et estoit sceu et tout cler que il vo-
5 loit ses forterèces et ses chastiaus garnir et pourveir d'Englès. Li rois leur demanda quel cose en estoit bonne à faire; il respondirent que il mesist sus une [grosse et grant] carge de gens d'armes, et les envoiast en Bretagne, et se hastast dou plus tost que il peuist,
10 ançois que li Englès y fuissent de noient plus fort, et presissent chil que il y envoieroit, le saisine et possession de toutes cités, villes et chastiaus; car li dus avoit fourfait sa terre. Ces parolles et ces offres des barons et des chevaliers de Bretagne plaisirent gran-
15 dement au roy, et dist que c'estoient loyaus gens et bonnes, et que il demorroit dalés yaus. Si ordonna son connestable, monsigneur Bertran, à traire de celle part à tel carge de gens d'armes que il vorroit prendre et avoir, sans nulle exception, car il mettoit tout
20 en sa main. Li connestables obeï à l'ordenance dou roy, ce fu raisons, et se hasta de faire celle armée et chevaucie, car il touchoit, et s'en vint en le cité de Angiers; si fist là son amas de gens d'armes. Si estoient avoecques li li dus de Bourbon, li contes
25 d'Alençon, li contes du Perce, li daufins d'Auvergne, li contes de Boulongne, li contes de Ventadour, [li contes de Vendosme], li sires de Cliçon, li viscontes de Rohem, li sires de Biaumanoir, li sires de Rocefort et tout li baron de Bretagne. Si se trouvè-
30 rent bien quatre mil lances, chevaliers et escuiers, et bien dis mil d'autres gens. Si chevauchièrent devers Bretagne.

Ces nouvelles vinrent au duch de Bretagne qui se
tenoit encor à Vennes, comment François et Bre-
ton venoient sur lui pour prendre et pour saisir de
force sa terre et son corps ossi, et estoient bien
quinse mil armeures de fier, et de toutes ces gens
d'armes estoient conduiseur et gouvreneur li connes-
tables et li dus de Bourbon. Avoech tout che, il
avoient d'acord tout le pays, cités, villes et chastiaus.
Si se doubta li dus grandement de soi meismes que il
ne fust pris et atrapés. Si se departi de Vennes et s'en
vint au cha[stiel] d'Auroy, à quatre liewes d'iluech, et
y sejourna sis jours tant seulement, et ne trouva mies
en son conseil que il y demorast plus, que on ne me-
sist le siège devant lui. Et toutefois il ne savoit en
Bretagne plus nulle ville où il s'osast enclore. Si laissa
là une partie de ses gens et la ducoise, sa femme, en
le garde d'un sien chevalier, qui s'appelloit monsi-
gneur Jehan Augustin, et puis chevauça oultre vers
Saint Mahieu de Fine Posterne. Quant il fu venus
jusques à là, il cuida entrer en le ville, mais il se
cloïrent contre lui, et disent que point n'i enteroit.
Quant il vei ce, si se doubta encores plus que devant,
et prist le chemin de Konke sus le mer, et là entra il
en un vaissiel, et ses gens, et singla vers Engleterre.
Si arriva en Cornuaille. De puis il chevauça tant que
il vint à Windesore, où li rois se tenoit, qui li fist
grant chière quant il le vei, car il l'appelloit son biau
fil. Li dus adont li recorda tout l'estat de Bretagne et
comment la besongne y aloit, et que pour l'amour de
lui il avoit perdu son pays, et l'avoient tout si
homme relenqui, excepté messires Robers Canolles.
Lors li respondi li rois, et li dist : « Biaus filz, ne

vous doubtés que vous n'aiiés tousjours assés, car ja [je] ne ferai pais ne acord à mon adversaire de France ne as François, que vous ne doiiés estre ossi avant ou trettié que je serai, et demorrés dus de Bretagne, malgré tous vos nuisans. » Chilz reconfors plaisi grandement au duch de Bretagne. Si demora dalés le roy et le duch de Lancastre et les barons d'Engleterre, qui li fisent grant solas et grant confort.

O[r] parlerons de monsigneur Bertran de Claiekin et des barons de France, comment il entrèrent en Bretagne efforciement, et se misent en possession des villes et des chastiaus, et obeïrent tout à lui, non à monseigneur Robert Canolles, qui estoit demorés bail, quant li dus se departi.

§ 727. Li connestables qui avoit le commission dou roy de France de prendre et de saisir tout le pays de Bretagne, y entra efforciement à plus de quinse mil armeures de fier et tous à chevaus, et ne prist mies premierement le chemin de Nantes, mais celui de le bonne cité de Rennes et de le Bretagne bretonnant, pour tant que il estoient et ont esté toutdis plus favourable au duch de Bretagne, que li François appelloient le conte de Montfort, que li douce Bretagne. Quant li bourgois sentirent venant sur yaus le connestable et les François si efforciement, si n'eurent mies conseil d'yaus clore, mès se ouvrirent, et [les] recueillièrent doucement, et se misent tantost en l'obeïssance dou roy de France. Li dis connestables en prist les fois et les hommages et les sieremens que il se tenroient estable, et puis passa oultre et s'en vint jusques à le bonne ville de Dignant. Chil

de Dignant fisent otel, et puis chevaucièrent jusques
à le cité de Vennes, qui se ouvrirent ossi tantos, et se
misent en l'ordenance dou connestable, et puis s'i ra-
freschirent li Breton et li François quatre jours. A
leur [departement], il prisent le chemin dou Suseniot,
un moult biau chastiel et maison de deduit pour le
duch. Là y avoit aucuns Englès qui le gardoient de
par le duch, li quel ne se veurent mies si tost rendre,
mais se cloïrent et moustrèrent grant deffense.

Quant li connestables fu venus jusques à là, et il
vei le condition et manière des Englès qui dedens
estoient, si dist qu'il ne s'en partiroit mies ensi. Si
se loga et fist toutes ses gens logier, et, entrues que
li varlet logoient, traire avant à l'assaut les gens
d'armes, qui riens n'i conquisent ne gaegnièrent ce
premier assaut, fors horions. Si se retraisent au soir
à leurs logeis et se aisièrent de ce qu'il eurent. A
l'endemain il assallirent encores; n'i fisent il riens,
et les couvint là estre quatre jours, ançois que il
peuissent conquerre le chastiel. Finablement il fu
conquis et pris de force, et tout chil mort, qui
dedens estoient : onques piés n'en escapa; et donna
li dis connestables le chastiel dou Suseniot à un
sien escuier, bon homme d'armes, qui s'appelloit
Yewains de Mailli. Puis se deslogièrent li François
et chevaucièrent devers Jugon, une bonne ville et
bon chastiel, qui se rendirent tantost et se misent
en l'obeïssance dou roy de France, et puis Ghoy la
Forest, et puis la Roce d'Euriant, Plaremiel, Chas-
tiel Josselin, Phauet, Ghingant, Saint Mahieu de
Fine Posterne et pluiseurs villes de là environ, Gar-
lande, Camperlé et Campercorrentin.

Quant li contes de Sallebrin et messires Guillaumes de Nuefville et messires Phelippes de Courtenay et li Englès, qui se tenoient à Saint Malo de l'Ille, entendirent que li connestables et li sires de Cliçon et li baron de France et de Bretagne estoient entré en Bretagne si efforciement qu'il y prendoient cités, villes et chastiaus, et que tous li pays se tournoit viers yaus, et se sentoient encores sus mer la grosse navie d'Espagne et les François, si eurent conseil que il se trairoient viers Brest : là seroient il, yaus et leur navie, en plus grant segur, car li havenes de Brest gist en bonne garde, et ossi il y trouveroient de leurs compagnons le signeur de Nuefville et monsigneur Robert Canolles, qui là se tenoient sus le confort de le forte place. Si aroient milleur conseil tout l'un pour l'autre. Si cargièrent leurs vaissiaus et entrèrent ens, et se departirent de Saint Malo de l'Ille, je ne vi onques mieulz à point, car il euissent esté à l'endemain assegié. A leur departement il fustèrent et robèrent toute le ville de Saint Malo, et puis singlèrent tant que il vinrent à Hainbon. Là furent il un jour, et puis rentrèrent en mer et s'en alèrent tout singlant devant Brest, et tant fisent qu'il y parvinrent : si y furent recheu à grant joie, et misent toute leur navie ou havene de Brest. Si se logièrent li signeur ou chastiel, et toutes leurs gens en le ville ou en leur navie. Et li connestables de France s'en vint à toutes ses routes jusques à Saint Malo de l'Ille. Si fu moult courechiés, quant il sceut que li Englès s'en estoient parti, car il venoit là sus cel entente et espoir d'yaus combatre ou assegier. Si prist le saisine de le ville et les fois et sieremens, et y ordonna gens de par lui, et puis chevauça o son grant hoost devers le chastiel et le ville de Hainbon, où il avoit environ sis vint Englès, qui le tenoient, et les y avoit laissiés li contes de Sallebrin, quant il y fu, n'avoit point sis jours. Si en estoit chapitains uns escuiers englès, qui s'appelloit Thommelin Wisk.

§ 728. Tant chevauça li connestables et toute se route où bien avoit vint mil combatans, que il vinrent devant le ville de Hainbon. Si trouvèrent les portes closes et toutes gens appareilliés, ensi que pour yaus deffendre. Li connestables ce premier jour se loga et fist logier toutes gens, et à l'endemain au matin, à heure de soleil levant, sonner les trompètes d'assaut, et quant il furent tout armé, traire celle part et yaus mettre en ordenance pour assallir. Et ensi fisent cil de Hainbon. Englès et Breton, qui dedens estoient, s'appareillièrent tantost pour yaus deffendre. Bien sçavoit li dis connestables que de force, ou cas que tout chil, qui dedens Hainbon se logoient, se vorroient mettre à deffense, jamais ne les aroient, mès il y trouva un trop grant avantage, je vous dirai comment. Au commencement de l'assaut, il s'en vint jusques as barrières, le quasse d'achier en le tieste tant seulement, et dist ensi à chiaus de le ville de Hainbon, en faisant signe de le main : « A Dieu le veu ! homme de la ville, qui là dedens estes, nous vous arons encor anuit, et enterons en le ville de Hainbon, se li solaus y poet entrer ; mais sachiés que, se il en y a nulz de vous qui s'amoustre pour mettre à deffense, nous li ferons

sans deport trencier la tieste et tout le demorant de la ville, homme[s], femmes et enfans, pour l'amour de celi. » Ceste parolle effrea si les hommes [bretons] de le ville de Hainbon, que il n'i eut onques puis-
5 sedi homme, qui se osast amoustrer ne apparoir pour mettre à deffense; ançois se traisent tout ensamble, et disent as Englès : « Signeur, nous n'avons mies entention de nous tenir contre le connestable ne les signeurs de Bretagne; nous sommes
10 cheens un petit de povres gens, qui ne poons vivre sans le dangier dou pays. Toutesfois nous vous ferons tant d'onneur, car vous estes tout bon compagnon, que de nous n'arés vous garde; vous n'en serés ne grevé ne conforté, et sur ce aiiés avis. »
15 Quant la chapitainne et li Englès oïrent ces nouvelles, si ne leur furent mies trop plaisans, et se traisent ensamble et consillièrent. Tout consideré et imaginé ou cas que il ne seroient conforté de chiaus de Hainbon, il n'estoient mies gens pour yaus tenir
20 contre une tele host que li connestables de France avoit là devant yaus. Si eurent conseil que il tretteroient un accort as François, que il renderoient le ville et on les lairoit partir, salve leurs vies et le leur. Si envoiièrent un hiraut devers le connestable,
25 qui remoustra toutes ces besongnes, qui raporta un saufconduit que li capitains de Hainbon et quatre des siens pooi[en]t bien segurement aler en l'ost pour oïr et savoir plus plainnement quel cose il voloient dire. Sus celle sauvegarde, Thommelins Wisk et
30 quatre de ses compagnons vinrent devant les barrières parler as signeurs de l'ost. Là se porta trettiés et compositions, que tout li Englès qui dedens Hain-

bon estoient, et tout li Breton ossi qui l'opinion dou
conte de Montfort tenoient, se pooient segurement
partir yaus et le leur, et traire dedens Brest, et non
aultre part. Ensi eut li connestables de France par
sens, nen par grant fait, le ville et le chastiel de
Hainbon, dont il ne volsist pas tenir cent mil frans,
et s'en partirent li Englès sus bon conduit, et en
portèrent tout le leur, et vinrent en Brest.

§ 729. Apriès le conquès de la ville et dou chas-
tiel de Hainbon, li connestables ne li signeur qui
avoech lui estoient, n'eurent mies conseil de traire
devant Brest, car bien savoient qu'il perderoient lor
painne; mais se avisèrent que il se retrairoient tout
bellement devers le bonne cité de Nantes en costiant
le rivière de Loire, et en conquerant et mettant en
leur subjection et ordenance encores aucunes villes
et chastiaus qui là estoient. Si laissièrent deus che-
valiers bretons à chapitainnes en le ville de Hainbon
et grant gent d'armes, et puis s'en partirent. Si
prisent le chemin de Nantes, selonch la rivière de
Loire, et misent tout le pays en leur obeïssance,
que il trouvèrent; ne onques nulz n'i fu rebelles;
car, se il l'euissent trouvé, la commission dou con-
nestable donnée dou roy de France estoit tele que il
voloit que sans merci tout rebelle fuissent puni à
mort.

En ce temps faisoit li dus d'Ango un grant man-
dement pour venir mettre le siège devant le Roce
sur Ion, que li Englès tenoient, la quele garnison
siet sus les marces d'Ango. Ossi li Englès, qui de-
dens Brest estoient, eurent conseil et avis que il se

retrairoient en mer, puis que li connestables de France et li François les eslongoient, et s'en iroient reposer et rafreschir viers Gredo et viers Garlande. Et, se li navie dou roy de France passoit, ou des Espagnolz, où il se peuissent emploiier, il se combateroient, car ossi les pourveances de Brest commençoient à amenrir, car il estoient trop de gens. Si recargièrent la ditte forterèce à monsigneur Robert Canolles, et rentrèrent en leur navie, et ne menoient avoecques yaus nulz chevaus. Avoecques le gentil conte de Sallebrin estoient d'Engleterre li sires de Luzi, li sires de Nuefville, [messires Guillaumes de Nuefville], ses frères, li sires de Multonne, li sires de Filwatier, messires Bruians de Stapletonne, messires Richars de Pontchardon, messires Jehans d'Evrues, messires Thumas le Despensier et pluiseur aultre baron, chevalier et escuier. Trop s'estoient chil dit signeur repenti, yaus tenu à Saint Malo et à Brest, de che que il n'avoient amené leurs chevaus avoec yaus, car, se eu les euissent, il disoient bien que il euissent chevaucié sus le pays et contre les François.

Tant s'esploitièrent li connestables de France et chil signeur de France et de Bretagne qui avoecques lui estoient, en prendant leur tour et en revenant devers Nantes, que il vinrent devant Derval, qui se tenoit hiretages de monsigneur Robert Canolle; si l'avoient en garde messires Hues Broe et messires Reniers, ses frères. Si tost que li connestables et chil baron de France et de Bretagne furent là venu, il misent le siège environneement et fisent grans bastides de tous lés pour [mieuls] constraindre chiaus de le forterèce.

En ce temps s'avala li dus d'Ango atout grant gent d'armes de Poito, d'Ango et du Mainne, et s'en vint mettre le siège devant la Roce sur Ion, et là avoit bien mil lances, chevaliers et escuiers, et quatre mil d'autres gens, et se partirent dou connestable de France par le mandement dou duch d'Ango, et vinrent devant le Roche sur Ion tenir le siège messires Jehans de Buel, messires Guillaumez des Bordes, messires Loeis de Saint Juliien et Charuelz, bretons, et leurs routes. Et devés savoir que en celle saison toutes les guerres et le gens d'armes de France, de quel marce que il fuissent, se traioient en Bretagne ; car il n'avoient que faire d'autre part, et ossi li rois de France les y envoioit tous les jours.

Quant les nouvelles veritables furent sceues en l'ost dou connestable de France, que li contes de Sallebrin et tout li Englès, qui en Brest estoient, quant il furent devant Hainbon, estoient parti et retret en mer, si en furent moult joiant et en tinrent leur guerre à plus belle, et s'avisèrent que il envoieroient une partie de leurs gens devant Brest et metteroient là le siège, car il estoient fort assés pour ce faire, et encloroient monsigneur Robert Canolles dedens Brest telement, que il n'en poroit issir pour venir conforter ne consillier ses gens, qui en sa forterèce de Derval estoient. Si tretos que il eurent ce imaginé, il tinrent ce conseil à bon, et se departirent dou siège de Derval li sires de Clichon, li viscontes de Rohem, li sires de Lyon, li sires de Biaumanoir, li sires de Raiys, li sires de Rieus, li sires d'Avangor, li sires de Malatrait, li sires dou Pont, li sires de Rocefort et bien mil lances de bonnes gens d'armes, et s'en

vinrent mettre le siège devant Brest et enclore monsigneur Robert Canolle dedens, par si bonne [et si sage] ordenance que uns oizelès par terre n'en fust point issus, qu'il n'euist esté veus. Ensi tin-
5 rent les gens le roy de France en celle saison quatre sièges en France, en Bretagne et en Normendie : li Normant devant Becheriel, li Breton devant Brest et Derval, et li Poitevin et li Angevin devant la Roce sur Ion.

10 § 730. Ce siège pendant devant Derval, y furent faites pluiseurs assaus, escarmuces et paletis, et priès que tous les jours y avenoient aucun fait d'armes. Quant messires Hues Broe et ses frères, qui chapitainne en estoient, veirent le manière et ordenance
15 dou connestable et de ces signeurs de France, qui là estoient grandement et estofeement, et qui moult les appressoient, et se ne leur apparoit confors de nul costet ne point de leur estat ne pooient segnefiier à leur cousin monsigneur Robert Canolles, et avoient
20 entendu que li dus d'Ango estoit avalés moult priès de là, qui trop fort les maneçoit, si eurent conseil que il tretteroient un respit et se metteroient en composition devers le connestable, que, se dedens quarante jours il n'estoient secouru et conforté de
25 gens fors assés pour lever le siège, il renderoient la forterèce au connestable. Si envoiièrent sus asseguu-rances parlementer ces trettiés en l'ost au dit connestable. Li connestables en respondi que riens n'en feroit sans le sceu dou duch d'Ango. Encores vor-
30 rent bien chil de Derval attendre la response dou dit duch ; si fu segnefiiés au duch tous li dis trettiés,

ensi que il se devoit porter, mais que il l'acordast.
Li dus n'en volt de riens aler au contraire, mès en
rescrisi au connestable que ou nom de Dieu il le ac-
ceptast ou cas que cil de Derval, pour tenir ce mar-
chiet, liveroient bons plèges. Sus cel estat furent il
quatre jours que il n'en voloient nuls livrer fors leur
seelé, mès li connestables disoit que, sans bons hos-
tages, chevaliers et escuiers, ils ne donroient nulle
souffrance. Finablement messires Hues Broe et ses
frères veirent et cogneurent bien que il ne fineroient
aultrement, se il ne livroient plèges. Si livrèrent
deus chevaliers et deus escuiers, qui furent tantost
envoiiet à le Roce sur Ion devers le duch d'Ango,
et fu ceste composition faite par ordenance tele, que
chil de Derval ne pooient ne devoient nullui recueil-
lier en leur forterèce, qui ne fust fors assés pour
lever le siège. Pour ce ne se desfist mies li princi-
paus sièges de Derval, mès y laissa li connestables
plus de quatre mil combatans de Bretagne, de Limo-
zin, d'Auvergne et de Bourgongne, et puis atout cinc
cens lances, il chevauça vers le cité de Nantes, car
encor n'i avoit il point esté.

§ 731. Quant li connestables de France fu venus
jusques à Nantes, si trouva les portes de le cité closes
et une partie des bourgois venu au devant de lui et
yaus mis entre les portes et les barrières, et n'i avoit
ouvert tant seulement que les postis. Là parlementè-
rent li homme de Nantes moult longement au con-
nestable, et veurent veoir sa commission, et le fisent
lire. Quant il l'eurent oy, li connestables leur de-
manda qu'il leur en sambloit, et se elle estoit point

bonne. Il respondirent qu'il le tenoient bien à bonne, et le voloient bien recevoir comme commissaire dou roy de France, et jurer que il seroient toutdis et demorroient bon François, et ne lairoient Englès nul
5 entrer en le cité, qui ne fust plus fors d'yaus, mais ja il ne relenquiroient lor naturel signeur, qui tenoit leurs fois et leurs hommages pour cose que il euist encores fait, sauf tant que à main armée, ne homme qui fust avoecques lui, se il venoit jusques à là, il
10 ne soufferoient entrer en leurs portes, et, se il venoit à acord devers le roy de France, il voloient estre quittes de toutes obligations que faites aroient presentement au connestable. Messires Bertrans, qui en tout ce ne veoit fors que toute loyauté, leur respondi
15 que il ne le voloit autrement, et que, se li dus de Bretagne vosist estre bons François et amis au roy de France et à son pays, il y fust demorés en pais. Et quant il se vorra recognoistre, il ara grasce de nostre très chier et redoubté signeur le roy, [mais tant que
20 il tiengne ceste oppinion, il ne levera de Bretaigne nuls des pourfis]. Ensi entra li connestables de France en le cité de Nantes, et y sejourna huit jours, et en prist le saisine et possession, mais il n'i fist riens de nouviel. Au ixe jour, il s'en parti et s'en vint demorer
25 en un village dalés Nantes, en un moult biau manoir, qui est au duch, seant sus le rivière de Loire. Si ooit tous les jours nouvelles des sièges qui se tenoient en Bretagne, et ossi dou duch d'Ango, qui seoit devant Roce sur Ion, et dou roy de France, qui
30 moult l'amoit pour tant qu'il entendoit si parfaitement à ses besongnes.

§ 732. Vous avés bien chi dessus oy parler et recorder dou duc de Bretagne, comment il se departi de son pays et s'en ala en Engleterre requerre ayde et confort dou roy, en quel nom il avoit perdu tout son pays. Bien sçavoit cilz dus que les besongnes pour lui en son pays se portoient assés petitement. Si esploita tant devers le roy, que li rois ordonna son fil le duch de Lancastre à passer mer atout deus mil armeures de fier et quatre mil arciers, et de ces gens d'armes seroient conduiseur et gouvreneur ses filz et li dus de Bretagne, et devoient arriver ou havene de Calais, pour passer parmi Pikardie, et avoient entention, se li temps ne leur estoit contraires, que il se metteroient entre Loire et Sainne et s'en iroient rafreschir en Normendie et en Bretagne, et conforteroient les forterèces qui se tenoient englesces, Becheriel, Saint Salveur, Brest et Derval, et combateroient le[s] François où que ce fust, se contre yaus se voloient mettre ne ahatir de combatre. Dont, pour faire et furnir ce voiage, li rois d'Engleterre ordonna à faire toute la saison un ossi grant et ossi estoffé appareil que en grant temps on euist point veu en Engleterre pour passer le mer, tant que de belles et grosses pourveances et de grant fuison de charroi, qui porteroient parmi le royaume de France tout ce qu'il lor seroit de necessité, et par especial moulins à le main pour mieurre bled et aultres grains, se il trouvoient les moulins perdus et brisiés, et fours pour cuire, et toute ordenance de guerre pour avoir appareillié sans dangier. Et me fu dit que bien trois ans en devant, li Englès avoient esté sus ce voiage, comment que point ne fuissent passet. Et cuida li dus de

Lancastre passer la mer l'anée que la bataille fu à Jullers dou duch de Braibant contre le duch de Julers et monsigneur Edouwart de Guerles. Car si doy cousin de Jullers et de Guerles li avoient offert
5 tel confort que douse cent lances, chevaliers et escuiers, et que pour courir parmi le royaume de France jusques ens es portes de Paris. Mais la mort de monsigneur Edouwart de Guerles et l'ensonniement que li dus de Jullers eut pour ceste besongne,
10 et le mort et le prise des bons chevaliers, qui furent d'une part et d'autre, retardèrent ce voiage qui point ne se fist à la première entente dou roy d'Engleterre et dou duch de Lancastre. Nequedent, toutdis de puis, li dus de Lancastre et li consaulz dou roy d'Engle-
15 terre avoient entendu [à] appareillier les pourveances si grandes et si belles, que merveilles seroit à penser. Et mandoit li rois d'Engleterre par tout gens, là où il les pensoit à avoir par leurs deniers paiier, en Flandres, en Braibant, en Haynau et en Alemagne,
20 et eut li dus de Lancastre [de purs Escos] bien trois cens lances. Si venoient à Calais li estragnier qui mandé et priiet estoient dou roy, et là se tenoient attendant le passage des deus dus de Lancastre et de Bretagne, et là leur estoient paiiet et delivret tout leur
25 gage pour sis mois. Si passèrent tout bellement l'un apriès l'autre de Douvres à Calais les pourveances des dus et des barons d'Engleterre. Si ne furent mies ces coses si tost achievées.

Entrues se hastèrent les guerres de Bretagne, car li
30 rois de France estoit tous certefiiés que li Englès en celle saison efforciement passeroient en France. Si faisoit ossi pourveir en Pikardie cités, villes et chas-

tiaus très grossement, car bien savoit que li Englès
prenderoient leur chemin par là. Et fist commander
sus le plat pays que cascuns, dedens un terme qui mis
y fu, euist retret le sien ens es forterèces, sus à estre
abandonné tout ce que on trouveroit.

Encores se tenoit li sièges dou duch d'Ango
devant le Roce sur Ion, mais il estoit si lontains
de tous confors que il veoient bien que longement
il ne se pooient tenir. Dont il avint que messires
Robers Grenake, uns chevaliers englès, qui chapi-
tainne en estoit, se mist en composition devers
les gens le duch d'Ango, car li dis dus se tenoit à
Angiers. Et fu la composition tele que, se dedens un
mois il n'estoient secouru de gens fors assés pour
lever le siège, il renderoient la ville et le chastiel, et
s'en partiroient, salve le leur et leurs corps, et leur
donroit on conduit jusques à Bourdiaus. Cilz termes
inspira; nulz ne vint pour conforter le chastiel de le
Roce sur Ion; si le rendirent li compagnon qui le
tenoient, as gens le duch d'Ango, et s'en partirent
messires Robers Grenake et li sien, et passèrent oul-
tre, et furent conduit jusques bien priès de Bour-
diaus, ensi que couvens portoit. Si furent chil de
Poito et d'Ango et du Mainne durement liet et resjoy
dou reconquès de la Roce sur Ion.

§ 733. En ce temps avint en Bretagne que li sires
de Cliçon, li viscontes de Rohem, li sires de Roce-
fort et li sires de Biaumanoir se departirent dou
siège de Brest une matinée, atout cinc cens lances,
et chevaucièrent tant que il vinrent à Konke, une pe-
tite forterèce sus mer, de la quele messires Jehans

de la Ghingay, uns chevaliers englès et de l'ostel le duch de Bretagne, estoit chapitains, et avoit avoecques lui pluiseurs compagnons, qui se misent tantost en ordenance de deffense quant il veirent les
5 Bretons. Là eut ce jour grant assaut et dur, et pluiseurs hommes navrés et blechiés et mors d'un lés et de l'autre. Finablement li Breton assallirent si vassaument, et si bien s'i esprouvèrent, que de force il conquisent la ville de Konke, [et y furent tout
10 mors li Englès qui là estoient, excepté le chapitainne et sis hommes d'armes qu'il retinrent pour prisonniers. Si remparèrent les Bretons le ville de Konke] et le rafreschirent de nouvelles gens à leur entente, et puis s'en partirent; si en menèrent leurs prison-
15 niers, et retournèrent au siège de Brest.

§ 734. Entrues que ceste chevaucie se fist dou signeur de Cliçon et des dessus dis à Konke, et que leur host fu un petit esclarcie de gens à l'un des costés dou siège de Brest, se bouta une espie dou
20 soir en le ville de Brest, qui venoit droit de Derval, et qui là estoit envoiiés parler à monsigneur Robert Canolle, de par ses cousins monsigneur Hue Broe et son frère, li quelz dist et compta au dit monsigneur Robert Canolles toute la besongne de son biau chas-
25 tiel de Derval, comment il en aloit. Quant messires Robers oy ces nouvelles, si n'en fu mies mains pensieus, et eut pluiseurs imaginations en lui sur trois ou quatre jours, comment il s'en poroit chevir; car de perdre si nicement son biau chastiel de Derval,
30 que tant amoit et qui tant li avoit cousté, ce li seroit trop dur, et toutesfois il n'i pooit veoir tour ne

adrèce que il ne le perdesist, se il n'i mettoit aultre
remède. Si avisa que il tretteroit devers ces signeurs
de France et de Bretagne, que il metteroit Brest en
composition que, se dedens un mois il n'estoient
secouru, aidié et conforté de gens fors assés pour
combatre le connestable et se poissance, il rende-
roient Brest as François. Quant cil trettié furent
entamé de premiers et parlementé, onques li sires de
Cliçon, ne li baron qui au siège estoient, n'en vor-
rent riens faire sans le sceu dou connestable. Mais
il donroient bien un chevalier et deus escuiers des
gens monsigneur Robert conduit que, sus assegu-
rances, il alaissent parler au dit connestable, qui se
tenoit dalés Nantes.

Ceste response et ordenance plaisi bien au dit
monsigneur Robert Canolles, et y envoia un cheva-
lier des siens et deus escuiers, qui vinrent sans peril,
sus bon conduit, parlementer au dit connestable et
proposer ces trettiés. Li connestables de France fu
adont si bien consilliés que dou rechevoir ces trettiés
et chiaus de Brest en composition, mais que de tenir
leur journée et leur marchié il delivrassent bons
ostages, aultrement non. Sus tel estat retournèrent
chil de Brest, et comptèrent au dit monsigneur
Robert tout ce que vous [avés] oy. Messires Robers,
qui tiroit à mander le conte de Sallebrin et les barons
d'Engleterre qui estoient sus mer en se compagnie,
li quel, il n'en faisoit mies doubte, quant il leur aroit
segnefiiet tout l'estat, venroient à celle journée, et
qui grant desir avoit ossi de venir en son chastiel de
Derval, se acorda à celle composition, et livra bons
ostages et souffissans, tant que li connestables et li

Breton s'en tinrent pour content, et se desfist li sièges de Brest; et se retraisent toutes [ces] gens d'armes sus le pays devers Nantes, en attendant les journées qui devoient estre de Derval et de Brest;
5 car aultrement li connestables ne donnoit nullui congiet, se il n'estoit especialment escrips et mandés dou roy de France.

Si tretost que messires Robers Canolles peut, il se departi de Brest et s'en vint bouter en son chastiel
10 de Derval, de quoi si cousin furent moult resjoy de sa venue. Quant li connestables et li sires de Cliçon sceurent ces nouvelles que il s'estoit là boutés, si n'en furent mies mains pensieu, car il sentoient monsigneur Robert soubtil et cauteleus, si ne savoient
15 comment il se vorroit maintenir de le composition que ses gens avoient fait. Et encores de rechief il se contentoient mal sus monsigneur Hue Broe et sen frère, de ce que il l'avoient recheu, car, par le teneur de leur trettié et dou seelé de leur composi-
20 tion, il ne pooient ne devoient nullui rechevoir ne recueillier en leur forterèce, se il n'estoient fort assés pour combatre les François.

§ 735. Avant que messires Robers Canolles se departesist de Brest, il escripsi unes lettres et seela.
25 En ces lettres estoit contenus tous li estas de Brest, et comment la journée estoit prise et acceptée des François pour yaus combatre, u de rendre le chastiel de Brest, la quele cose il feroit moult envis, se amender le pooit. Quant il eut tout ce fait, il carga
30 la lettre à un chevalier des siens, et li dist : « Entrés en une barge, et nagiés viers Garlande. Je croi que

là environ vous trouverés le conte de Sallebrin et
nos gens : se li donnés ces lettres, et li contés de
bouche comment la cose va. » Li chevaliers avoit
respondu qu'il est[oit] tous près, et ja estoit partis
de Brest, et tant avoit nagiet que il avoit trouvet le
conte de Sallebrin et toute sa navie, où bien avoit
sis vint vaissiaus d'une flote, sans les barges et les
hokebos; se li moustra ces lettres de monsigneur
Robert, et li compta avoech che tout le fait ensi que
il aloit et qu'empris estoit. Quant li contes de Salle-
brin fu enfourmés de che, si dist que il seroit à le
journée, se il plaisoit à Dieu, et devant encores. Si
ne fist nul lontain sejour, mais se desancra, et toute
sa navie, et s'adreça pour venir à Brest. [Et tant
s'esploita par le confort de Dieu et du vent, que il vint
assés près de Brest]; et ancrèrent ou havene de Brest,
et puis avisèrent place et terre qui n'estoit mies trop
lonch de leur navie, où il se misent et ordenèrent
par batailles bien et faiticement, et se trouvèrent
bien deus mil combatans et otant d'arciers. Si disent
entre yaus que il estoient fort assés pour attendre le
connestable et se poissance, et yaus combatre.

Ensi se tenoient là li Englès, qui moustroient que
il voloient tenir leur journée, et tous les soirs
retournoient en leur navie. Quant il eurent là esté
environ sis jours, et il veirent que nulz ne venoit,
il prisent un hiraut et l'enfourmèrent de che que il
voloient qu'il desist, et qu'il chevauçast viers le
connestable et les François, qui se tenoient en le
marce de Nantes. Li hiraus se departi de l'ost des
Englès et tant s'esploita que il vint devers le connes-
table et le signeur de Cliçon; se fist son message bien

et à point, et dist ensi : « Mi signeur, li contes de Sallebrin et si compagnon m'envoient devers vous et vous segnefient que il leur est venu à cognissance que une journée est prise devant Brest de monsi-
5 gneur Robert Canolle et de vous, et ordenance de bataille; sachiés que il sont venu jusques à là et vous attendent tout prest pour combatre et de delivrer leurs hostages et le chastiel de Brest. » A ceste parolle respondi li connestables, et n'i mist point
10 trop longement, et dist : « Hiraus, vous retournerés devers vos mestres et leur dirés de par nous qu'il viegnent et traient avant; nous les combaterons bien et volentiers. » Li hiraus respondi que volentiers leur diroit ensi. Si se parti et monta à cheval, et es-
15 ploita tant que il revint en l'ost de se[s] mestres et leur fist ceste response.

Li contes de Salebrin pensa sus ceste parolle, et puis se conseilla à ses compagnons, car là estoient sis ou set baron de grant prudense, li sires de Luzi,
20 li sires de Nuefville, messires Phelippes de Courtenay, messires Bruians de Stapletonne et les aultres. Si se porta consaulz entre yaus que li hiraus retourneroit vers les François et leur diroit de par yaus que c'estoient gens de mer qui n'avoient point leur
25 chevaus. Si n'estoit mies cose deue ne raisonnable que il alaissent plus avant à piet, mais, se il lor voloient envoiier leurs chevaus, il trairoient vers yaus volentiers, et, se il ne voloient faire l'une pareçon ne l'autre, il renvoiassent leurs ostages, [car]
30 il y estoient tenu.

Li hiraus se parti de rechief de ses mestres et chevauça tant que il vint devers le connestable, qui tantost le recogneut et qui li demanda de ses maistres quels nouvelles : « Sire, se vous mandent ensi par moy mi signeur et mestre, et dient que ce sont gent de mer qui n'ont nulz de leurs chevaus et qui mies ne sont uset d'aler trop lonch à piet : si venés vers yaus, ou envoiiés leur vos chevaus, et il venront droit chi, et, se ce ne volés faire, si leur renvoiiés leurs hostages, car il dient que en avant vous n'avés nulle cause dou tenir. » Quant li connestables oy ceste parolle, si en respondi tantost, et dist : « Hiraus, nostre cheval nous besongnent, ce n'est pas tant que à yaus requeste raisonnable, et puis que il ne voelent traire avant et qu'il s'escusent que ce sont gent de mer, nous ne sommes pas ne ossi ne sont il ou lieu ne en le place où la journée fu trettie et pourparlée; si leur dirés, quant vous retournerés vers yaus, que nous leur ferons tant d'avantage que nous irons là sus le place et ou propre lieu, et là viegnent, ensi qu'il voelent, et il seront combatu. »

Sus ceste response se departi li hiraus, et s'en revint à Brest devers ses mestres et leur fist relation de toutes les parolles que vous avés oyes, et sur ce il eurent avis et conseil. Depuis ne demoura gaires de temps que li connestables, li dus de Bourbon, li contes d'Alençon, li sires de Cliçon, li sires de Laval et tout chil baron de France et de Bretagne, où bien avoit quatre mil lances et quinse mil d'autres gens, s'en vinrent à une journée priès de Brest où li Englès estoient, et là s'arrestèrent et logièrent en moult fort lieu, et puis le segnefiièrent as Englès comment il estoient là venu et sus le lieu droitement, ce disoient, où li trettiés de chiaus de Brest avoit esté acordés, et leur mandoient que, se li venoient là, il seroient combatu, et, se ce ne faisoient, il avoient perdu leurs hostages.

Quant li contes de Sallebrin et si compagnon entendirent ces nouvelles, si veirent bien que li François y aloient soutieuement et qu'il n'avoient nulle volenté d'yaus combatre. Si leur segnefiièrent par leur hiraut, avoech le hiraut françois qui ces parolles avoit aportées, que, se il voloient traire encores avant les deus pars de le voie, il se travilleroient bien tant que tout à piet il iroient la tierce part, et, se il ne voloient faire ceste pareçon, il venissent à piet le moitié dou chemin, et il iroient l'autre, et, se l'une ne l'autre ne voloient faire, il renvoiassent leurs hostages, car il n'avoient nulle cause dou detenir, mais avoient par droit d'armes bien fait leur devoir, et estoient en volenté dou faire et tenir leur journée.

§ 736. Ensi alant et venant se demenèrent ces coses et se degastèrent; ne pour pareçon que li Englès peuissent ne sceuissent faire, li François ne veurent traire plus avant que vous avés oy. Quant li Englès veirent ce, si rafreschirent le chastiel de Brest de bonnes gens d'armes, de pourveances et d'arteillerie, et puis entrèrent en leur navie et se desancrèrent, et prisent le mer par devers Saint Mahieu de Fine Posterne; car devant Derval ne pooient il nullement venir à toute lor navie, et à piet ossi il n'i fuissent jamais alé. Avoech tout ce, messires Robers Canolles, qui dedens Derval se tenoit, leur avoit escript que en riens il ne se travillassent pour lui et qu'il se cheviroit bien tous seulz contre les François.

En ce propre jour et priès sus une heure que li Englès partirent et rentrèrent en leurs vaissiaus, se departirent ossi li Breton et li François dou lieu où il s'estoient arresté, et en menèrent les hostages de Brest. Ensi se desrompi ceste assamblée, et s'en vinrent li connestables et ses gens devant Derval pour tenir leur journée. Mais messires Robers Canolles leur manda bien que il n'avoient là que faire de sejourner pour cose que il deuissent avoir son chastiel, ne il ne s'i avoient que faire d'attendre pour trettié ne composition nulle qui faite en fust, car nulle n'en tenroit, et le raison qu'il y mettoit, il disoit que ses gens ne pooient faire nul trettié sans son sceu, et ce que fait en avoi[en]t estoit de nulle vaille. Ces paroles esmervilloient bien le connestable, le signeur de Cliçon et les barons de France et de Bretagne, et disoient li plus sage et li plus usé d'armes que la cose ne pooit estre ne demorer ensi, et que li trettiés que messires Hues Broc et ses frères avoient fais, estoient bon. Si segnefiièrent tout cel estat au duch d'Ango, qui se tenoit à Angiers, et la cautele que messires Robers Canolles y avoit trouvé. Adont li dessus nommés dus se departi d'Angiers à tout grant gent d'armes, et ne cessa de chevaucier si fu venus devant Derval.

§ 737. Nous nos soufferons un petit à parler, car la matère le requiert, dou duch d'Ango et dou siège de Derval, et parlerons de monsigneur de Lancastre et dou duch de Bretagne, qui estoient arivet à Calais à trois mil hommes d'armes et sis mil arciers et

bien deus mil d'autres gens. En celle route avoit largement de purs Escos bien trois cens lances, qui servoient le roy d'Engleterre pour ses deniers. De toutes ces gens d'armes et de l'host estoit connes-
5 tables messires Edouwars, li sires Despensiers, uns des grans barons de toute Engleterre, friche, gentil et vaillant chevalier et grant chapitainne de gent d'armes, et l'avoit li rois d'Engleterre pourveu de cel offisce; et estoient marescal de l'host li contes de
10 Warvich et li contes de Sufforch. Là estoient des barons d'Engleterre li contes de Stafort, li sires de Persi, li sires de Ros, li sires de Basset, li sires Latimiers, li sires de Boursier, li sires de la Poule, li sires de Maune, li sires de Gobehem, filz au gentil
15 signeur dont ceste hystore chi en devant fait bien mention, messires Loeis de Cliffort, li sires de Ware, messires Hues de Cavrelée, messires Gautiers Hues, messires Guillaumez de Biaucamp, filz au conte de Warvich, messires Guillaumes Helmen, messires
20 Mahieus de Gournay, messires Thumas Fouke, li sires de Walles, li sires de Willebi, messires li Chanonnes de Robertsart et pluiseurs aultres bons chevaliers que je ne puis mies tous nommer. Encores y estoient des capitainnes messires Jehans de Montagut,
25 messires Richars de Pontchardon, messires Symons Burlé et messires Gautiers d'Evrues.

En ce temps estoit chapitains de le ville de Calais messires Nicole Tamwore, et de Ghines, messires Jehans de Harleston, et d'Arde, li sires de Gomme-
30 gnies. Quant li dus de Lancastre et li dus de Bretagne et chil signeur, et leurs gens, se furent rafreschi en le ville de Calais, et toute leur ordenance fu preste, et

leurs charois cargiés, et leurs chevaus fierés, il se
partirent un merkedi au matin, banières desploiies,
et passèrent devant Ghines et Arde, et ossi devant le
chastiel de le Montoire, que Hondecourte, uns cheva-
liers de Pikardie, gardoit; mais li Englès ne s'i arres-
tèrent onques pour assallir, ançois passèrent oultre et
s'en vinrent logier sus celle belle rivière qui keurt à
Hoske. Là se tinrent il une nuit, et comprendoit
leur host tout jusques à Bavelinghehen et jusques à
l'abbeye de Likes. Quant ce vint au matin, il se de-
partirent, et puis se misent au chemin, et chevauciè-
rent au dehors de Saint Omer.

En le ville de Saint Omer estoit li viscontes de
Miaus atout grant fuison de gens d'armes. Bien vin-
rent courir aucun Englès et une compagnie d'Escos
jusques as barrières, mais riens n'i fourfisent ne ja-
mais n'euissent fait, anchois en reportèrent leur che-
val des saiettes et des viretons des arbalestriers. Si
s'en vinrent li Englès logier celle seconde journée sus
les mons de Horfaut, et à l'autre jour passèrent il
devant Tieruane, où li sires de Saintpi et li sires de
Brimeu et messires Lyonniaus d'Arainnes et li sires de
Pois, et bien deus cens lances de François estoient.
Si passèrent li Englès oultre sans riens fourfaire, et
chevauçoient li Englès en trois batailles moult ordon-
neement, et n'aloient le jour non plus de trois ou de
quatre liewes, et se logoient de haute nonne, et tous
les soirs se retrouvoient ensamble, et point ne se des-
fouchoient, mais attendoient moult courtoisement
l'un l'autre. La première bataille estoit des mares-
chaus, la seconde des deus dus, dou duch de Lan-
castre et dou duch de Bretagne ; et puis cheminoit

tous li charois qui portoit [et menoit] toutes leurs pourveances, et puis l'arrieregarde faisoit li connestables. Et se joindoient toutes ces batailles ensamble, ne nulle ne se desfoucoit ne issoit de son pas; ne ossi
5 nuls chevaliers ne escuiers, tant fust appers ne bons homs d'armes, n'osast courir ne faire issue de ses compagnons, se il ne li fust commandé ou acordé des chapitainnes de se route et par especial des marescaus.

10 Si tretost que li rois de France sceut que chil doi duch et leurs gens estoient entré en son pays et chevauçoient, il envoia caudement en Bretagne apriès le connestable et le signeur de Cliçon et les bons chevaliers et escuiers qui là se tenoient, que il s'en
15 retournassent en France, car il les voloit grandement ensonniier. Et par especial li rois remandoit le signeur de Cliçon, le viscomte de Rohem, monsigneur Jehan de Buel, messire Guillaume des Bordes et monsigneur Loeis de Saint Juliien et aucuns cheva-
20 liers et escuiers [bretons], ables et legiers et bien travillans; car il voloit faire poursievir les Englès. Et si voloit bien li dis rois que messires Bertrans, ses connestables, et li dus de Bourbon et li contes d'Alençon demoraissent encores dalés son frère le duc
25 d'Ango, tant que aucune fins se fust approcie de chiaus de Derval.

Or avint entrues que cil qui mandé estoient dou roy, misent le temps et les jours de retourner de Bretagne en France, et d'avoir leur establissement et leur
30 ordenance savoir où cascuns devoit aler, emploiièrent aussi leur temps grandement li dus de Lancastre et li dus de Bretagne et leurs gens d'entrer en France

et de courir le pays sis liewes de large à deus eles de
leur host pour plus largement trouver vivres et pour-
veances, car il n'en prendoient nulles des leurs, mès
qu'il en peuissent recouvrer des nouvelles où que
fust.

§ 738. Ensi passoient li Englès le pays, et furent
devant Aire, et escarmucièrent as barrières, et puis
retournèrent amont devers le conté de Saint Pol en
chevauçant en Artois. Si ardirent une partie dou
pays le jone conte de Saint Pol, et furent devant le
ville de Dourlens, et y livrèrent grant assaut, et se
misent li dit Englès en grant painne pour le con
querre et pour l'avoir, car il le sentoient riche de
l'avoir dou pays qui là estoit retrais et aportés, et si
n'estoit pas, ce leur sambloit, tenable à tant de bon-
nes gens d'armes qu'il estoient. On voelt bien dire et
maintenir que il l'euissent eu et conquis de force, se
n'euissent esté li gentil homme dou pays, qui là de-
dens estoient retrait et qui avoient oy dire que il
aroient l'assaut. Si passèrent li Englès oultre quant il
eurent là fait leur emprise, et chevaucièrent viers la
cité d'Arras, et vinrent li doy duch, as quels tout li
demorant obeïssoient, logier et s'arrestèrent en l'ab-
beye dou Mont Saint Eloy, à deus liewes petites de le
cité d'Arras. Là se reposèrent il et rafreschirent un
jour et deus nuis, et puis chevaucièrent oultre en
prenant le chemin de le rivière de Somme, et fisent
tant que il vinrent à Bray sus Somme. Là s'arrestè-
rent il et misent en ordenance pour assallir, et l'ap-
procièrent toutes gens, et y eut moult grant assaut, et
là fu li Chanonnes de Robertsart bons chevaliers, et

fist, en joustant à une porte as gens d'armes qui là estoient, pluiseurs apertises d'armes. Et euist esté pris et retenus uns siens escuiers, qui s'appelloit Esporon, se il n'euist esté, car il fu abatus entre piés à l'entrée de le porte, et le tiroient ens li François qui là estoient. Mais li dis Chanonnes, en joustant de son glave et montés sus son coursier, recula tous chiaus qui là estoient et rebouta en le ville, et en abati ne sçai cinc ou sis.

En le ville de Bray sur Somme avoit adont grant garnison de chevaliers et d'escuiers de là environ, et tout s'i estoient retrait, car bien sçavoient que c'estoit li passages des Englès, ne onques ne passèrent en France, que il ne tenissent che chemin. Toutesfois il ne conquisent riens adont à Bray.

Si prisent leur retour vers Saint Quentin, et entrèrent en ce biau et ce plain pays de Vermendois. Se fremissoient toutes gens devant yaus, et rançonnoient villes et pays à non ardoir et à vivres, et cheminoient si petites journées que trois ou quatre liewes le jour. De Saint Quentin estoit chapitains messires Guillaumes des Bordes, et là le trouva li sires de Bousies, qui s'en aloit à Ribeumont pour aidier à garder la forterèce, car il y avoit part de par sa femme, la fille au signeur de Cin : se li pria que il li volsist delivrer dis arbalestriers. Messires Guillaumes le fist volentiers. Si issirent hors de le ville à le porte [que on ouvry et] qui oevre vers Laon, et n'eurent point cheminet deus liewes, quant il trouvèrent monsigneur Jehan de Buel qui s'en aloit à Laon pour estre chapitains de le cité ; là l'envoioit li dis rois de France. Si se fisent grans recognissances chil chevalier, quant il se trouvèrent, et parlementèrent sus les camps ensamble, et entendi messires Jehans de Buel que li Englès devoient passer ce jour dalés Ribeumont; si dist que il iroit là avoech le signeur de Bousies. Si chevaucièrent encores avant. Sicomme il estoient à demi liewe petite de Ribeumont, il trouvèrent les mainnies et le harnas et charoy de monsigneur Hue de Cavrelée. Si ferirent tantost à yaus en escriant leurs cris, et les ruèrent jus et en occirent la grignour partie, et en menèrent le harnas dedens le ville de Ribeumont. Là trouvèrent il le signeur de Chin, qui tantost estoit venus par une aultre porte, et bien soissante lances avoecques lui. Si se fisent grant samblant, quant il se trouvèrent. Là estoit messires Jehans des Fosseus, li sires de Soize, li sires de Clari et pluiseur chevalier et escuier de celle marce et de sus le rivière d'Oize, et tout s'estoient trait à Ribeumont, car il avoient entendu que li Englès devoient passer par là.

§ 739. Ensi que cil chevalier et escuier de Pikardie se tenoient là sus le [païs et le] place et devant leurs hosteuls en le ville de Ribeumont, nouvelles leur viennent de le gaite dou chastiel, que une route d'Englès approçoient, où bien pooient estre environ cent bachinet, et y avoit quatre pennons. Si tretost que chil chevalier et escuier sceurent ce, il montèrent as chevaus et prisent leurs targes et leurs lances, et fisent ouvrir la porte et la barrière, et s'en vinrent au cours des esporons en une gaskière nouvellement arée dou binoir, où chil Englès estoient arresté. Là vinrent chil François à chevauçant, le banière le

signeur de Chin tout devant et trois ou quatre pennons qu'il avoient tous desvolepés, en escriant leurs cris, et se plantèrent en ces Englès, qui s'ouvrirent tout, quant li François vinrent, et les laissièrent pas-
5 ser tout oultre, et puis se remisent ensamble de bonne façon. Si commença la bataille de deus cens hommes ou environ, forte et dure et bien combatue, et y eut fait pluiseurs grans apertises d'armes d'un lés et de l'autre. Là estoit li sires de Chin, qui
10 s'appelloit messires Gilles, uns fors et durs chevaliers et bons homs d'armes, qui mies ne s'espargnoit, et tenoit une mace à manière d'une plommée, dont il servoit ces Englès les horions si grans sus leurs bachinès, que cilz estoit moult fors et moult durs que
15 il ne ruoit par terre. Ossi li plus fors de l'estour estoit tous sur lui, et y prist et rechut tamaint pesant horion, et fu abatus ce jour entre piés; mès uns siens filz bastars li fist un grant service, car il le releva et mist par deus fois à cheval. Finablement li François
20 obtinrent le place, et furent li Englès qui là estoient tout mort ou pris; petit s'en sauvèrent. Et rentrèrent li chevalier et li escuier dedens Ribeumont, et là amenèrent leurs prisonniers. Ce fu environ heure de remontière, et tantost à heure de vespres, li doi duch
25 et leur grandes routes furent tout rengiet devant Ribeumont. Si estoient moult couroucié li Englès de ce que on avoit combatu leurs compagnons, mors et pris, et point n'i avoient esté. A l'endemain au matin il passèrent oultre sans plus riens faire, et prisent le
30 chemin de Laon. Quant cil de Ribeumont veirent qu'il passoient oultre et que point n'aroient d'assaut, si vuidièrent par une porte, et chevaucièrent à le

couverte, hors dou chemin des Englès, messires
Jehans de Buel et se route, et messires Gerars de
Lore et li sires de Soize et pluiseur compagnon de le
marce qui, au rencontre desous Ribeumont avoient
esté, et fisent tant que il vinrent sus le mont de Laon,
où il furent receus à grant joie.

§ 740. Li dus de Lancastre et li dus de Bretagne et
leurs routes s'en vinrent logier à Vaus desous Laon,
et s'i tinrent trois jours et s'i rafreschirent, yaus et
leurs chevaus, car il trouvèrent le marche grasse et
plainne de tous vivres, car il estoit en temps de ven-
denges, et si rançonnoient le pays et gros villages à
non ardoir, parmi vins et sas de pain et bues et mou-
tons, que on leur aportoit et amenoit en leur host.
A ce que li Englès moustroient, il ne desiroient aul-
tre cose que il peuissent avoir la bataille; mais li rois
de France, qui doubtoit les fortunes, ne s'i voloit
nullement assentir ne acorder que ses gens se com-
batissent : se les faisoit il costiier et [le plus qu'on
pouoit] heriier de cinc cens ou de sis cens lances,
qui tenoient les Englès si cours et en tel doubte que
il ne s'osoient desfoukier. En le cité et sus le mont
de Laon avoit bien trois cens lances de Bretons et de
François, qui veoient les Englès desous yaus à Vaus;
mais onques de soir, de nuit ne de matin, ne les
resvillièrent. Si se deslogièrent li duch et leurs gens,
et prisent le chemin de Soissons, car il s[ie]voient
toutdis les rivières et le plus cras pays. Li sires de Cli-
chon, li sires de Laval, li viscontes de Rohem, li vis-
contes de Miaus, messires Raoulz de Couci, messires
Raoulz de Rainneval, messires Jehans de Viane, mes-

sires Jehans de Buel, messires Guillaumes des Bordes, li sires d'Antoing, li sires de Hangest et bien quatre cens lances de bonnes gens les poursievoient toutdis sus costière, ensi qu'il aloient, et chevauçoient, tel fois estoit, sus ele si priès l'un de l'autre que il se fuissent bien trouvé et rencontré, se il volsissent, et parloient à le fois l'un à l'autre. Dont il avint que messires Henris de Persi, uns des grans barons d'Engleterre, chevauçoit les camps avoecques se route, et messires Guillaumes des Bordes et messires Jehans de Buel faisoient une aultre route, et tenoit cascuns son chemin sans point issir dou froais. Là dist messires Henris de Persi, qui chevauçoit un biau coursier, en regardant sus senestre, à monsigneur Aymeri de Namur, fil au conte : « Il fait biau voler : que ne volés vous, quant vous avés eles? » — « Sire de Persi, sire de Persi, dist messires Aymeris, qui un petit issi de son conroy en fretillant son coursier, vous dittes voir ; li volz est biaus à vous et, se j'en ere creus, nous voleriens jusques à là. » — « Par Dieu, Aymeri, je t'en croy bien ; or esmues tes compagnons au voler : si y ara bon gibier. » Ensi en bourdant, chevauça li sires de Persi une espasse de temps, costiant les François, et li plus prochains de lui à qui il parloit, c'estoit messires Aymeris, li bastars de Namur, un moult friche et gentil chevalier et bon homme d'armes. Trop souvent le jour se fuissent trouvet François et Englès, et rencontré sus les camps, se il volsissent, mais et li un et li aultre chevauçoient sagement. Si fu en ce voiage la terre dou signeur de Couci toute deportée, ne on n'i fourfist onques riens, car li gentilz sires de Couci estoit hors dou pays et se

dissimuloit de ceste guerre pour la cause de sa
femme, ma dame Ysabiel, fille au roy d'Engleterre. Si
estoit escusés de l'une partie et de l'autre.

§ 741. En ce voiage et en le marce de Soissons,
assés priès d'un village que on dist Ouci, mescheï il
trop grandement à l'un des bons chevaliers de toute
la route dou duch de Lancastre et qui le plus s'estoit trouvés en devant en grosses besongnes d'armes
et durs rencontres, monsigneur Gautier Huet. Car
une nuit il avoit fait le gait en lor host, siques sus le
jour, ensi qu'il est d'usage, il s'estoit retrais en son
logeis et se desarmoit pour un petit reposer. Ce propre matin, messires Jehans de Viane, messires Jehans
de Buel, li viscontes de Miaus et bien sis vint lances
de François vinrent escarmucier l'ost à l'un des lés
où li gais avoit esté, ensi comme en rifflant oultre
sans arrester. Messires Gautier Hues oy ces nouvelles, ensi que on li ostoit ses cauces d'achier, et
estoit ja demi desarmés. Il eut si grant quoite, et si
fretilleusement monta à cheval, qu'il n'estoit vestis
que de une sengle cote de fier, et n'eut mies loisir
de prendre ses plates; mès, la targe au col et la
lance ou poing, s'en vint en cel estat à l'escarmuce.
Evous un chevalier de France qui s'appelloit messires Jehans del Mans, hardi et vaillant chevalier,
durement armés de toutes pièces, bien fort monté,
le targe au col et la lance ou poing, qui avise monsigneur Gautier Huet, et broche cheval des esporons,
et s'en vient sur lui et le fiert de son glave si roidement que les armeures que il avoit, ce n'estoient
mies gramment, ne li vallirent onques riens, mais li

fist passer son glave tout oultre le corps et l'abati là à terre navré à mort. Quant ses gens veirent ce, si furent trop desconfi, et, à ce que je oy dire, son pennon le sievoit tout envolepé, mais onques ne fu des-
5 volepés. Là eurent li François celle matinée pour yaus et des bons prisonniers, et s'en partirent sans damage. Trop furent li doi duch, [li baron et li chevalier d'Engleterre] couroucié de la mort à monsigneur Gautier Huet; mais amender ne le peurent
10 tant que à ceste fois. Si chevaucièrent de puis mieulz ensamble et plus sagement, en cheminant vers la cité de Rains et sus la rivière de Marne.

§ 742. Nous retourrons à paler dou duch d'Ango et dou connestable de France, qui se tenoient en ce
15 temps devant Derval en Bretagne, et de monsigneur Robert Canolles, et vous compterons comment ne par quele cause cilz sièges se desfist. Li dus d'Ango, li dus de Bourbon, li connestables de France et tout li signeur qui là estoient, tenoient le chastiel de Derval
20 à avoir acquis pour yaus par deus raisons. La première estoit que messires Hues Broe et ses frères avoient juret et seelet et prommis, et de ce livret ostages, chevaliers et escuiers, que il ne devoient ne pooient nullui recueillier en leur forterèce, qui ne
25 fust ossi fors comme il estoi[en]t. La seconde raison estoit que dedens quarante jours il devoient rendre le chastiel de Derval as signeurs de France, se li Englès ne venoient là en le place si fors que pour yaus combatre et lever le siège, des queles coses il estoient
30 tout en deffaute. Messires Robers Canolles s'escusoit et mettoit toutdis avant que ses gens ne pooient faire

nulz trettiés sans son accord, et que tout li trettiet
qu'il avoient fait, estoient de nulle vaille; ne de lui
on ne pooit estraire aultre response. Et mandoit bien
[au duch d'Ango et] au connestable que il n'avoient
que faire de là sejourner pour son chastiel, car ja,
tant qu'il viveroit, n'en seroi[en]t en saisine. Li dus
d'Ango de ces responces estoit tous merancolieus. Si
s'avisa une fois que il asseeroit monsigneur Robert
par une aultre voie, et li manda bien acertes que, se
il ne li rendoit le chastiel, ensi que drois et raisons
le voloient, il fust tous seurs qu'il feroit mourir ses
ostages. Messires Robers li remanda, ensi que bien
estoit en se poissance, de faire ensi tout ce qu'il
disoit, mais il fust segurs que, se il les faisoit morir,
il avoit laiens en son chastiel des bons chevaliers
françois prisonniers, des quelz il pooit avoir grans
raençons, mais il les feroit morir ossi.

Ceste response prist li dus d'Ango en si grant des-
pit que, sans point d'attente, il manda les ostages
qui issu de Derval estoient, deus chevaliers et deus
escuiers, bien gentilz hommes, et les fist mener dou
plus priès dou chastiel qu'il peut, et là furent decolé;
ne pour priière ne pour parolle que aucun baron
de l'host peuissent ne sceuissent faire, il n'en furent
point deporté. Quant messires Robers Canolles, qui
estoit amont as fenestres de son chastiel, vei ce, si fu
ensi que tous foursenés, et fist incontinent une longe
table lancier hors des fenestres, et là amener trois
chevaliers et un escuier, que il tenoit prisonniers,
dont il avoit refusé dis mil frans : si les fist monter
sus celle table l'un apriès l'autre, et par un ribaut
coper les tiestes et reverser ens es fossés les corps

d'un lés et les tiestes d'autre. De quoi vraiement, tout considéré, ce fu grans pités que, pour l'oppinion d'yaus deus, huit gentil homme furent ensi mort. Et depuis en furent moult courechiet et li une partie et li aultre.

§ 743. Assés tost apriès celle herredie et ce cruel fait acompli, de quoi toutes manières de bonnes gens, qui parler en oirent, eurent pité et compassion, li signeur se partirent, et se desfist li sièges de devant Derval, et se traisent devers France toutes manières de gens d'armes avoecques le duch d'Ango et le connestable, car il avoient entendu que li dus de Lancastre et li dus Jehans de Bretagne y chevauçoient efforciement et estoient ja sus le rivière de Marne. Si esploitièrent tant les chapitainnes que il vinrent à Paris devers le roy, qui les rechut à grant joie; et fu par especial durement resjoïs de la venue dou connestable, car il avoit en lui très grant fiance.

En ce temps estoit retournés à Paris li sires de Cliçon, car li rois l'avoit mandé pour avoir colation devant lui, present ses frères, qui tout troi estoient venu à Paris et le connestable, sus l'estat des Englès, et se on les combateroit ou non; car pluiseur baron et chevalier dou royaume de France et consaulz des bonnes villes murmuroient l'un à l'autre et disoient en puble que c'estoit grans inconveniens et grans vitupères pour les nobles dou royaume de France, où tant [a de] baron, chevalier et escuier dont la poissance est si renommée, quant il laissoient ensi passer les Englès à leur [aise], et point n'estoient combatu, et que de ce blasme il estoient vituperé par tout le monde.

§ 744. Quant tout chil signeur li plus especial dou conseil le roy furent assamblé, il se misent en une cambre, et là ouvri li rois sa parolle sus l'estat dessus dit, et pria moult douchement que il en fust loyaument consilliés, et volt oïr de cascun l'entente au tour et quele raison il y mettoit dou combatre ou non combatre. Premierement li connestables en fu requis dou dire et demandés que il en vosist dire à son avis le milleur qui en estoit à faire, pour tant que il avoit estet le plus en grosses besongnes et petites arrestées contre les Englès. Moult longement s'escusa et n'en voloit respondre, si aroient si signeur qui là estoient, parlé : li dus d'Ango, li dus de Berri, li dus de Bourgongne et li contes d'Alençon. Non obstant ses escusances, il fu tant pressés que il le couvint parler. Si parla par l'amendement d'yaus tous, ensi que bien sceut dire ou commencement de son langage, et dist au roy : « Sire, tout chil qui parollent des Englès combatre, ne regardent mies le peril où il en poeent venir, non que je die nullement que il ne soient combatu, mais je voeil que ce soit à nostre avantage, ensi que bien le scevent prendre, quant il leur touche ; et l'ont pluiseurs fois eu à Creci, à Poitiers, en Gascongne, en Bretagne, en Bourgongne, en France, en Pikardie et en Normendie, les quels victores ont trop grandement adamagié vostre royaume et les nobles qui y sont ; et les ont tant enorgueillis que il ne prisent ne amirent nulle nation fors la leur, par les grans raen-

çons que il en ont pris et eus, de quoi il sont enrichi et enhardi. Et veci mon compagnon le signeur de Cliçon, qui plus naturelment en poroit parler que je ne face, car il a esté avoech yaus nourris d'enfance :
5 si cognoist trop mieulz leurs conditions et leurs manières que nulz de nous. Si li pri, et ce soit vostre plaisir, chiers sires, que il me voeille aidier à parfurnir ma parolle. » Adont regarda li rois de France sus le signeur de Cliçon, et li pria droitement en
10 en grant amour, pour mieulz complaire à monsigneur Bertran, que il en vosist dire sen entente. Li sires de Cliçon ne fu mies esbahis de parler, et dist que il le feroit volentiers, et porta grant couleur au connestable, en disant que il consilloit bien le
15 roy et moult loyaument, et tantost i mist raison pour quoi : « A Dieu le veu, mi signeur, Englès sont si grant d'eulz meismes et ont eu tant de belles journées, que il leur est avis que il ne poeent perdre; et en bataille ce sont les plus confortées gens dou
20 monde; car, com plus voient grant effusion de sanch, soit des leurs ou de leurs ennemis, tant sont il plus chaut et plus arresté de combatre, et dient que ja ceste fortune ne morra tant que leurs rois vive, sique, tout consideré, de mon petit advis, je ne
25 conseille pas que on les combate, se il ne sont pris à meschief, ensi que on doit prendre son ennemi. Je regarde que les besongnes dou royaume de France sont maintenant en grant estat, et que ce que li Englès y ont tenu par soutieuement guerriier, il l'ont
30 perdu. Dont, chiers sires, se vous avés eu boin conseil et creu, si le creés encores. » — « Par ma foy, dist li rois, sires de Cliçon, je n'en pense ja à issir,

ne à mettre ma chevalerie et mon royaume en peril
d'estre perdu pour un pan de plat pays, et de chi
en avant je vous recarge avoech mon connestable
tout le fais de mon royaume, car vostre opinion me
samble bonne. Et vous, qu'en dittes, mon frere
d'Ango? » — « Par ma foy, respondi li dus d'Ango,
qui vous consilleroit autrement, il ne le feroit pas
loyaument. Nous guerrierons tous jours les Englès,
ensi que nous avons commenchié ; quant i nous
cuideront trouver en l'une partie dou royaume, nous
serons à l'autre, et leur torrons tous jours à nostre
avantage ce petit que il y tiennent. Je pense si bien
à esploitier parmi l'ayde de ces deus compagnons
que je voi là, que ens es marches d'Aquitainnes et
de le Haute Gascogne dedens brief terme on pora
bien compter ce qu'il y tenront, à peu de cose. »
De ces parolles fu li rois tous resjois, et demorèrent
sus cel estat à non combatre les Englès, fors par
le manière que il y ont devisé.

Apriès ce conseil, se departirent dou roy et de
Paris li connestables, messires Oliviers et bien cinc
cens lances, et chevaucièrent vers Troies, car li En-
glès aloient che chemin, et avoient passé et rapassé
à leur aise la rivière de Marne ; et quant il trou-
voient un pont desfait sur quelque rivière que fust,
il avoient avoecques yaus ouvriers et carpentiers,
qui tantost en avoient un ouvré et carpenté, mès
que il euissent le bois, et où on lor amenoit devant
yaus, car il avoient gens de tous offices amenés
avoech yaus d'Engleterre. Si furent li doi duch et
leurs routes devant le ville de Vertus et devant Es-
pernay, et rançonnèrent à vivres tout che pays de là

environ, et trouvèrent grant pillage et grant pourfit sus celle bielle rivière de Marne, dont il estoient tout signeur et mestre, car nulz ne leur aloit au devant. Si montèrent tout contremont vers Chaalons en Cam-
5 pagne, mais point ne l'approcièrent de trop priès, et prisent le chemin de Troies. En le cité de Troies estoient ja venu li dus de Bourgongne, li dus de Bourbon, li connestables, li sires de Cliçon et leurs routes, où bien avoient douse cens lances. Si se te-
10 noient là en garnison, en attendant les Englès, qui ardoient et destruisoient tout le pays d'environ.

§ 745. En ce temps se fist la delivrance dou conte [Jehan] de Pennebruch, qui estoit ens es dangiers et en le prison dou roy Henri de Castille, li quels fu pris
15 sus mer devant le Rocelle, ensi que vous avés oy recorder, et la quele delivrance se fist par le moiien tel que je vous dirai. Messires Bertrans de Claiekin, connestables de France, tenoit une terre en Chastille dou don le roy Henri, en recompensant les biaus
20 services qu'il li avoit fais, la quele terre est appelée Surie et valoit par an au dit connestable bien dis mil frans, siques il fu trettiet que messires Bertrans rendi au roy Henri la ditte terre de Surie pour le corps dou conte de Pennebruch; et li contes se
25 rançonna envers le connestable à sis vint mil frans et paiier tout à une fois; et en finèrent li Lombart de Bruges. Or furent chil trettié et chil marchié trop sagement fait et demené des gens le dit conte, ensi qu'il apparu : vous orés comment. Il ne devoient
30 riens paiier, si aroient les gens le connestable remis le corps dou conte sain et sauf, sans nul peril, en le

ville de Calais. Si se departi li dis contes sus cel estat d'Espagne, et passa parmi Navare et entra ou royaume de France, et chevauça avoech ses gens tout parmi, sus le conduit dou connestable. Si avint que, en chevauçant et cheminant, une très grant maladie le prist, mès toutdis aloit avant, et le couvenoit porter en littière. Tant ala, et [si] la maladie le demena que il le couvint arester et alitter en le cité d'Arras, et là morut. Ensi perdi messires Bertrans son prisonnier et sa raençon, et li hoir dou conte et si plège en furent quitte.

En ce temps se refist uns aultres trettiés et pareçons de terre et d'un prisonnier, ce gentil chevalier, monsigneur Guichart d'Angle, entre le roy Henri dessus nommé et monsigneur Olivier de Mauni, neveu dou connestable de France. Li rois d'Espagne avoit donné au dit monsigneur Olivier une terre en Castille, que on appelloit Grette, qui bien valoit quatre mil frans par an. Cilz messires Oliviers estoit à marier; si avisa en France un moult hault et biel mariage pour lui, en Pikardie, de la fille au signeur de Roie, de qui li pères estoit prisonniers et en grans dangiers en Engleterre devers le roy. Messires Oliviers fist trettier devers le linage dou signeur de Roie comment il poroit avoir sa fille. On li respondi que, se il pooit tant faire par moiiens, que il delivrast le signeur de Roie, il aroit la fille qui estoit taillie de tenir trois mil frans par an de revenue, car li pères estoit mais uns vieus chevaliers. Adont messires Oliviers de Mauni esploita sus cel estat et mist gens en oevre, et fu demandé au roy d'Engleterre le quel des prisonniers qui estoient en Espagne il avoit plus

chier à donner et veoir sa delivrance, pour le baron
de Roie, ou monsigneur Guichart d'Angle, ou monsigneur Othe de Grantson. Li rois d'Engleterre respondi que il s'enclinoit plus à monsigneur Guichart
d'Angle que à monsigneur Othe. Quant on sceut sen
intention, messires Oliviers de Mauni fist trettier
devers le roy Henri, et rendi celle terre de Grette que
il tenoit, pour monsigneur Guichart et Guillaume,
son neveu. Et tantost se fist li escanges dou baron
de Roie pour ces deus. Si revint li sires de Roie en
France, et messires Oliviers de Mauni espousa sa
fille, et puis tint toute la terre le signeur de Roie, car
il ne vesqui mies puis longement. Et messires Guichars et ses neveus furent delivré, et ralèrent en Engleterre, où il furent liement receu; et retint li rois de
son conseil et dalés lui monsigneur Guichart, li quelz
renonça à tout ce que il tenoit en Poito, et remanda
sa femme et ses enfans et les fist passer mer et venir
en Engleterre. Avoech la renontiation il remercia
grandement le duch de Berri de ce que il avoit tenu
sa femme et sa terre en pais, le temps qu'il avoit esté
prisonniers en Castille.

§ 746. En ce temps s'avisa li papes Grigores XIes
qui se tenoit en Avignon, par le promotion d'aucuns
cardinaulz, que il envoieroit deus prelas, souffisans
hommes et bons clers, en legation en France pour
trettier pais, acord ou respit entre les parties de
France et d'Engleterre. Si furent esleu et ordonné li
archevesques de Ravane et li evesques de Carpentras
de faire ce voiage, li quel tantost se departirent d'Avignon en grant arroi, et chevaucièrent par mi France,

et esploitièrent tant qu'il vinrent à Paris où benignement il furent recheu dou roy de France et dou duch d'Ango. Si leur remoustrèrent sus quel estat il estoient parti d'Avignon, et là envoiiet dou pape et dou Saint Collège. Li rois et li dus d'Ango entendirent à leurs parolles volentiers et consentirent assés que il chevauçassent vers les Englès, le duch de Lancastre et le duch de Bretagne, par quoi il sceuissent de leur entente aucune cose; et leur fu dit encore que à Troies en Champaigne, il trouveroient le connestable et le signeur de Cliçon, qui estoient recargié dou fait des guerre[s], et as quelz il en apertenoit à parler.

Adont cil doi legal de rechief montèrent à cheval, [et toutes leurs routes], et chevaucièrent viers Troies. Si esploitièrent tant qu'il y parvinrent, et là trouvèrent le duch de Bourgongne, le duch de Bourbon, le connestable et fuison de grans signeurs, des quelz il furent li bien venu, et remoustrèrent as deus, au connestable et au signeur de Cliçon, pour quoi il estoient là venu et qui les y avoit envoiiés. Chi[l] doi signeur respondirent que dou tout à yaus n'en apertenoit mies, et que otant en touchoit il as Englès de leur partie, comme il faisoit à yaus, mais volentiers, puis que il plaisoit au roy de France et que nos Sains Pères le mandoit, il y entenderoient. Ensi se tinrent li doi legal en le cité de Troies trois jours, tant que li dus de Lancastre et li dus de Bretagne et li Englès furent venu devant Troies, et là se logièrent sus celle rivière de Sainne bien et faiticement. Et vinrent li doi marescal escarmucier as barrières as gens d'armes qui là estoient, et courir devant les

portes ; et à le porte de Bourgongne revint li connes-
tables, li sires Despensiers, faire ossi sen envaye, et
descendi à piet devant les barrières, et vint main à
main combatre as chevaliers qui là estoient; et y fu
5 li sires Despensiers très bons chevaliers, et y fist
pluiseurs apertises d'armes. Entrues que li doy duch
estoient là arresté et qu'il laissoient leurs gens cou-
venir d'escarmucier et de courir le pays d'environ
Troies, issirent li doi legal, et vinrent en leurs tentes
10 remoustrer as dus, le duch de Lancastre et le duc de
Bretagne, pour quoi il estoient là venu et qui les y
avoit envoiiés. Et commenchièrent si courtoisement
à entamer leurs trettiés, que li langages en plaisoit
grandement as dessus dis, comment qu'il n'en peuis-
15 sent riens faire et que à yaus riens n'en apertenoit,
et je vous dirai la raison pour quoi.

§ 747. Li rois d'Engleterre et ses consaulz ont
toutdis eu cel usage, et encor le tiennent que, quant
il ont envoiiet et mis hors gens d'armes de leur pays
20 pour entrer en France principaument, on les rechar-
goit as chapitainnes, fuissent enfant dou roy, cousin
ou baron d'Engleterre ou d'aultre pays, puis que
ensonniier les voloient d'un si grant fais que livrer
gens d'armes et archiers pour faire leur voiage, et ches
25 chapitainnes, quelz qu'il fuissent, il traioient à part à
conseil, et leur faisoient solennelment jurer trois coses,
et font encores, les quelz sieremens, sus estre deshon-
nouré, il n'oseroient enfraindre. [Le premier], c'est
que le voiage qui leur est cargiés, il le trairont à
30 chief à leur loyal pooir; secondement que cose qu'il
aient à faire ne secré que on leur ait dit, il ne reve-

leront à homme dou monde fors à yaus meismes ;
tiercement, que il se maintenront si bellement et si
quoiement, qu'il ne feront rumeur nulle, entre
yaus quelconques, siques, à ce pourpos li doy duch
dessus nommé, qui chapitainne et gouvreneur es-
toient de toutes ces gens d'armes, et qui, au partir
d'Engleterre, avoient juret ensi que li aultre font et
ont fait dou temps passet, et qui sçavoient bien où
il estoient cargiet d'aler, ne pooient respondre à ces
trettiés que chil doy legal proposoient, li arche-
vesques de Ravane et li evesques de Carpentras, fors
couvertement, ne point en leur poissance n'estoit,
jusques à tant qu'il euissent trait à chief leur emprise,
de donner ne de accepter triewes ne respit, ne
d'entendre à nulle pais quelconques. Ossi il n'en es-
toient mies en volenté, mais se dissimuloient envers
les legaus moult sagement, et toutdis aloient avant
sus le royaume, et ardoient villes, maisons et petis
fors, et pilloient et rançonnoient gens, abbeyes et
pays ; ne onques, pour trettiet qui proposet y fuis-
sent, leur voiage faisant, il ne s'en desrieulèrent de
riens, mais chevauchièrent toutdis en bonne orde-
nance et en bon arroi par mi le royaume de France.
Ossi il estoient sagement poursivi dou connestable
de France, dou signeur de Cliçon, dou visconte de
Rohem, dou visconte de Miaus et de plus de mil
lances, chevaliers et escuiers, tous à election, des
milleurs dou royaume de France et les plus soubtilz
de guerre, qui les tenoient si cours qu'il ne s'osoient
desfouchier ; car, se li baron de France et de Breta-
gne y euissent point veu de leur avantage au com-
battre ou par trop esparsement logier ou chevaucier,

il ne les euissent ja en riens espargniés pour cose que li legal fuissent là, qui toutdis aloient de l'un à l'autre, pour veoir se il trouveroient nul moiien; mès nennil, car onques gens n'alèrent mieulz ensamble qu'il fisent, ne par plus sage ordenance.

§ 748. Ensi chevaucièrent li dus de Lancastre et li dus de Bretagne parmi le royaume de France et menèrent leurs gens, ne onques ne trouvèrent à qui parler par manière de bataille; si ne demandoient il aultre cose; et envoioient souvent leurs hiraus devers les signeurs qui les poursievoient, en requerant bataille et en donnant et faisant pluiseurs pareçons, mès onques li François n'en veurent riens accepter, ne election ne pareçon, que li Englès leur feissent, ne peut venir à effect. Mais il les costioient une heure à diestre, l'autre à senicstre, ensi que les rivières s'adonnoient; et se logoient priès que tous les soirs ens es fors et en es bonnes villes, où il se tenoient tout aise, et li Englès as camps, qui eurent pluiseurs disettes de vivres et en l'ivier des grans froidures; car en Limozin, en Roerge et en Aginois il trouvèrent moult povre pays, et n'i avoit si grant ne si joli de leur route qui dedens cinc jours ou sis mengassent point de pain. Bien souvent ce leur avint de puis qu'il furent entré en Auvergne; car il estoient poursievi, sus le fin de leur chevaucie, de plus de trois mil lances; si n'osoient aler fourer, fors tout ensemble. Toutes fois en che meschief, il passèrent toutes les rivières qui sont courans oultre le Sainne jusques à Bourdiaus, le Loire, Aillier, le Dourdonne et Garone et pluiseurs aultres grosses rivières qui

descendent des montagnes en Auvergne. Mais de
leur charoi, qui en voelt oïr nouvelles, je le vous
dirai : il n'en peurent pas la tierche part remettre en
le cité de Bourdiaus, tant par les chevaus qui leur
faillirent, que pour les destrois des montagnes où il
ne pooient passer. Et si leur morurent pluiseur cheva-
lier et escuier des froidures et des povretés qu'il pri-
sent en l'ivier sus le chemin, car il fu li Noëlz passés
ançois que il rentrassent en le cité de Bourdiaus, et
en y eut encores des bons chevaliers, qui y conchu-
rent des maladies, de quoi il morurent de puis, et
par especial li connestables de lor ost, li sires Des-
pensiers, qui fu moult plains et moult regretés de
tous ses amis, car che fu uns gentilz coers et vaillans
chevaliers, larges et courtois : Diex li face bonne
merchi !

§ 749. Ensi fu traitte ceste grant chevaucie à chief,
et rentra ossi en le cité de Thoulouse auques en ce
temps li dus d'Ango et li connestables de France avoec-
ques lui. Dont se departirent toutes gens d'armes,
mais li dus d'Ango à leur departement disoit à chiés
des signeurs, que tantost à le Paske il retournaissent
devers lui, car il voloit faire se chevaucie moult grande
et moult estoffée, ossi bien que li dus de Lancastre avoit
fait la sienne en le Haute Gascongne, et tout li avoient
en couvent que il feroient ce qu'il li plairoit. Si se tin-
rent li doi legal dalés lui et dalés le connestable, qui
souvent aloient de l'un à l'autre en istance de ce que
volentiers il euissent amenet ces parties à ce que
acors [ou respis] se fust pris entre les François et les
Englès, et n'avoient point trouvet, en devant ce que

il fust venus à Bourdiaus, le duch de Lancastre en si bon parti pour y entendre, qu'il le trouvèrent. Mais de premiers, quant li legal vinrent devers lui à Bourdiaus, il s'escusa moult bellement que il n'i pooit encores entendre, ne donner response où on se peuist en riens confiier, jusques à tant que il aroit tout l'estat segnefiiet à son signeur de père. Si ne furent mies ces coses si tost faites; mais tout l'ivier et le quaresme et jusques au may, li dus d'Ango fist faire ses pourveances grandes et grosses, et dist que il voloit aler en le Haute Gascongne veoir aucuns rebelles à lui qui estoient des arrierefiés de Gascongne et qui ne voloient obeïr au roy de France; ossi n'avoient il fait au prince de Galles. Et fu li princes, dou temps qu'il se tenoit en Acquitainnes, trop de fois temptés pour faire à ces signeurs de le Haute Gascongne guerre, et l'euist fait, la saison que il ala en Espagne, se li voiages ne li euist brisiet; et de puis de plus en plus il eut tant à faire que il n'i peut entendre. Et voloit li contes de Fois ses gens porter et tenir frans, et disoit que li drois en apertenoit à lui, non au roy de France ne au roy d'Engleterre.

§ 750. Tantost apriès Paskes revinrent devers le duch d'Ango toutes manières de gens d'armes de France, de Bourgongne, de Bretagne, d'Ango, de Poito et du Mainne, et estoit li mandemens dou duch assignés en le ville et en le cité de Pieregorch. Si vinrent là tout cil qui mandé et escript en furent, et par especial il y eut bien mil lances de purs Bretons. Quant il furent tout assamblé, il se trouvèrent dis mil hommes d'armes et trente mil de piet sans les

Genevois arbalestriers, où il avoit bien mil et cinc
cens. Là estoient avoech le duch li connestables de
France, li sires de Cliçon, li viscontes de Rohem, li
sires de Laval, li sires de Biaumanoir, messires Jehans
d'Ermignac, li contes de Pieregorch, li contes de
Commignes, li sires de Labreth, li viscontes de Quar-
maing, li contes de Laille, li dauffins d'Auvergne, li
sires de la Barde, messires Bertrans de Taride et tant
de grans signeurs que jamais ne les aroie tous nom-
més. Et quant il se departirent de Pieregorch, il che-
vaucièrent en grant arroi et poissant, et trambloient
toutes gens devant yaus, et disoit on communement
par toute Gascongne, que li dus d'Ango aloit mettre
le siège devant Baione. Si vinrent tout premiere-
ment devant une ville que on claime Saint Silvier : si
en est uns abbes sires. Si s'arrestèrent par devant li
dus d'Ango et toutes ses gens, et fisent grant samblant
de l'assallir et de drechier engiens, car il en menoient
fuison avoecques yaus. Li abbes de Saint Silvier, qui
estoit uns moult sages homs, s'umelia grandement
devers le duch d'Ango et le connestable, et remous-
tra moult sagement que c'estoit uns homs d'eglise qui
n'estoit mies tailliés ne en volenté de gherriier, et
que il n'estoient pas singulierement là venu pour
lui, mès pour aultres signeurs qui estoient plus grant
de lui. Si leur prioit que il volsissent chevaucier oul-
tre et laissier sa terre en composition, et que il feroit
volentiers tout ensi que li aultre. Li dus d'Ango et li
connestables et leurs consaulz regardèrent qu'il disoit
assés : si le fisent obligier selonch sa parolle et livrer
bons ostages que on envoia à Pieregorch, et jurer que,
se li aultre se mettoient en l'obeïssance dou roy de

France, ilz s'i metteroit ossi. Par ensi demora il en souffrance, et toute sa terre.

Puis chevaucièrent ces gens d'armes noblement et richement montés et en grant arroi, et esploitièrent tant que il vinrent devant une cité qui s'appelle Lourde, de la quele uns chevaliers estoit chapitains de par le conte de Fois, qui s'appelloit messires Pières Ernaulz de Berne. Là s'arrestèrent toutes ces gens d'armes et l'assegièrent fortement et estroitement, et y furent plus de quinse jours, et fisent drecier leurs engiens par devant, qui onniement jettoient et qui chiaus dedens moult travilloient. Trop volentiers se fuissent rendu les gens de Lourde, mais li chevaliers ne le voloit consentir, et disoit qu'il estoient fort assés pour yaus tenir, mais finablement non furent, car la cités fu assallie si très fort et par si grant ordenance que elle fu prise et conquise, et entrèrent ens toutes gens d'armes et aultres. Si fu li dis chevaliers mors, car onques ne se volt rendre, et trop vaillamment se deffendi. Si fu la cités de Lourde toute courue et pillie, et y eut mors grant fuison des bonhommes et pris à raençon.

§ 751. Apriès le conquès et destruction de la cité de Lourde, chevaucièrent ces gens d'armes et leurs routes oultre, et entrèrent en la terre le visconte de Chastielbon; si fu toute courue, arse et destruite, car li François estoient moult grant fuison; et puis entrèrent en la terre dou signeur de Chastiel Nuef: si fu toute courue ossi sans point espargnier. Puis chevaucièrent amont vers Berne, et entrèrent en le terre le signeur de l'Escut, et vinrent devant une ville et un fort chastiel que on dist Saut, dont messires Guillonès de Paus, de le conté de Fois, estoit chapitains, apert homme d'armes durement. Si s'arrestèrent là li François, et y misent le siège, et y furent moult longement, et pluiseurs grans assaus y fisent et livrèrent.

Li contes de Fois, qui estoit en son pays, regarda que cilz pays de ses arrierefiés se perdoit, et bien savoit que il en devoit hommage au roy de France ou au roy d'Engleterre, mais il n'estoit mies encores discerné au quel des deus ce devoit estre. Si eut avis et conseil de trettier devers le duch d'Ango et son conseil, et priier que il vosist mettre ces coses en souffrance et ces terres en composition, parmi tant que cilz qui seroit li plus fors dedens le moiiene d'aoust devant Montsach en Gascogne, ou li rois de France ou li rois d'Engleterre ou personnes de par yaus, à celui il recongnisteroit hommage et obeïssance, et feroit recognoistre tous chiaus de ces terres en debat, et pour ce intimer et acomplir en cause de plus grant seurté, il livreroit bons plèges, sis chevaliers et sis escuiers. Li dus d'Ango fu adont si consilliés que il entendi à ces trettiés et les accepta, et retourna arrière à Pieregorch, mais il ne donna à nulz de ses gens d'armes congiet, ançois les tenoit sus le pays, pour tant que il voloit estre fors à le journée qui assignée estoit devant Montsach. A ces trettiés faire dou costé le conte de Fois rendirent grant painne li abbes de Saint Silvier et li sires de Marsen. Tout ce sceurent bien li dus de Lancastre et li dus de Bretagne, qui se tenoient à Bourdiaus, et ja estoient retourné une partie de leurs gens en Engleterre.

Li archevesques de Ravane et li evesques de Carpentras, qui legal estoient, travilloient fort que uns respis fust pris et acordés entre le duch d'Ango et le duch de Lancastre, et esploitièrent tant que li dus de Lancastre envoia quatre de ses chevaliers à Pieregorch, pour parler au duc d'Ango et au connestable et à leur conseil. Chil chevalier furent li sires d'Aubeterre, li Chanonnes de Robertsart, messires Guillaumes Helmen et messires Thumas Douville. Si furent chil quatre chevalier recheu, avoech les trettieurs dou duch d'Ango, moult douchement, et rendoit li connestables de France [grant painne] à che que unes triewes fuissent prises entre ces parties. Tant fu parlementé, pourtrettié et alé de l'un à l'autre, que unes triewes furent prises à durer jusques au daarrain jour d'aoust, et cuidièrent adont li Englès, dont il furent decheu, que la journée de Montsach deuist estre enclose en le triewe.

§ 752. Quant ceste triewe fu acordée par l'ayde et pourcach des legaus dessus nommés, li dus de Lancastre et li dus de Bretagne s'ordonnèrent à partir et retourner en Engleterre, car il avoient ja esté priès d'un an hors, et ossi toutes leurs gens le desiroient. Et se tiroit li dus de Bretagne que il peuist avoir une armée à par lui pour ariver en Bretagne et conforter aucunes forterèces qui se tenoient en son non, et lever le siège de Becheriel; car moult desiroit à oïr nouvelles de sa femme, que il avoit laissiet ou chastiel d'Auroy en le garde de monsigneur Jehan Augustin, siques ces coses aidièrent moult à ce que li dus de Lancastre se parti. Si institua et ordonna, à son departement, à estre grans seneschaus de Bourdiaus et de Bourdelois, monsigneur Thumas de Felleton, et pria et requist as barons [de] Gascongne, qui pour li se tenoient, que il vosissent obeïr à lui comme à son licutenant, et telement et si diligamment consillier que il n'i euissent point de blasme, ne ils point de damage. Il li eurent tout en couvent de bonne volenté, et sus cel estat se departi, et toute sa route, et s'en retournèrent en Engleterre. De ce departement ne furent mies courouchié li dus d'Ango, li connestables ne li signeur de France, qui à Pieregorc se tenoient; car leur intention de le journée de Montsach en fu grandement embellie.

Or parl[er]ons un petit dou siège de Becheriel, qui s'estoit tenus un an et plus, sans chiaus de le garnison estre noient rafreschi ne aidié; car il estoient si priès gardé de tous costés que riens ne lor pooit venir, et se ne lor apparoit confors de nulle partie. Quant il veirent que leurs pourveances commençoient ja à afoiblir et que longement ne pooient demorer en cel estat, il s'avisèrent qu'il tretteroient un respit devers ces signeurs de France et de Normendie, qui là tenoient le siège, que, se il n'estoient conforté de gens fors assés pour combatre les François dedens le jour de le Toussains, il renderoient le forterèce. Si envoiièrent un hiraut promouvoir ce trettié. Li mareschaus de Blainville et li signeur qui là estoient, respondirent à ce commenchement que nuls [traictiés] n'apertenoit à yaus à donner ne à oïr, sans le sceu dou roy de France, mais volentiers il envoieroient devers lui et li segnefieroient tout cel estat. Li hiraus raporta ceste response as chapitainnes de Becheriel, monsigneur Jehan Appert et monsigneur Jehan de Cornuaille : si leur plaisi bien ceste response et ossi que il envoiassent hasteement devers le roy de France. Finablement il y envoiièrent, et rescrisi li rois à ses mareschaus, monsigneur Loeis de Sausoirre et monsigneur de Blainville, et les barons qui là estoient, que de toutes compositions il en fesissent à leur ordenance, et qu'il les tenoit et tenroit à bonnes. Dont fu perseverés li trettiés devant pourparlés et acordés, et donnés respis à chiaus dedens, et chil dedens à chiaus dehors, à durer jusques à le Toussains. Et, se là en dedens li un[s] des filz le roy d'Engleterre ou li dus de Bretagne ne venoient si fort que pour lever le siège, il devoient rendre le chastiel de Becheriel as François, et de che livroient il bons ostages, chevaliers et escuiers, tant que li signeur de France et de Normendie, qui là se tenoient, s'en contentèrent bien. Ensi demora li chastiaus de Becheriel en composition, et segnefiièrent tout leur estat li doi chevalier qui dedens estoient, au plus tost qu'il peurent, au roy d'Engleterre et au duch de Bretagne, et ossi as contes et as barons d'Engleterre. Si sambla as Englès que il avoient journée [encores] assés : si le misent en noncaloir, excepté li dus de Bretagne, à qui il touchoit plus que à nul des aultres, car li chastiaus se rendoit de lui et de son hiretage.

§ 753. Or revenons à le journée de Montsach. Voirs est que quant la moiienne d'aoust deubt approchier, li dus d'Ango s'en vint devant le ville de Montsach, et là se loga et fist logier ses gens par grande et

bonne ordenance, et avoit en devant priiés et mandés
gens de tous costés, chevalier[s] et escuiers, efforcie-
ment. Avoech tout che li rois de France y envoia
grant gent d'armes, et me fu recordé que trois jours
devant la moiienne d'aoust et trois jours apriès, il y
eut bien quinse mil hommes d'armes, chevaliers et
escuiers, et bien trente mil d'autres gens. Nulz ne se
comparut, car il n'i avoit nul grant chief ou pays,
excepté monsigneur Thumas de Felleton, qui fu trop
grandement esmervilliés de celle journée, et le debati
longement et par pluiseurs raisons. Et vint en l'ost,
quant la moiienne d'aoust fu passée et la journée in-
spirée, parler moult aviseement au duch d'Ango et au
connestable sus assegurances, et leur remoustra bien
et sagement que li dus de Lancastre et li dus de Bre-
tagne avoient donné le respit par mi che que la jour-
née de Montsach devoit estre ens enclose, mès on li
prouva tout le contraire; car, à verité dire, il y eut
trop peu parlé pour les Englès, car li trettiés de le
composition ne faisoit point de mention de Mont-
sach. Si couvint monsigneur Thumas de Felleton,
volsist ou non, retourner à Bourdiaus et souffrir [ceste
cose] à laiier passer. Ensi vint en ce temps de ces
arrierefiés. Li contes de Fois entra ou service et en
l'obeïssance dou roy de France, et tout li baron et li
prelat, qui dedens estoient; et en prist li dus d'Ango
les fois et les hommages; et quant il s'en senti bien
au dessus, il renvoia les ostages qu'il tenoit en Piere-
gorch au conte de Fois, et puis s'en retourna à Tou-
louse, quant il eut pris le saisine et possession de le
ville et dou chastiel de Montsach, que moult recom-
menda en coer, et le fist de puis remparer et rapareil-

lier, et dist que de Montsach il feroit sa cambre et
son gardecorps.

§ 754. Tantost apriès le revenue de Montsach à
Thoulouse, et que li dus d'Ango et li baron, qui
avoecques lui estoient, s'i furent un petit reposet et
rafreschi, li dis dus d'Ango remist une aultre chevau-
cie sus de ces propres gens qu'il avoit tenu toute le
saison, et dist qu'il vorroit chevaucier vers le Riole et
vers Aubcroce, car là estoit encores uns grans pays à
reconquerre, qui ne desiroit aultre cose. Si se de-
parti de Thoulouse le xvii° jour de septembre, l'an de
grasce mil trois cens settante et quatre, ossi estoffee-
ment ou plus que quant il fu en le Haute Gascongne,
et estoient avoecques lui par manière de service li
abbes de Saint Silvier, li viscontes de Chastielbon, li
sires de Chastiel Nuef, li sires de l'Escut et li sires de
Marsen, et fisent tant par leurs journées qu'il vinrent
devant le Riole. Tous li pays trambloit devant. Chil de
le Riole, qui ne desiroient aultre cose qu'il fuissent
françois, se ouvrirent tantost et se misent en l'obeïs-
sance dou roy de France. Ossi fisent cil de Langon,
de Saint Malkaire, de Condon, de Saint Basille, de
Prudaire, de Mautlyon, de Dion et de Sebillach, et
bien quarante villes fremées que fors chastiaus, qui
à point de fait se tournèrent, et la daarrainne ville ce
fu Auberoce; ne riens ne se tenoit ne duroit en celle
saison devant les François, et legière cose estoit à
faire, car il desiroient à yaus rendre, et se ne leur
aloit nuls au devant.

En ce temps que ces chevaucies se faisoient, estoient
en le marche de Pikardie revenu li doi trettieur legal

et se tenoient à Saint Omer, et avoient leur messages
alans et venans en Engleterre devers le roi et son
conseil, et ossi à Paris devers le roy de France, pour
impetrer un bon respit, et en ce respit durant c'es-
toit leur entention qu'il metteroient toutes parties en
acord. Et, à ce que j'entendi adont, il estoient vo-
lentiers oy dou roy d'Engleterre et de son conseil, car
il veoient que par toutes les metes et limitations [où]
il tenoient terres, villes, chastiaus et pays se perdoient
à peu de fait pour yaus, et se n'i savoient [comment]
donner conseil ne comment remediier. Et par es-
pecial trop fort desplaisoit au roy d'Engleterre en
coer de che que li dus de Bretagne avoit ensi et à
petite ocquison perdu son hiretage pour l'amour
de lui. Si travillièrent tant chil doi legal que li rois
d'Engleterre acorda que ses filz li dus de Lancastre
paseroit mer et venroit à Calais pour oïr et savoir
plainnement quel cose li François voloient dire. Ossi
li rois de France acorda et seela que ses frères, li dus
d'Ango, venroit contre lui à Saint Omer, et par le
moiien des discrètes et venerables personnes l'arche-
vesque de Ravane et l'evesque de Carpentras, il se
lairoient gouvrener et consillier, siques, si tretost que
li dus d'Ango et li baron de France et de Bretagne
eurent achievé ceste daarrainne chevaucie devant
ditte, il furent quoiteusement remandé dou roy de
France et escript que tantost et sans delay il retour-
naissent en France, et qu'il avoit accordé son frère
à estre contre celle Toussains à Saint Omer, car li dus
de Lancastre devoit estre à Calais; et ossi il touchoit
grandement as barons de Bretagne pour le fait de
Becheriel. Li dus d'Ango, li connestables, li sires de

Cliçon et li aultre se departirent de Roerge au plus tost qu'il peurent, les lettres dou roy veues et oyes, sans tourner à Thoulouse, et donnèrent congiet toutes manières de gens d'armes de lontainnes marces, et ne retint avoecques lui li dus fors les Bretons; si s'en retourna en France, où il fu grandement festés et conjoys, et toute sa compagnie, dou roy et de tout son conseil.

§ 755. En ce temps estoient les marces de Pikardie trop bien garnies de bonnes gens d'armes, car messires Hues de Chastillon, mestres des arbalestriers, qui nouvellement estoit retournés d'Engleterre, se tenoit en garnison à Abbeville atout grant fuison de gens d'armes et tous bons compagnons, et desiroit grandement [de soy contrevengier] pour ses contraires et desplaisirs que on li avoit fais en Engleterre nouvellement; car, ensi que dit est en ceste hystore, il fu pris au dehors d'Abbeville par embusche de monsigneur Nicole de Louvaing qui ne le voloit mettre a finance, mais il trouva voie et tour par le pourcach de ma dame sa femme, comment il fu delivrés par l'ayde d'un maronnier de l'Escluse en Flandres, qui se mist en l'aventure de li aler querre en le marce de Northombreland, et fist tant toutes fois qu'il le ramena en Flandres. Je m'en passerai assés briefment, car la matère en seroit trop longe à demener. Mais, quant il fu revenus, on li rendi son office, ensi que devant, de estre nommés monsigneur le Mestre. Si se tenoit en le bonne ville d'Abbeville, et chevauçoit à le fois ens et hors, ensi que le mieulz li plaisoit. De Dieppe sus mer estoit chapitainne messires

Henris des Isles, uns moult appers chevaliers ; de Boulongne, messires Jehans de Lonchvillers ; de Moustruel, messires Guillaumes de Nielle ; de Rue, li chastellains de Biauvais ; et toutes ces garnisons de là environ françoises estoient très bien pourveues de bones gens d'armes, et bien besongnoit, car li Englès estoient ossi fort sus [le marce]. Pour ce temps estoit chapitains de Calais messires Jehans de Burlé, et ses lieutenans, messires Gautiers d'Evrues ; de Ghines messires Jehans de Harleston, et d'Arde, li sires de Gommegnies.

Or avint que messires Gautiers d'Evrues, messires Jehans de Harleston et li sires de Gommegnies furent en parlement et en conseil ensamble de chevaucier, et l'acordèrent l'un à l'autre, et fisent leur assamblée et leur amas dedens le bastide d'Arde, et s'en partirent au point dou jour bien largement huit vint lances, et chevaucièrent viers Boulongne. Che propre jour au matin, estoit partis de Boulogne messires Jehans de Lonchvillers à soissante lances, et avoit chevauciet viers Calais pour trouver aucune aventure. Ensi que tout le pas il s'en retournoit, et pooit estre environt deus liewes priès de Boulongne, il encontra sus son chemin le signeur de Gommegnies et se route. Sitos que li Englès les perchurent, il furent moult resjoy, et escriièrent leur cri, et ferirent chevaus des esporons, et se boutèrent entre yaus, et les espardirent et en ruèrent jus jusques à quatorse qu'il retinrent pour prisonniers. Li aultre se sauvèrent par leurs bons coursiers et par l'avantage qu'il prisent, et rentrèrent tout à point en le ville de Boulongne. Si furent il cachiet jusques as barrières. Apriès celle cache, li Englès se recueillièrent et se misent au chemin pour revenir vers Arde, par une adrèce que on dist ens ou pays l'Eveline et tout droit devers Alekine, un biau vert chemin.

Ce propre jour avoit fait sa moustre messires Hues de Chastillon, que on dist monsigneur le Mestre; et avoit avoecques lui toutes ces chapitainnes de là environ, et estoient bien quatre cens lances. Li jones contes de Saint Pol, messires Galerans, estoit nouvellement revenus de sa terre de Loerainne, et n'avoit mies à Saint Pol sejourné trois jours, quant par devotion il s'estoit partis pour aler en pelerinage à Nostre Dame de Boulongne. Si oy [dire] sus son chemin que monsigneur le Mestre et chil François chevauçoient; se li vint en avis que ce li seroit blasmes et virgongne, puis que il savoit leurs gens sus le pays qui chevauçoient, se il ne [se] mettoit en leur compagnie, et n'i volt trouver nulle excusance, ensi que uns jones chevaliers qui se desire à avancier et qui quiert les armes. Et s'en vint ce propre jour au matin avoech monsigneur [Hue] de Chasteillon et les aultres compagnons, qui furent tout resjoy de sa venue. Si chevaucièrent liement ensamble celle matinée viers Arde, qui riens ne savoient des Englès ne li Englès d'yaus, et cuidoient li François que li Englès fuissent en Arde, et vinrent jusques à là. Et fisent leur moustre et leur coursée devant les barrières; et, quant il eurent là esté une espasse, il s'en retournèrent et prisent le chemin devers Likes et devers Tournehen.

§ 756. Si tretost que li François se furent parti de

devant Arde et mis au retour en chevauçant moult
bellement, uns Englès issi de le ville d'Arde et se mist
à voie couvertement à l'aventure, pour savoir se jamais il trouveroit leurs gens pour recorder ces riches
novelles. Et tant ala et tant vint de lonch et de travers, que sus son chemin d'aventure il trouva le signeur de Gommegnies, monsigneur Gautier d'Evrues
et monsigneur Jehan de Harleston. Si s'arresta à euls
et yaus à lui, et leur [compta] comment li François
chevauçoient et avoient fait leur moustre devant Arde.
« Et quel chemin tiennent il ? » dist li chevaliers. —
« Par ma foi, mi signeur, il prisent le chemin pour
aler vers Likes; car encores, depuis que je me fui
partis, je les ay veus sus le mont de Tournehen, et
croi qu'il ne sont pas lonch de chi. Tirés sus destre
en costiant Likes et Tournehen, je espoir que vous
les trouverés, car il chevaucent tout le pas. » Adont
recueillièrent cil troi chevalier toutes leurs gens et
remisent ensamble, et chevaucièrent tout le pas, le
banière dou signeur de Gommegnies tout devant et
les deux pennons des deus aultres chevaliers dalés.

 Ensi que li François eurent passé Tournehen, et
qu'il tiroient à aler viers Likes, il oïrent nouvelles de
chiaus dou pays et furent segnefiiet que li Englès
chevauçoient et estoient hors d'Arde. Si en furent
trop malement joiant, et disent qu'il ne demandoient
ne queroient aultre cose, et faisoient trop durement
grant enqueste où il en poroient oïr nouvelles, car il
faisoient doubte que il ne les perdesissent; et furent
sus un estat une espasse, que il se departiroient en
deus chevaucies pour yaus trouver plus prestement,
et puis brisièrent ce pourpos et disent, tout consi-

deret, que il valoit mieulz que il chevauçassent tout ensamble. Si chevaucièrent tout ensamble baudement, banières et pennons ventelant, car il faisoit bel et joli, et trop estoit courouciés li contes de Saint Pol qu'il n'avoit là tout son arroi et especialment sa banière, car il l'euist boutée hors, et fretilloit telement de joie, qu'il sambloit qu'il n'i deuist ja à temps venir. Et passèrent oultre l'abbeye de Likes et prisent droitement le chemin que li Englès tenoient. Si vinrent à un bosket deseure Likes, et là s'arrestèrent et rechainglèrent leurs chevaus, et fisent en che dit bosket une embusche de trois cens lances, des quelz messires Hues de Chastillon estoit chiés, et fu ordonnés li contes de Saint Pol à courir, et cent lances, chevaliers et escuiers, avoecques lui. Assés priès de là, au lonch d'une haie, estoient descendu li Englès, et avoient rechenglé leurs chevaus, et fu ordonnés messires Jehans de Harleston à courir à tout quinse lances pour ouvrir l'embusche des François; et se parti avoecques se route, et l'avoient li sires de Gommegnies et messires Gautiers d'Evrues, au departement, bien avisé que, se il venoit sus les coureurs des François, que il se fesist cachier, et de che se tenoit il tous enfourmés. Ensi chevauça messires Jehans de Harleston et vint sus le conte de Saint Pol et se route qui estoient tout bien monté. Sitos que li Englès furent venu jusques à yaus, il fisent leur moustre, et tantost se misent au retour pour revenir à leurs compagnons, qui les attendoient au lonch de le haie en très bonne ordenance [et tout à piet], leurs archiers pardevant yaus. Quant li contes de Saint Pol les vei fuir, il fu un petit trop aigres d'yaus poursievir, et feri cheval des esporons, la lance ou poing, et dist : « Avant, avant! il ne nous poeent escaper. » Lors veissiés desrouter ces François et mettre en cache apriès ces Englès, et les cachièrent jusques au pas de le haie. Quant li Englès furent là venu, il s'arrestèrent, et ossi fisent li contes de Saint Pol et se route, car il furent recueilliet de ces gens d'armes et de ces archiers, qui commenchièrent à traire saiettes à effort et à navrer chevaus et abatre chevaliers et escuiers. Là eut un petit de bon estour, mais tantost il fu passés; car li contes de Saint Pol ne chil qui avoecques lui estoient, n'eurent point de durée à ces Englès. Si fu li dis contes pris d'un escuier de la ducé de Guerles, et en celle route li sires de Pois, li sires de Clari, messires Guillaumes de Nielle, messires Charles de Chastillon, messires Lyonniaus d'Arainnes, li sires de Cipoi, chastellain de Biauvais, messires Henris des Isles, et Jehans, ses frères, messires Gauwiné[s] de Bailluel et plus de soissante bons prisonniers, chevaliers et escuiers.

§ 757. Droitement sus le point de celle desconfiture, evous venir à frapant monsigneur Hue de Chastillon et se banière, et estoient bien trois cens lances, et chevauchièrent jusques au pas de le haie, où li autre s'estoient combatu, et encor en y avoit qui se combatoient. Quant li sires de Chastillon vei le manière que li contes de Saint Pol et se route estoient ruet jus, si n'eut mies desir ne volenté d'arrester, mais feri cheval des esporons, et se parti, et se banière. Li aultre, par droit d'armes, n'eurent point de blasme se il le sievirent, quant c'estoit leurs sires et leurs chapitains. Ensi se departirent là trois cens hommes tous bien montés et tailliés, se li hardemens fust en yaus, de faire une bonne besongne et de reskeure le journée, et le jone conte de Saint Pol, auquel ceste aventure fu moult dure, et à tous les bons chevaliers et escuiers qui avoecques lui furent pris.

Sachiés bien que au commenchement, quant li Englès veirent venir sus yaus celle grosse route, tous bien montés et appareilliés de faire un grant fait, il ne furent mies bien à segur de leurs prisonniers ne d'yaus meismes; mais, quant il les veirent partir et moustrer les talons, il furent grandement reconforté et n'eurent nulle volenté adont de cachier chiaus qui fuioient, mais montèrent as chevaus et fisent monter leurs prisonniers, et tantost fu nuis. Si retournèrent ce soir en le garnison d'Arde, et se tinrent tout aise et tout joiant de che qu'il eurent. Che propre soir après souper, acata li sires de Gommegnies le conte de Saint Pol à son mestre qui pris l'avoit, et l'en fist fin de dis mil frans. Ensi fu li contes de Saint Pol prisonniers au signeur de Gommegnies. A l'endemain, cascuns des chapitainnes retourna où il devoit aler, messires Jehans de Harleston à Ghines, et messires Gautiers d'Evrues à Calais, et leurs gens, et en menèrent leurs prisonniers et tout leur butin.

Ces nouvelles s'espardirent jusques en Engleterre, et vinrent au roy, et li fu dit que ses chevaliers, li sires de Gommegnies, avoit eu sus un jour rencontre et bataille as François, et si bien s'i estoit portés que ilz et si compagnon avoient desconfi les François, et tenoit le conte de Saint Pol à prisonnier. De ces nouvelles fu grandement resjoïs li rois d'Engleterre

et tint ce fait à grant proèche, et manda par ses
lettres et par un sien escuier au signeur de Gomme-
gnies, que il le venist veoir en Engleterre et li ame-
nast son prisonnier. Li sires de Gommegnies obei,
che fu raisons, et recarga Arde à ses compagnons,
et puis s'en parti, le conte de Saint Pol en se com-
pagnie. Si vinrent à Calais, et là se tinrent tant
qu'il eurent vent pour passer oultre, et, quant il
l'eurent, il entrèrent en un passagier. Si arrivèrent,
ce propre jour qu'il montèrent, à Douvres. De puis
esploitièrent il tant qu'il vinrent à Windesore, où li
rois se tenoit, qui rechut le signeur de Gommegnies
en grant chierté. Tantos li sires de Gommegnies,
quant il li eut fait la reverense, ensi que on doit faire
à un roy, li presenta et li donna le conte de Saint Pol,
pour tant qu'il sentoit bien que li rois le desiroit à
avoir pour deus raisons. Li une estoit que li rois n'a-
voit point amet son signeur de père le conte Gui,
pour tant que sans congiet il s'estoit partis d'Engle-
terre et que très grant painne avoit mis à la guerre
renouveler ; l'autre, que il en pensoit bien à ravoir
ce vaillant chevalier et ce grant chapitainne de gens
d'armes monsigneur le captal de Beus, qui gisoit en
prison en le tour dou Temple à Paris, ens es dan-
giers dou roy de France. Si remercia li rois liement
le signeur de Gommegnies de ce don et de ce pre-
sent, et li fist tantost delivrer vint mil frans. Ensi
demora li jones contes de Saint Pol en prison cour-
toise devers le roy d'Engleterre, recreus sus sa foy
d'aler et de venir par mi le chastiel de Windesore et
non issir de le porte sans le congiet de ses gardes ; et
li sires de Gommegnies retourna à Arde entre ses

compagnons. Si paia bien aise de l'argent le roy d'Engleterre l'escuier de Guerles, qui pris avoit le signeur de Lini, conte de Saint Pol.

§ 758. Tantost apriès ceste aventure, furent les triewes prises et acordées entre le roy de France et le roy d'Engleterre, et ne s'estendoient, à ce premier, fors tant seulement entre Calais et le rivière de Somme, et furent ensi prises et données par avis pour les signeurs de France chevaucier segurement en le marce, où li parlement devoient estre, car toute celle saison il n'en tinrent nulles ens es lointaines marces, et par especial en Bretagne et en Normendie. Si vint li dus d'Ango à Saint Omer en grant arroy, et cil doy legal trettieur avoecques lui, et n'i vint mies si simplement qu'il n'euist en se compagnie plus de mil lances de Bretons, dont li connestables de France, li sires de Cliçon, li viscontes de Rohem, li sires de Laval, li sires de Biaumanoir et li sires de Rocefort estoient chief. Si se tenoient ces gens d'armes pour les embusches ou plat pays environ Bailluel et le Crois en Flandres, et prendoient leurs sauls et leurs gages, et paioient tout ce qu'il prendoient, sans riens grever le pays, mais il se tenoient là en celle instance qu'il ne s'asseuroient mies trop parfaitement en es Englès.

En ce temps se mist li sièges devant Saint Salveur le Visconte en Normendie, et li mist premierement par mer messires Jehans de Viane, amiraus de mer. En se compagnie estoient li sires de Rays et Yewains de Galles, et la navie [du roy] dan Henri de Castille : si en estoit amiraus dan Radigho de Rous, de Louwars.

Li dus d'Ango, quant il deubt venir à Saint Omer, manda en Haynau son biau cousin monsigneur Gui de Blois pour lui acompagnier, li quels y vint moult estoffeement, quatre chevaliers en se compagnie, dont li dus d'Ango li sceut grant gré, quant il le trouva si honnourable et si appareillié, car il ne l'avoit priiet qu'à trese chevaus, et il y vint à trente. Ossi li dus de Lancastre vint à Calais, et là se tint un temps, et eut grant merveille pour quoi tant de gent d'armes de Bretons se tenoient en le marce de Saint Omer. On li dist que li dus d'Ango, ses cousins, ne s'asseuroit point bien en lui, et qu'il n'i avoit aultre visce. De quoi li dus de Lancastre en crolla le tieste, et dist : « Se il le fait pour ce, il n'est mies bien consilliés ; car en pais doit estre paix, et en guerre guerre. » Si commenchièrent à aler de l'un à l'autre li doi trettieur et à mettre raisons et pareçons avant, et à entamer matère de paix ou de respit, et toutdis aloit li saisons aval.

Or vint li termes qu'il couvenoit chiaus de Becheriel rendre ou estre conforté, siques, si tretost que li jours deubt approcier, li rois de France escrisi devers le connestable et le signeur de Cliçon, et leur manda que il se presissent priès pour iestre à le journée, si en vaurroit la besongne mieulz. Et ossi il voloit que ses gens y fuissent si fort que, se li Englès y venoient, qui de poissance vosissent lever le siège, on les peuist combatre. Si tretost que cil doi signeur furent segnefiiet [de l'entention] dou roy de France, il le remoustrèrent au duc d'Ango, et li dus d'Ango leur acorda de partir, et une quantité de leurs gens, et les aultres demorer. Si se partirent, et esploitièrent tant par leurs journées qu'il vinrent au siège de Becheriel, où toutes gens d'armes s'arivoient, par l'ordenance dou roy de France, de Bourgongne, d'Auvergne, de Poito, de Saintonge, de Berri, de Campagne, de Pikardie, de Bretagne et ossi de Normendie, et eut là, au jour que li compositions devoit clore, devant Becheriel plus de dis mil lanches, chevaliers et escuiers, et y vinrent li François si efforciement, pour tant que on disoit que li dus de Bretagne et li contes de Sallebrin estoient sus mer à bien dis mil hommes parmi les archiers ; mès on n'en vei onques nul apparant. De quoi chil de Becheriel furent moult couroucié, quant si longhement que plus de quinse mois s'estoient tenu et si vaillamment, et si n'estoient aultrement conforté. Toutes fois il leur couvint faire et tenir che marchié, puis que juré et couvenencié l'avoient, et que à ce il s'estoient oblegié et livré bons ostages. Si rendirent et delivrèrent au connestable de France la ditte forterèce de Becheriel, qui est belle et grande et de bonne garde, et s'en partirent messires Jehans Appers et messires Jehans de Cornuaille et leurs gens, et en portèrent ce qui leur estoit. Tout ce pooient il faire par le trettié de le composition, et s'en vinrent sus le conduit dou connestable à Saint Salveur le Visconte, et là se boutèrent. Si recordèrent as compagnons de laiens comment il avoient finet as François.

§ 759. Si tretost que li connestables de France et li sires de Cliçon et li doi mareschal de France, qui là estoient, eurent pris la saisine et possession de Becheriel, caudement il s'en vinrent mettre le siège

devant Saint Salveur le Visconte. Ensi furent la ville
et li chastiaus de Saint Salveur le Visconte assegiet
par mer et par terre. Si fisent tantost chil baron de
Bretagne et de Normendie, qui là estoient, lever et
drechier grans mangonniaus et grans engiens devant
le forterèce, qui nuit et jour jettoient grans pières et
grans mangonniaus as tours, as garittes et as crestiaus
de le ville et dou chastiel, qui durement cuvrioient
et travilloient. Et bien souvent sus le jour li cheva-
lier et li escuier de l'ost s'en alèrent escarmucier as
barrières à chiaus de dedens, et li compagnon de le
garnison ossi s'esprouvoient à yaus. Si en y avoit
souvent par telz fais d'armes des mors, des navrés
et des blechiés. Quatreton, uns hardis et appers homs
d'armes, qui chapitains en estoit de par monsigneur
Alain de Bouqueselle, estoit durement curieus et
songneus d'entendre à le forterèce, car trop euist esté
courouciés, se par sa negligense il euissent recheu
damage ne encombrier. Avoecques lui estoient et
avoient esté toute la saison messires Thumas Trivés,
messires Jehans de Bourch et messires Phelippes
Picourde et li troi frère de Maulevrier, qui ossi en
tous estas en faisoient bien leur devoir; et se y es-
toient de rechief revenu messires Jehans Appers et
messires Jehans de Cornuaille et li compagnon qui
parti estoient de Becheriel. Si se confortoient l'un
par l'autre, et leur sambloit qu'il estoient fort assés
pour yaus tenir un grant temps, et pensoient que li
dus de Bretagne par mer les venroit rafreschir et
combatre les François, ou à tout le mains li dus de
Lancastre, qui estoit à Calais, les metteroit en son
trettié de triewes ou de respit, par quoi li François

ne seroient mies signeur d'une si belle forterèce que Saint Salveur est. Ensi en considerant ces coses à leur pourfit, se tenoient vaillamment li compagnon qui dedens estoient, et se donnoient dou bon temps, car il avoient vins et pourveances assés. La cose del monde qui plus les grevoit, c'estoit li grant enghien de l'ost, qui continuelment, nuit et jour, jettoient, car li grosses pières de fais leur desrompoient et effondroient les combles et les tois des tours. Ensi se tinrent il tout cel ivier, et li dus d'Ango à Saint Omer, et li dus de Lancastre à Calais.

§ 760. Tant alèrent de l'un à l'autre, amoienant les besongnes, li doi prelat et legal dessus nommet, que il approcièrent ces tretties, et que li doi duch d'Angho et de Lancastre s'acordèrent à ce que d'yaus comparoir à Bruges l'un devant l'autre, car au voir dire, li trettieur aloient à trop grant painne de Saint Omer à Calais et de Calais à Saint Omer. Et quant il avoient tout alé et tout venu, se ne faisoient il riens; car, sus trois ou quatre journées que il mettoient tant en alant et retournant qu'en parlant as parties, se muoient [bien] nouvel conseil.

Quant li dus de Lancastre se deut partir de Calais, li dus de Bretagne, qui s'estoit là tout le temps tenus avoccques lui, prist congiet et retourna en Engleterre et raporta nouvelles des trettiés au roy et sus quel estat il estoient. A ce retour qu'il fist, il esploita si bien au roy d'Engleterre, parmi les bons moiiens qu'il eut, monsigneur Alain de Bouqu[es]elle, cambrelent dou roy, que li rois li [acorda et] delivra deus mil hommes d'armes et quatre mil archiers, et par

especial en se compagnie, pour miculz esploitier de
ses besongnes, monsigneur Aymon, son fil, conte de
Cantbruge, monsigneur le conte de le Marce, mon-
signeur Thumas de Hollande, qui de puis fu conte de
Kent en Engleterre, ainsnet fil de la princesse, le si-
gneur Despensier, qui pas n'estoit encores mors,
mais il morut au retour de ce voiage, le signeur de
Manne, messires Hughe de Hastinghes, monsigneur
Bruiant de Stapletonne, monsigneur Symon Burlé,
monsigneur Richart de Pontchardon, monsigneur
Thumas Tinfort, le signeur de Basset, monsigneur
Nicole Stammore, monsigneur Thumas de Grantson,
et pluiseurs aultres. Si fisent leurs pourveances à
Hantonne et là montèrent en mer; et quant il se par-
tirent, il avoient entention que de venir combatre
sus mer le navie dou roy de France, qui gisoit de-
vant Saint Salveur, mais il eurent vent contraire qui
les bouta en Bretagne : si prisent terre devant Saint
Mahieu de Fine Posterne. Si tost que il furent hors
de leurs vaissiaus, il se traisent devers le chastiel qui
siet au dehors de la ville : si l'assallirent fortement
et diversement, et le conquisent de force, et furent
mort tout chil qui dedens estoient. Adont se rendi la
ville de Saint Mahieu au duch de Bretagne. Si entrè-
rent li Englès dedens le ville de Saint Mahieu : si y
attraisent leurs pourveances là dedens et s'i rafres-
chirent.

Or vinrent ces nouvelles au connestable de France,
au signeur de Cliçon et as barons de France et de
Normendie et de Bretagne, qui devant Saint Salveur
se tenoient, que li dus de Bretagne efforciement es-
toit arivés à Saint Mahieu et avoit ja pris le ville et

le chasticl. Si eurent conseil entre yaus comment il s'en poroient chevir. Dont fu regardé pour le milleur et segur estat que on envoieroit, contre yaus faire frontière, trois cens ou quatre cens lances, qui les
5 ensonnieroient, et herieroient leurs coureurs, se il s'abandonnoient de trop avant chevaucier ou pays, et toutdis tenroient il le siège devant Saint Salveur, et ne s'en partiroient, ensi qu'en pourpos l'avoient, si l'aroient conquis. Adont furent ordonné princi-
10 paument quatre baron de Bretagne, li sires de Cliçon, li viscontes de Roem, li sires de Laval et li sires de Biaumanoir, à frontière faire contre les Englès. Si s'en vinrent à Lambale, et là se tinrent.

Li dus de Bretagne, li contes de Cantbruge, li
15 contes de le Marce, li sires Despensiers et li baron [et li chevalier] d'Engleterre, qui estoient arrivet à Saint Mahieu de Fine Posterne, ne sejournèrent gaires en le ville de puis que elle fu rendue, mais s'en vinrent devant Saint Pol de Lyon, et là s'arrestè-
20 rent. Si l'assallirent fortement et le prisent de force; si fu toute courue et essillie, et de là il s'en vinrent devan[t] Saint Brieu de Vaus, une ville malement forte, et l'assegièrent et avoient grant entention dou prendre, car il misent mineurs en oevre, qui s'ahati-
25 rent que dedens quinse jours il esploiteroient si bien, qu'il feroient reverser un tel pan dou mur, que sans dangier il enteroient bien en le ville.

§ 764. Quant li Englès, qui dedens Saint Salveur estoient, entendirent que li dus de Bretagne et li
30 contes de Cantbruge et grant fuison de signeurs d'Engletere, estoient efforciement arrivet en Bretagne,

si en furent moult joiant ; car il en cuidièrent grandement mieulz valoir et que par yaus fust cilz sièges levés. Si s'avisèrent, car il leur besongnoit, qu'il tretteroient devers ces signeurs de France, à fin que il euissent un respit un mois ou cinc sepmainnes, et, se là en dedens il n'estoient conforté, il renderoient le ville et le chastiel de Saint Salveur. Au voir dire, il ne pooient en avant ; car il estoient si travilliet et cuvriiet des engiens qui nuit et jour jettoient, qu'il n'osoient aler parmi la ville ne le chastiel, mais se tenoient ens es tours. Et avint une fois que Quatreton, le chapitainne, gisoit en une tour sus un lit, car il estoit moult dehetiés : si entra une pière d'engien en celle tour par une trelle de fier que elle rompi. Et fu adont avis proprement à Quatreton que li tonnoires fust descendus laiens, et ne fu mies assegurés de sa vie ; car celle pière d'engien qui estoit ronde, pour le fort tret que on li donna, carola tout autour [de le tour] par dedens, et quant elle cheï, elle effondra le planchier et entra en une autre estage, ensi que Quatreton recorda de puis à ses compagnons, siques, pour yaus oster de ce dangier, fust par pais ou par bataille, entre yaus il se consillièrent pour le millieur que il tretteroient unes triewes. Si le fisent et envoièrent par un hiraut querre un saufconduit au connestable que il peuissent segurement venir parlementer en l'ost : on leur acorda, et le reporta li hiraus tout seelé. Dont vinrent en l'ost [traictier] messires Thumas Trivès et messires Jehans de Bourch au connestable et au duch de Bourbon, qui là estoient. Si esploitièrent si bien que uns respis lor fu acordés par tel manière, que se dedens la close Paske il n'estoient conforté dou duc de Bretagne personelment, il rend[er]oient la forterèce, et c'estoit environ le miquaresme, et ce terme pendant, on ne leur devoit faire point de guerre, et ossi il n'en feroient point; et se defaute estoit que dou duch de Bretagne il ne fuissent conforté et secouru dedens le jour qui expresseement y estoit mis, il liv[re]roient presentement bons hostages pour rendre la forterèce. Ensi demora Saint Salveur en composition, et li doi duch d'Angho et de Lancastre et leurs consauls estoient à Bruges, qui savoient et qui ooient tous les jours nouvelles de Bretagne et de Normendie; et par especial li dus d'Ango les avoit plus fresches que n'euist ses cousins, li dus de Lancastre : si s'avisoit selonch ce. Là estoient li doi legal moiien pour toutes parties, qui portoient tous les jours de l'un à l'autre ces trettiés; et quant on estoit sus voie d'acord, Bretagne et Espagne desrompoient tout. Je vous diray pour quoi et comment li dus de Lancastre ne se voloit nullement assentir à trettié de paix ne à composition nulle, se li dus de Bretagne ne ravoit tout entierement la ducé de Bretagne, ce que li rois de France avoit applikiet à l'irctage de France et au demainne par l'acort de tous les barons, les prelas, les cités et les bonnes villes de Bretagne. Or regardés se ce n'estoit point fort à oster, Chastille, que on entent Espagne, quant li rois de France voloit que tout outreement elle demorast au roy Henri, dont li dus de Lancastre se tenoit hoirs de par ma dame se femme, qui avoit estet fille au roy dan Pietre et dont li dessus dis dus s'escrisoit sires et rois, et des armes il s'esquarteloit. Et avoit li rois de France juré solennelment que jamès pais ne feroit au roy d'Engleterre, que li rois Henris de Chastille ne fust ossi avant en le pais comme il seroit. D'autre part, li rois d'Engleterre avoit ensi juré au duch de Bretagne, quel trettié qu'il fesist au roy de France, il reseroit en son hiretage de Bretagne, siques ces coses estoient fortes à desrompre et à brisier. Mès li doi legal, qui sage et avisé estoient et bien enlangagié et volentiers oy de toutes les parties par leur attemprée promotion, et qui consideroient bien toutes ces coses, disoient que, se il plaisoit à Nostre Signeur, il trouveroient bien entre ces ordenances aucun moiien par quoi il se departiroient par acord.

Or revenrons nous au fait de Bretagne et as guerres, qui y estoient fortes et dures.

§ 762. Vous devés savoir, comment que Saint Salveur le Visconte et li Englès, qui dedens estoient, se fuissent mis sus certains articles de composition, li connestables de France et li baron de Bretagne et de Normendie, qui à siège avoient là esté tout l'ivier, ne se deslogièrent mies pour ce, mais s'i ordonnèrent et establirent plus fort assés que devant, et segnefiièrent tout leur estat au roy de France en remoustrant sus quel parti il gisoient et comment li dus de Bretagne, que il appelloient Jehan de Montfort, estoit [arrivés] efforciement ou pays, et pooient bien estre Englès dis mil combatans, et esperoient que il les venroient combatre pour reskeurre le ville et le chastiel de Saint Salveur. Li rois de France, qui ne voloit mies que ses gens fuissent entrepris, ne que il receuissent, par faute de poissance, blasme ne villonnie avoech grant damage, manda et escrisi par tout là où il pensoit à recouvrer de droite fleur de gens d'armes, en Flandres, en Braibant, [en Haynnau], en Hesbain, en le ducé de Guerles, en Bar, en Loerainne, en Bourgongne et en Champagne, que tout fuissent au plus estoffeement qu'il pooient à celle journée devant Saint Salveur le Visconte en Constentin. Tout baron, chevalier et escuier et gens d'armes, qui mandé ou priiet en estoient, obeïrent et s'appareillièrent dou plus tost qu'il peurent, et se misent à voie et à chemin par devers Normendie, pour estre à celle journée.

Ce terme pendant et ces coses faisans, toutdis parlementoient li doi duc d'Ango et de Lancastre à Bruges, et ossi leurs consaulz. Et ossi, d'autre part, li sièges se tenoit grans et fors dou duch de Bretagne et dou conte de Cantbruge et des barons et des chevaliers d'Engleterre devant Saint Brieu de Vaus. Entrues que il estoient là à siège et qu'il esperoient fort à conquerre la ville par le fait de leurs mineurs qui ouvroient en leur mine, li quel s'estoient ahati qu'il leur renderoient le ville dedens quinse jours, nouvelles leur vinrent de chiaus de Saint Salveur en remoustrant comment de lonch temps il avoient esté assegié et le dangier que il avoient souffiert, de quoi sus le fiance de leur confort il s'estoient mis en composition; et couvenoit le ville et le chastiel rendre as François, se, dedens la close Paske qu'il attendoient, li sièges n'estoit levés; et pour ce tenir et acomplir, il avoient livré bons ostages. Li dus de Bretagne, li contes de Campbruge, li contes de le Marce, li sires Despensiers et li baron qui là estoient, eurent bien mestier d'avoir avis et conseil de ceste

cose et comment à leur honneur il en useroient. Si
eurent sur ce avis et pluiseurs imaginations. Li aucun
disoient que ce seroit bon que on alast les François
combatre, et li autre disoient le contraire, car plus
honnourable [et proufitable] leur estoit de tenir leur
siège devant Saint Brieu de Vaus, puis que si avant
l'avoient mené qu'il le devoient dedens sis jours
avoir, que soudainn[em]ent yaus partir [de là] et faire
une nouvelle emprise, et que encores, apriès le con-
quès de Saint Brieu de Vaus, tout à temps po[r]oient
il retourner à Saint Salveur. Tant fu cils pourpos de-
menés et debatus que finablement, tout consideré
et d'une sieute, il s'acordèrent à tenir le siège devant
Saint Brieu de Vaus, et leur sambla le plus pourfi-
table.

§ 763. Messires Jehans d'Evrues, comme hardis
et entreprendans chevaliers et bons homs d'armes de
le partie des Englès, estoit pour ce temps en l'isle de
Camperlé, et avoit toute celle saison fait sa route à
par lui et fortefiiet une motte à deus liewes priès de
le ville de Camperlé, que on appelloit ou pays le
Nouviel Fort. Et avoit li dis messires Jehans d'Evrues,
parmi l'ayde de ses gens et le retour et mansion de
ce Nouviel Fort, où il tenoit assés bonne garnison,
telement travilliet et heriiet et guerriiet le pays, que
nuls n'osoit aler de ville à autre; ne on ne parloit
d'autre cose en toute celle marce ne en l'isle de
Camperlé, que de ce Nouvel Fort; et proprement li
enfant en Bretagne et les jones fillettes en avoient
fait une cançon que on y chantoit tout commune-
ment. Se disoit la cançons ensi :

Gardés vous dou Nouviau Fort,
Vous qui alés ces alues;
Car laiens prent son deport
Messires Jehans d'Evrues.

Il a gens trop bien d'acort,
Car bon leur est viés et nues;
N'espargnent foible ne fort;
Tantost aront plains les crues
De le Mote Marciot
D'autre avoir que de viés oes;
Et puis menront à bon port
Lor pillage et leur conquès.

Gardés vous dou Nouviau Fort,
Vous qui alés ces alues;
Car laiens prent son deport
Messires Jehans d'Evrues.

Cliçon, Rohem, Rocefort,
Biaumanoir, Laval, entrues
Que li dus à Saint Brieu dort,
Chevauchiés les frans alues.
Fleurs de Bretagne, oultre bort
Estre renommée sues,
Et maintenant on te mort,
Dont c'est pités et grans duelz.

Gardés vous dou Nouviau Fort,
Vous qui alés ces alues;
Car laiens prent son deport
Messires Jehans d'Evrues.

Remoustre là ton effort,
Se conquerir tu les poes;
Tu renderas maint sourcot
A nos mères, se tu voes.
En ce pays ont à tort
Pris moutons, pors et cras bues;

>   Or paieront leur escot
>   A ce cop, se tu t'esmues.
>
>   Gardés vous dou Nouviau Fort,
>   Vous qui alés ces alues;
>   Car laiens prent son deport
>   Messires Jehans d'Evrues.

Ensi estoit messires Jehans d'Evrues par sa chevalerie criés et renommés ou pays, et tant se montepliièrent ces canchons, que elles vinrent en le cognissance de ces signeurs de Bretagne, qui se tenoient à Lambale. Si commencièrent à penser sus et à dire : « A Dieu le veu! li enfant nous aprenderont à guerriier. Voirement n'est chou pas chose bien seans que nous savons nos ennemis si priès de nous, qui ont toute celle saison robet et pilliet le pays, et si ne les alons point veoir? Il nous couvient chevaucier viers ce Nouviau Fort, et tant faire que nous l'aions et messire Jehan d'Evrues dedens : il ne nous poet nullement escaper, qu'il ne soit nostres, et nous rendera compte de tout son pillage. »

Adont s'esmurent chil signeur et leurs gens une partie, et une partie en laissièrent en Lambale pour le garder, et chevaucièrent environ deus cens lances viers le Nouviau Fort, et fisent tant qu'il y vinrent. Si s'arrestèrent par devant et l'environnèrent de tous lés, afin que nuls n'en peuist issir, et se misent tantos en ordenance pour assallir, et messires Jehans d'Evrues et ses gens en bon arroi pour yaus deffendre. Là eut par trois jours grant assaut, et des bleciés d'une part et d'autre, et telement l'avoient empris li sires de Cliçon et chil baron de Bretagne, que de là ne partiroient, si aroient conquis ce Nouviau Fort et chiaus qui dedens estoient. Il n'en euissent jamais falli que voirement ne l'euissent il eu, car li Nouviaus Fors n'estoit mies tels que pour tenir à le longe contre telz gens d'armes, et l'euissent eu très le premier jour, se n'euist esté leur bonne et aperte deffense et la bonne arteillerie qui dedens estoit, et dont il l'avoient pourveue.

§ 764. Entrues que cil baron de Bretagne estoient devant ce Nouviau Fort, assés priès de Camperlé, et qu'il herioient et appressoient durement monsigneur Jehan d'Evrues, trois nouvelles en un moment vinrent au duch de Bretagne, au conte de Campbruge, au conte de le Marce et as barons d'Engleterre, qui devant Saint Brieu de Vaus estoient. Les premières furent teles que leur mineur avoient perdu leur mine et que il leur en couvenoit refaire une nouvelle, se on voloit avoir le ville par mine, la quele cose leur fu trop grandement desplaisans, et en estoient tout pesant et merancolieus, quant Chandos, li hiraus, leur aporta les secondes nouvelles, qui venoit tout droit de Bruges et dou duch de Lancastre. S'envoioit par ses lettres closes au duch de Bretagne, à son frère de Cantbruge et au conte de le Marce le manière et l'ordenance dou trettié et sus quel estat il estoient entre lui et le duch d'Ango, quant li dis Chandos parti de Bruges. La tierce nouvelle fu, qui tous les resvilla, comment li sires de Cliçon, li vicontes de Rohem, li sires de Biaumanoir, li sires de Laval et li sires de Rocefort avoient enclos et assegiet monsigneur Jehan d'Evrues en son Nouviel Fort, et le fai-

soient assallir telement et si fortement qu'il estoit
en peril d'estre pris et en grant aventure.

Quant li dus de Bretagne oy ce, si dist : « Or tost
as chevaus! chevauçons quoiteusement celle part.
J'aroie ja plus chier la prise de ces cinc chevaliers
que de ville ne de cité qui soit en Bretagne : che
sont chil, avoech messire Bertran de Claiekin, qui
m'ont plus fait à souffrir et les quels je desir plus à
tenir. Nous ne les poons avoir plus aisiement que ens
ou parti où il sont, et nous attenderons là, je n'en
fai mies doubte, mais que nous nos hastons ; car il
desirent à avoir le chevalier messire Jehan d'Evrues,
qui vault bien que on le sekeure et oste de dangier. »
A ces parolles evous ces signeurs tantos armés et
montés et une partie de leurs gens, et se partent,
cescuns qui mieus mieulz, sans attendre l'un l'autre ;
et escuier et varlès commencièrent à tourser et à
sievir leurs mestres. Ensi soudainnement se desfist li
sièges de Saint Brieu de Vaus.

§ 765. Certes li dus de Bretagne, [li contes de
Cantbruge], li contes de le Marce, li sires Despen-
siers et [chil baron et] chil chevalier d'Engleterre
avoient si grant haste et tel desir de venir devant ce
Nouviau Fort pour trouver leurs ennemis, qu'il ne
fisent tout le chemin que reslaissier, et que leur cour-
sier estoient tout mouilliet de sueur. Mais onques ne
se peurent ne sceurent tant haster, que li sires de
Cliçon et li baron de Bretagne, qui devant le Nouviau
Fort estoient, ne fuissent segnefiiet de ces nouvelles,
et leur fu dit ensi : « Or tos, signeur, montés sus
vos chevaus et vous sauvés : autrement vous serés

pris à mains, car vechi le duch de Bretagne, le conte de Campbruge et toutes leurs gens qui viennent. » Quant cil signeur oïrent ces nouvelles, si furent moult esbahi et à bonne cause. Or eurent il d'avan-
5 tage tant que leur cheval estoient enselléc; car, se il ne le fuissent, il ne l'euissent point esté à temps, tant estoient il et furent hasté. Et si tretos qu'il furent monté, et qu'il se partoient, il regardèrent derrière yaus et veirent le grosse route et espesse dou duch
10 de Bretagne, qui venoient les grans galos. Adont sceurent bien cheval qu'esporon valoient en le route le signeur de Cliçon, car, quanques il pooient brochier, il brochoient le chemin de Camperlé, et li dus de Bretagne et se route apriès. Che aida moult au
15 signeur de Cliçon et à se compagnie, et leur fist grant avantage que leur cheval estoient fresch et chil dou duch de Bretagne travilliet : aultrement il euissent esté rataint sur le chemin.

Li sires de Cliçon et ses gens trouvèrent les portes
20 de Camperlé toutes ouvertes; si leur vint grandement à point, et entrèrent ens, et à fait qu'il entroient, il descendoient et prendoient leurs lances, et s'ordonnoient as barrières pour deffendre et attendre leurs compagnons, mais li plus lontains n'estoit mies
25 le trait d'un arch lonch. Si furent tout recueillié, et se sauvèrent par grant aventure, et levèrent les pons et cloïrent les barrières et les portes de Camperlé. Evous le duch de Bretagne, le conte de Campbruge et les barons et les chevaliers d'Engleterre tous
30 venus, qui font leur course et leur moustre devant les barrières, et, ensi que il venoient, il s'arrestoient et descendoient de leurs chevaus, qui estoient tout

blanch de sueur. Là voloit li dus de Bretagne que
tantos on les assallist, mais il li fu dit : « Sire, il
vault trop mieuls que nous nos logons et regardons
par quele ordenance nous les assaurrons, que nous
nos hastons avoecques le traveil que nous avons. Il
sont enclos; il ne vous poeent nullement escaper, se
il n'en volent en l'air. Camperlé n'est pas si forte
contre vostre host que vous ne le doiiés avoir. »
Adont se logièrent toutes manières de gens, et se
misent en bonne ordenance tout autour de le ville;
car, quant il furent tout venu, il se trouvèrent gens
assés pour ce faire. Ensi fu messires Jehans d'Evrues
delivrés de grant peril et de grant dangier, et ses
nouviaus fors ossi.

§ 766. Ce premier jour entendirent li Englès à
yaus logier bien et faiticement, et disoient li signeur
que il ne vosissent estre autre part que là, tant avoient
grant plaisance en ce que il sentoient les barons de
Bretagne, que le plus desiroient à tenir enclos dedens
Camperlé. Si se tinrent ce premier jour tout aise, et
la nuit ossi, et fisent bon gait. A l'endemain environ
soleil levant, il se misent en ordenance pour assallir,
et se traisent tout devant Camperlé.

Bien savoient li sires de Cliçon et li aultre qu'il
seroient assalli et que on leur feroit dou pis que on
poroit. Si estoient yaus et leurs gens ossi ordonné
selonch ce et mis en bon couvenant; car il estoient
bien gens, puis qu'il avoient un peu d'avantage, qui
n'estoient mies legier à desconfire. Là ot ce jour jus-
ques à haute nonne fort assaut et dur, et n'i avoit
homme ne femme en le ville de Camperlé, qui ne

fust ensonniiés d'aucune cose faire, ou de porter pières et dessoler les pavemens ou d'emplir pos plains de cauch ou d'aporter à boire as compagnons qui se deffendoient et qui de sueur estoient tout
5 moulliet. En cel estat furent il jusques en le nuit par trois ou par quatre assaus, et en y avoit de chiaus de l'host, en assallant, aucuns bleciés et navrés. A l'endemain, on refist tout otel, et assallirent li Englès ce secont jour jusques à le nuit. Li sires de Cliçon et li
10 baron qui là estoient et qui en ce dangier se veoient, et qui en sus de tous confors se sentoient, n'estoient mies à lor aise. Si regardèrent que trop mieulz leur valoit à yaus rendre et paiier raençons, que attendre l'aventure d'estre pris, car bien cognissoient que lon-
15 gement ne se pooient tenir en cel estat. Si faisoient doubte que, se il estoient pris de froce, trop grant meschiés ne lor avenist, car par especial il se sentoient fort hay dou duch, pour tant que il li avoient esté trop contraire. Si envoiièrent devers le duch de
20 Bretagne un hiraut qui bien remoustra leur entente avoech lettres de creance qu'il portoit. Li dus à leur offres ne volt onques entendre, mais [en] respondi tantost, et dist : « Hiraus, retournés et leur dittes de par mi, que je n'en prenderai ja nul [à merci], se il
25 ne se rendent simplement. » Dont dist li hiraus, je ne sçai se il en estoit cargiés [de parler] si avant, je croi bien que oïl : « Chiers sires, ce seroit grans durtés, se pour loyaument servir leur signeur il se mettoient en tel dangier. » — « Leur signeur ! respondi
30 li dus de Bretagne, il n'ont aultre signeur que moy, et, se je les tieng, ensi que j'ai bien esperance que je le ferai, je leur remousterai que je sui leurs sires,

siques, hiraus, retournés, vous n'en porterés aultre cose de moy. » Li hiraus retourna et fist sa response à ses signeurs tout ensi, ne plus ne mains, que vous avez oy.

De ces nouvelles ne furent mies li sires de Cliçon ne li aultre bien resjoï, car tantost il reurent l'assaut à l'[end]emain, et leur couvint raler à leur labeur ensi que devant, et ensi qu'il faut gent d'armes qui sont en dur parti; car très le premier jour euissent il esté pris et conquis, se très vassaument il ne se fuissent deffendu. Finablement il regardèrent qu'il ne se pooient tenir, que dedens cinc ou sis jours [de force] il ne fuissent pris, et encores ne sçavoient il se on les minoit ou non : c'estoit une cose qui bien faisoit à ressongnier pour yaus. Si eurent un aultre conseil de trettié, lequel il misent avant et envoiièrent devers le duch de Bretagne, que, se dedens quinse jours il n'estoient secouru et conforté par quelconques manière que ce fust, il se renderoient simplement en le volenté dou duch. Quant li dus de Bretagne oy ces trettiés, se li furent plus plaisans assés que li aultre, et s'en conseilla au conte de Campbruge et as barons d'Engleterre qui là estoient. En ce conseil il y eut pluiseurs parolles retournées, et regardoient [trop] fort, en imaginant les aventures, de quel part confors leur poroit venir. Mais nullement il ne li savoient veoir ne trouver, se ce n'estoit dou costé de Saint Salveur le Visconte, où li connestables de France et li François estoient efforciement. De ce faisoient il la grigneur doubte, et pour un tant il s'assentirent à ce trettié, mais il ne veurent donner que huit jours de souffrance : encores ne le faisoient il mies volontiers, et furent tout joiant li sires de Cliçon et si compagnon, quant il les peurent avoir.

§ 767. Ensi demorèrent chil cinc baron de Bretagne en souffrance, et la ville de Camperlé ossi, et toutdis se tenoit li sièges. Si devés bien croire et savoir qu'il n'estoient mies à leur aise, quant il se sentoient en tel dangier que en le volenté de leurs ennemis, et par especial dou duch qui les haïoit à mort et qui bien disoit que ja n'en prenderoit nulle raençon. De leur fortune et de leur aventure se doubtoit bien li rois de France, et avoit cinc ou sis coureurs à cheval, nuit et jour alans et venans de Paris en Bretagne et de Bretagne à Paris, et qui dou jour à l'endemain raportoient nouvelles de cent ou de quatre vins liewes lonch, par les chevaus dont il se rafreskissoient de ville en ville; et en tel manière il avoit aultres messagiers, qui ensi s'esploitoient de Bruges à Paris et de Paris à Bruges, par quoi tous les jours il savoit les trettiés qui là se faisoient. Si tretost qu'il sceut l'avenue de Camperlé, il se hasta d'envoiier devers son frère le duch d'Ango, et li manda estroitement, à quel meschief que ce fust, il fesist clore ces trettiés et presist triewes as Englès pour toutes les metes et limitations de France, et li segnefia la cause pour quoi. Tantost li dus d'Ango, qui avoit les legaus en le main, mist main à l'uevre et acorda unes triewes sus quel estat il estoient, à durer jusques au premier jour de may l'an mil trois cens settante et sis, et eurent en couvent li doi duch de retourner à le Toussains à Bruges, et devoit li dus de Lancastre

amener avoecques lui le duch de Bretagne, et li dus
d'Ango prommetoit que il seroit pour lui en tous
estas, et le metteroit à accort de la ducé de Bretagne
envers son frère le roy de France.

Tantost la chartre de le triewe fu escripte, grossée
et seelée, et dou duch de Lancastre à deus de ses
chevaliers delivrée, les quelz on appelloit l'un monsigneur Nicole Carnessuelle et l'autre monsigneur
Gautier Oursewich. Li dus d'Ango, pour haster la
besongne et pour ces deus chevaliers moustrer le
chemin, prist deus des sergans d'armes de son frère
le roy, et leur dist : « Hastés vous, et faites haster ces
chevaliers, et renouvelés vous de chevaus par tout où
vous venés, et ne cessés nuit ne jour, tant que vous
aiiés trouvé le duch de Bretagne. » Avoech tout che,
il en pria et fist priier par les legaus les deus chevaliers especialment, et ossi [leurs sires] li dus de Lancastre leur recarga. Si esploitièrent tant et si vighereusement que sus cinc jours il furent de Bruges
devant Camperlé, et trouvèrent le duch de Bretagne,
qui jeuoit as eschès au conte de Campbruge dedens
son pavillon. Si s'agenoullièrent devant lui et devant
le conte, et les saluèrent en englès.

Li doi chevalier furent li très bien venu de ces signeurs pour tant qu'il venoient de leur frère le duch
de Lancastre, et demandèrent des nouvelles. Tantost
messires Nicoles Carnessuelle mist avant la chartre
de le triewe, où li commission estoit enexée, et commandoit li dus de Lancastre, qui plain pooir et auctorité avoit ou lieu dou roy d'Engleterre, son père,
que, en quel estat qu'il fuissent, il se partesissent
tantos et sans delay. Or regardés se ceste cose vint

bien à point pour les barons de Bretagne, qui estoient enclos en tel dangier en Camperlé, qui n'avoient mais c'un jour de respit. Onques cose ne cheï si bien à gens qu'il leur en cheï.

5 Vous devés savoir que li dus de Bretagne fu estragnement couruciés, quant il oy ces nouvelles, et crolla la tieste et ne parla en grant temps, et le premier parler qu'il dist, ce fu : « Maudite soit li heure, quant onques je m'acordai à donner triewe à mes
10 ennemis ! » Ensi se deffist li sièges de Camperlé, vosist ou non li dus de Bretagne, par le vertu de le chartre de le triewe et de le commission dou duch de Lancastre. Si se deslogièrent tantost tout courouchié, et se retraisent vers Saint Mahieu de Fine Posterne, où
15 toute leur navie estoit. Quant li sires de Cliçon, li viscontes de Rohem, li sires de Laval et li aultre [qui en Camperlé estoient], veirent ce departement et sceurent par quele condition, car li dus d'Ango leur en envoia lettres, si furent trop grandement resjoy ;
20 car au matin la compagnie volsist avoir paiiet deus cens mil frans, et il fuissent à Paris.

§ 768. Ensi se desrompi ceste armée dou duch de Bretagne, faite en Bretagne, et retournèrent li contes
25 de Campbruge, li contes de le Marce, li sires Despensiers et tout li Englès en Engleterre, et li dis dus s'en vint au chastiel d'Auroy, où la ducoise sa femme estoit, qu'il desiroit moult à veoir, car il ne l'avoit veu, plus d'un an avoit. Si se tint là un terme dalés lui, et regarda à ses besongnes, et fist tout à loisir ses
30 ordenances, et puis s'en retourna en Engleterre et en mena sa femme avoecques lui. Ossi li dus de Lan-

castre retourna à Calais et de là en Engleterre, sus
l'entente que de revenir à Bruges à le Toussains qui
venoit. D'autre part ossi li dus d'Ango s'en vint à
Saint Omer, et se tint là toute le saison, se ce ne
fu un petit qu'il s'en vint esbatre à Guise en Tierasse,
où ma dame sa femme estoit, ensi que sus son hyre-
tage, et puis retourna tantost à Saint Omer, et li doi
legal tretteur se tinrent à Bruges.

Or revenons à chiaus de Saint Salveur, qui estoient
mis en composition devers le connestable de France.
Li Englès, quant il se partirent de Bretagne, il cui-
dièrent que cilz sièges se deuist ossi bien lever, que
il s'estoient levé de devant Camperlé; mais non fist.
Ançois y eut au jour, qui estimés y estoit, plus de
dis mil lances, chevaliers et escuiers. Quatreton,
messires Thumas Trivés, messires Jehans de Bourch
et li compagnon qui dedens estoient, à leur pooir
debatirent assés la journée, car il avoient oy parler
de le triewe. Si se voloient ens enclore ossi, mais li
François ne l'entendoient grain ensi; ançois disoient
que la première couvenance passoit la daarraine orde-
nance, et qu'il avoient mis ou trettié de leur compo-
sition que, se li dus de Bretagne proprement ne ve-
noit lever le siège, il se devoient rendre et mettre leur
garnison en le volenté dou connestable. « Encores
est li dus ou pays, ce disoient li François; pour
quoi ne trest il avant ? Nous sommes tout pourveu et
appareillié de l'attendre et dou combatre, et vous
demandons par vostre serement, se vous li avés point
segnefiiet. Il disoient bien : « Oil. » — « Et pour-
quoi dont ne trait il avant ? » Il respondoient : « Il
maintient, et ossi font nos gens, que nous sommes

ou trettiet de le triewe. » Li François disoient qu'il n'en estoit riens, et les avisa li connestables en tant, se il ne rendoient la forterèce ensi que oblegié estoient, tout premierement il feroient morir leurs hostages, et puis les constrainderoient d'assaus plus que il n'euissent onques fait. Bien estoit en leur poissance dou conquerre; et quant par force il seroient conquis, il fuissent tout certain que on n'en prenderoit jamais nul à merci, que tout ne fuissent mort. Ces parolles esbahirent Quatreton et les compagnons, et eurent conseil sur ce et regardèrent, tout consideré, que confors ne leur apparoit de nul costé, et ne voloient mies perdre leurs hostages, siques finablement il se rendirent, et s'en partirent sauvement et emportèrent tout le leur, et reurent leurs hostages, ce fu raisons. Si entrèrent en une nef et misent tout leur harnas en une aultre, et puis singlèrent vers Engleterre, et li connestables de France prist le saisine de Saint Salveur le Visconte, ou nom dou roy de France. Adont se departirent toutes gens d'armes, et se retraist cascuns en son lieu, li duch, li conte, li baron et li chevalier; et les compagnes fisent leurs routes à par yaus, qui se retraisent en Bretagne et sus le rivière de Loire. Là les envoia li rois de France reposer jusques à tant que il oroit autres nouvelles.

§ 769. Ces gens de compagnes qui avoient apris à pillier et à rober et qui ne s'en savoient abstenir, fisent en celle saison trop de mauls ens ou royaume de France, tant que les plaintes en vinrent au roy. Li rois, qui volentiers euist adrechiet son peuple et qui grant compassion en avoit, car trop li touchoit

la destruction de son royaume, n'en savoit que faire.
Or fu adont regardé en France que li sires de Couci,
qui ja avoit demoret hors sis ans ou environ, et qui
estoit uns friches et gentils chevaliers de grant providense et de grant sens, seroit remandés; car on li
avoit oy dire pluiseurs fois que il clamoit à avoir
grant droit à la ducé d'Osterice par la succession de
sa dame de mère, qui soer germainne avoit esté dou
duch darrainnement trespassé, et cils qui pour le
temps possessoit de la ducé d'Osterice, n'estoit que
cousins germains plus lontains assés de droit linage
que li sires de Couci ne fust. Si fu proposé au conseil
dou roy de France que li sires de Couci s'aideroit
bien de ces compagnes, et en feroit son fait [en Osterice], et en deliveroit le royaume de France.

Adont fu remandés li gentilz sires de Couci, messires Engherans, qui s'estoit tenus en Lombardie un
grant temps et de puis sus la terre dou patrimonne,
et fait guerre pour la cause de l'Eglise as signeurs de
Melans et as autres, ossi as Florentins et as Pisains,
et si vaillamment s'i estoit portés que il en avoit
[grandement] le grasce et le renommée dou Saint
Père le pape Gregore XIe. Quant il fu revenus en
France premierement devers le roy, on li fist grant
feste, et le vei li rois moult volentiers, et li demanda
des nouvelles : il l'en dist assés. De puis revint li
sires de Couci en sa terre, et trouva ma dame sa
femme, la fille dou roy d'Engleterre, à Saint Goubain. Si se fisent grans recognissances ensamble, ce
fu raisons, car il ne s'estoient veu de grant temps.
Ensi petit à petit se racointa li sires de Couci en
France, et se tint dalés le roy qui le vei moult volen-

tiers. Adont li fu demandé couvertement dou signeur de la Rivière et Nicolas le Mercier, qui estoient [instruit] quanques li rois pooit faire, se il se vorroit point cargier ne ensonnier de ces Bretons et des compagnes pour mener en Osterice. Il respondi que il en aroit avis; si s'en consilla à ses amis et le plus en soi meismes. Si en respondi sen entente que volentiers s'en ensonnieroit, mais que li rois y vosist mettre aucune cose dou sien et li prester ossi aucune finance pour paiier leurs menus frès et pour acquerre amis et les passages tant en Bourgongne, comme en Aussai, et sus le rivière dou Rin, par où il les couvenoit passer et aler, se il voloient entrer en Osterice. Li rois de France n'avoit cure quel marchié il fesist, mais que il veist son royaume delivré de ces compagnes : se li acorda toute sa demande, et fina pour lui devers les compagnes, et leur delivra grant argent mal emploiiet, ensi que vous orés recorder temprement; car onques gens ne s'acquittèrent pis envers signeur, qu'il s'acquittèrent devers monsigneur de Couci. Il prisent son or et son argent, et se ne li fisent nul service.

§ 770. Environ le Saint Michiel, l'an mil trois cens settante et cinc, se departirent ces compagnes et ces gens d'armes, Bretons et aultres de toutes nations, dou royaume de France, et passèrent parmi Loerainne, où il fisent moult de destourbiers et de damages, et pillièrent pluiseurs villes et chastiaus et fuison dou plat pays, et eurent de l'or et de l'argent à leur entente de chiaus de Mès en Lorrainne. Quant chil d'Ausay, qui se tenoient pour le duch de Lussembourch et de Braibant, en veirent le manière, si se doubtèrent de ces males gens, que il ne leur feissent à souffrir, et se cloïrent, et mandèrent li baron d'Ausay au signeur de Couci et as barons de Bourgongne qui avoecques lui estoient, le signeur de Vregi et aultres, que point ne passeroient parmi leur pays ou cas qu'il se vorroient ensi maintenir. Li sires de Couci mist son conseil ensamble, car il avoit là grant fuison de bonne chevalerie de France, monsigneur Raoul de Couci, son oncle, le visconte de Miaus, [le signeur de Roye, monsigneur Raoul de Raineval], le signeur de Hangest, messire Hue de Roussi et fuison d'autres, siques, yaus consilliet, il regardèrent que li signeur et li pays d'Ausay avoient droit. Si priièrent moult doucement as chapitains des compagnes et as Bretons et Bourghegnons, que il vosissent courtoisement passer et faire passer leurs gens parmi Ausay, par quoi li pays leur fust ouvers, et qu'il peuissent faire leur fait et leur emprise. Il l'eurent tout en couvent volentiers, mais de puis il n'en tinrent riens. Toutes fois, au passer et à l'entrer en Aussai, il furent assés courtois.

Or parlerons des parlemens qui furent assignet à Bruges. Il est verités que à le Toussains, li dus de Lancastre et li dus de Bretagne, pour le partie dou roy d'Engleterre, y vinrent moult estoffeement et en grant arroy. Ossi fisent li dus d'Ango et li dus de Bourgongne, et remoustroit cascuns de ces signeurs sa grandeur et sa poissance.

Si fist li dus de Bourgongne en ce temps une très grande feste de jouste, en le ville de Gand en Flandres, de cinquante chevaliers et de cinquante escuiers de

dedens. Et furent à celle jouste grant fuison de haus
signeurs et de nobles dames, tant pour honnourer
le duch de Bourgongne que pour veoir l'estat des
dus qui là estoient : le duch d'Ango, le duch de Lan-
5 castre et le duch de Bretagne. Si y furent li dus de
Braibant et ma dame sa femme, et li dus Aubers et
sa femme, et la ducoise de Bourgongne. Si furent ces
joustes bien festées et dansées, et par quatre jours
joustées ; et tint adont là li contes de Flandres grant
10 estat et poissant, en honnourant et exauchant la
feste de son fil et de sa fille, et en remoustrant sa
rikèce et sa poissance [à ces signeurs estraingniers de
Franche], d'Engleterre et d'Alemagne. Quant ces
joustes furent passées et li signeur retrait, si retour-
15 nèrent à Bruges li dus d'Ango, li dus de Bourgongne
et leurs consaulz d'Engleterre. Ossi fisent li dus de
Lancastre, li dus de Bretagne et li consaulz d'Engle-
terre et li doi legal trettieur. Si se commencièrent à
entamer et à proposer parlement et trettiet, et li doi
20 legal à aler de l'un à l'autre, qui portoient ces parolles,
qui peu venoient à effet ; car cescuns se tenoit si fiers
et si grans, que raisons n'i pooit descendre. Li rois
d'Engleterre demandoit coses impossibles pour lui,
ce que li François n'euissent jamais fait : toutes les
25 terres que li rois de France ou ses gens avoient con-
quis sur lui, et tout l'argent qui estoit à paiier quant
la devant ditte païs fu brisie, et delivré le captal [de
Bues] hors de prison. D'autre part li rois de France
voloit avoir la ville, et le chastiel de Calais, abatue,
30 quel trettié qu'il fesist, et de cel argent tout l'oppo-
site ; mais toute la somme entierement que li rois ses
pères et ils avoient d'argent paiiet, il voloit ravoir, ce

que li rois d'Engleterre n'euist jamais fait, l'argent rendu ne Calais abatue. Si furent grant temps sus cel estat, et li legal aloient proporsionnant et à leur pooir amoienant ces demandes, mès elles s'approçoient trop mal. Se furent les parties, tant de France comme d'Engleterre, un grant temps en Flandres, et fui adont ensi enfourmés que finablement Bretagne et Espagne rompirent tous les trettiés. Si furent les triewes ralongies jusques au premier jour d'avril mil trois cens settante et sis, et se departirent de Bruges tout cil duch : li un s'en alèrent en Engleterre, et li aultre en France, et li legaulx demorèrent à Bruges; mais cascune de ces parties devoient à le Toussains renvoiier gens pour yaus, qui aroient plain pooir et auctorité, otel comme li doi roy aroient, se il y estoient personelment, de faire pais et acord ou de donner triewes.

§ 771. Or revenons au signeur de Couci, qui estoit en Aussai, et avoit deffiiet le duch d'Osterice et tous ses aidans, et li cuidoit faire une grant guerre, et moult s'en doubtoient li Ostrisien. Nequedent, comme très vaillans gens d'armes et que bon guerrieur qu'il sont et soutil, il alèrent et obviièrent grandement à l'encontre de ces besongnes, car, quant il sentirent le signeur de Couci et ses gens et ces compagnes approcier, euls meismes ardirent et destruisirent au devant d'yaus bien trois journées de pays.

Quant cil Breton et ces compagnes furent oultre Aussai et sus le rivière de Rin, et il deurent approcier les montagnes qui departent Aussai et Osterice, et il veirent un povre pays et trouvèrent tout ars et desrobé, non pas pays de tel ordenance comme il est sus le rivière de Marne et de Loire, et ne trouvèrent que genestes et broussis, et que plus aloient avant et plus trouvoient povre pays ars et desrobé d'yaus meismes, et il avoient apris ces biaus vignobles et ce gras pays de France, de Berri et de Bretagne, et ne savoient que donner leurs chevaus, si furent tout esbahi. Si s'arrestèrent sus le rivière de Rin ensamble les compagnes, et eurent parlement les chapitainnes des Bretons et li Bourghegnon ensamble, pour savoir comment il se maintenroient. « Et comment, disent il, est tel cose la ducé d'Osterice? Li sires de Couci nous avoit donné à entendre que c'estoit li uns des gras pays dou monde, et nous le trouvons le plus povre : il nous a decheu laidement. Se nous estions delà celle rivière de Rin, jamais ne le porions rapasser, que nous ne fuissions tout mort et pris et en le volenté de nos ennemis les Alemans, qui sont gens sans pité. Retournons, retournons en France ; ce sont mieulz nos marces. Mal dehait ait qui ja ira plus avant ! » Ensi furent il d'acord d'yaus logier, et se logièrent tout contreval le Rin, et fisent le signeur de Couci logier tout en mi yaus, li quelz tantos, quant il vei ceste ordenance, se commença à doubter qu'il n'i euist trahison. Se leur dist moult doucement : « Signeur, vous avés pris mon or et mon argent, dont je sui grandement endebtés, et l'argent dou roy de France, et vous estes oblegié par foy et par sierement que de vous acquitter loyaument en ce voiage : si vous en acquittés. Aultrement, je sui li plus deshonnourés homs dou monde. » — « Sires de Couci, respondirent à ce premiers les chapitainnes des compagnes et li Bourghegnon, la rivière de Rin est encores moult grosse ne on ne le poet passer à gué sans navire. Nous sejournerons chi : entrues venra li biaus temps. Nous ne savons les chemins en ce pays. Passés devant, nous vous sievrons. On ne met mies gens d'armes ensi hors d'un bon pays, que mis nous avés. Vous nous disiés et affiiés que Osterice est uns des bons et des gras pays dou monde, et nous trouvons tout le contraire. » — « Par ma foy, respondi li sires de Couci, c'est mont, mais ce n'est mies chi à l'entrée. Par delà ceste rivière, et oultre ces montaignes que nous veons, trouverons nous le bon pays. » — « Or passés dont devant, et nous vous sievrons. » Ce fu toute la plus courtoise response que il peut à celle heure avoir d'yaus, mais se logièrent, et le signeur de Couci en mi yaus, et par tel manière que, se il s'en vosist adont estre partis, il ne peuist, tant estoit il priès gettiés. De la quel cose il avoit grant doubte, et ossi avoient tout li Pikart, li Englès, li Haynuier et li François, des quelz il y avoit bien trois cens lances.

Or vinrent nouvelles en l'ost que li dus d'Osterice se voloit acorder et composer au signeur de Couci, et li voloit donner une belle terre, qui vault bien vint mil frans par an, que on claime la conté de Fuiret. Voirement en furent ils aucuns trettiés; mès il ne continuèrent point, car ce sambloient au signeur de Couci et à son conseil trop petites offres.

§ 772. Quant li sires de Couchi vey que ces gens que il avoit là amenés, ne vorroient aler plus avant,

et que il ne li faisoient que respondre à le traverse,
si fu durement merancolieus, et s'avisa de soi
meismes, comme sages et imaginatis chevaliers, que
ces compagnes le poroient deshonnourer, car, se de
5 force il le prendoient, il le poroient delivrer au duc
d'Osterice et vendre pour la cause de leurs gages, car
voirement demandoient il argent sus le temps à
venir, se on voloit que il alaissent plus avant. Et, se
ensi estoit que il le delivraissent par celle manière as
10 Alemans, jamais il ne s'en veroit delivrés. Si eut
conseil secret à aucuns de ses amis, à trop de gens ne
fu ce mies, que il s'embleroit d'yaus et se metteroit
au retour. Tout ensi comme il le pensa et imagina,
il le fist, et se parti de nuit en abit descogneu, et che-
15 vauça lui troisime tant seulement. Toutes manières
de gens d'armes et de Bretons et ses gens ossi, excepté
cinc ou sis, cuidoient que il fust encores en ses lo-
geis, et il estoit ja eslongiés et hors de tous perilz
bien deus journées, et ne tenoit nul droit chemin,
20 mais il fist tant qu'il s'en revint en France. Si fu
durement li rois de France esmervilliés; ossi furent
li dus d'Ango, li dus de Berri, li dus de Bourgongne
et moult d'autres signeurs, quant il le veirent [en ce
parti] revenu, et il le cuidoient en Osterice : ce leur
25 sambla uns drois fantosmes. Et li demandèrent de
ses besongnes comment il en aloit, et dou duch d'Os-
terice son cousin quel chière il li avoit fait. Li sires
de Couci ne fu mies esbahis de remoustrer son afaire,
car il estoit richement enlangagiés et [avoit] escu-
30 sance veritable. Si cogneut au roy et à ces dus toute
[le] verité, et leur compta de point en point l'estat des
compagnes et comment il s'estoient maintenu et quel

cose il avoient respondu, et tant fist, et de voir, que il demora sus son droit, et les compagnes en leur blasme. Et se tint en France dalés le roi et ses frères, et tantost apriès Paskes il eut congiet dou roy de France d'aler jeuer en Engleterre et de mener y sa femme la fille dou roy d'Engleterre, et eut adonques [aucuns] trettiés secrés entre lui et le roy de France, qui ne furent mies sitost ouvert. Et fu adont regardé en France des plus sages que c'estoit uns sires de grant prudense, bien tailliés de trettiier pais et acord entre les deus rois, et que on n'avoit en lui veu fors que toute loyauté. Se li fu dit : « Sires de Couci, c'est li entention dou roy et de son conseil que vous demorés dalés nous en France; si nous aiderés à consillier et à trettier devers ces Englès, et encores vous prions nous, que en ce voiage que vous ferés, couvertement et sagement, ensi que bien le sarés faire, vous substanciiés dou roy d'Engleterre et de son conseil sus quel estat on poroit trouver paix ne acord entre yaus et nous. » Li sires de Couci eut ensi en couvent; si se appareilla dou plus tost qu'il peut, et parti de France, et ma dame sa femme et tout leur arroy. Si esploitièrent tant que il vinrent en Engleterre.

§ 773. Or parlons de ces compagnons qui se tinrent pour trop decheu, quant il sceurent que li sires de Couchi leur estoit escapés et retournés en France. Si disoient li aucun que il avoit bien fait, et li aultre disoient que il s'estoit fais et portés grant blasme. Si se misent au retour et revinrent en France, en ce bon pays qu'il n'appelloient mies Osterice, mais leur cambre. Quant li sires de Couci eut esté une espasse en Engleterre dalès le roy son [grant] signeur, qui li fist bonne chière et à sa fille ossi, et il eut viseté le prince de Galles, son frère, qui gisoit malades à Londres, et estoit en mains de surgiiens et de medecins, et ossi viseté ses aultres frères le duch Jehan de Lancastre et ma dame sa femme, le conte de Campbruge et monsigneur Thumas le mainsnet, et le jone Richart, fil dou prince, qui estoit en le garde et doctrine de ce gentil et vaillant chevalier monsigneur Guichart d'Angle, il prist congiet à tous et à toutes, et laissa là sa mainsnée fille la damoiselle de Couci et sa femme, et puis s'en retourna en France.

En ce temps paia li rois Edouwars d'Engleterre as barons et as chevaliers de son pays son jubilé, car il avoit esté cinquante ans rois. Maisançois fu trespassés messires Edowars ses ainsnés filz, princes de Galles et d'Aquittaines, la fleur de toute chevalerie dou monde en ce temps et qui le plus avoit esté fortunés en grans fais d'armes et acompli de belles besongnes. Si trespassa li vaillans homs et gentilz princes de Galles ens ou palais de Wesmoustier dehors la cité de Londres. Si fu moult plains et regretés, et sa bonne chevalerie moult regretée, et eut li gentilz princes à son trespas la plus belle recognissance à Dieu et la plus ferme creance et repentance, que on vei onques grant signeur avoir. Ce fu le jour de le Trinité, en l'an de grasce Nostre Signeur mil trois cens settante et sis. Et pour plus autentiquement et reveramment faire la besongne, et que bien avoit dou temps passé conquis par sa bonne chevalerie que on li fesist toute l'onneur et reverense que on poroit, il fu embausumés et mis en un vaissiel de plonch et là tous ensepelis, excepté le viaire, et ensi gardés jusques à le Saint Michiel, que tout li prelat, conte, baron et chevalier d'Engleterre furent à son obsèque à Wesmoustier.

§ 774. Sitos que li rois de France fu segnefiiés de la mort de son cousin le prince, il li fist faire son obsèque moult reveramment en la Sainte Capelle dou palais, et y furent si troi frère et grant fuison de prelas, de barons et de chevaliers dou royaume de France; et dist bien li rois de France et afrema que li princes de Galles avoit regné poissamment et vassaument.

Or vint li Toussains, que li rois d'Engleterre envoia as parlemens à Bruges, ensi que ordenance se portoit, monsigneur Jehan de Montagut, le signeur de Gobehem, l'evesque de Halfort et le doiien de Saint Pol de Londres; et li rois de France, le conte de Salebruce, le signeur de Chastillon et monsigneur Phillebert de l'Espinace; et toutdis estoient là li doi legal trettieur. Si se tinrent chil signeur et chil trettieur tout le temps à Bruges, et peu esploitièrent, car toutes leurs coses tournoient à noient; car li Englès demandoient, et li François ossi.

En ce temps estoit li dus de Bretagne en Flandres dalés son cousin le conte Loeis de Flandres, le quel il trouvoit assés traittable et amiable, mès point ne s'ensonnioit de ces trettiés.

Environ le quaremiel se fist uns secrés treti[é]s entre ces François et ces Englès, et deurent li Englès leurs trettiés porter en Engleterre, et li François en France, cascuns devers son signeur le roy, et devoient retourner, ou aultre commis que li roy renvoieroient, à Moustruel sus mer; et sus cel estat furent les triewes ralongies jusques au premier jour de may. Si en alèrent li Englès en Engleterre, et li François [revinrent] en France, et raportèrent leurs trettiés, et recordèrent sus quel estat il estoient parti l'un de l'autre. Si furent envoiiet à Moustruel sus mer, dou costé des François, li sires de Couci, li sires de le Rivière, messires Nicolas Brake et Nicolas le Mercier, et dou costé des Englès, messires Guichars d'Angle, messires Richars Sturi et Joffrois Cauchiés. Et parlementèrent cil signeur et ces parties grant temps sus le mariage dou jone Richart, fil dou prince, et de ma demoiselle Marie, fille dou roy de France, et revinrent arrière en Engleterre, et raportèrent leurs trettiés, et ossi li François en France, et furent les triewes ralongies un mois.

§ 775. Nous avons oubliiet à recorder comment li rois d'Engleterre, le jour de le Nativité Nostre Seigneur, l'an dessus dit, tint en son palais, à Wesmoustier, une grant feste et solennele, et y furent, par mandement et commandement dou roy, tout li prelat, [li duc], li conte, li baron et li chevalier d'Engleterre. Et là fu eslevés Richars, li filz dou prince, et le fist li rois porter devant lui, et le ravesti, present tous les dessus dis, de l'iretage et royaume d'Engleterre à tenir apriès son dechès, et l'assist dalés lui, et fist jurer tous prelas, contes, barons et chevaliers et officiiers des cités et des bonnes villes des pors et des passages d'Engleterre, que il le tenroient à signeur et à roy. Apriès ce, li vaillans rois encheï en une foiblèce, de la quele il morut en l'anée, ensi que vous orés [recorder] temprement. Mais nous perseverrons de ces parlemens et de ces trettiés, qui ne vinrent à nul pourfit.

§ 776. A ces parlemens et secrés trettiés qui furent assigné en le ville de Moustruel, furent envoiiet de par le roy de France li sires de Couci et messires Guillaumes des Dormans, canceliers de France : si s'en vinrent tenir à Moustruel. De le partie des Englès furent renvoiiet à Calais li contes de Sallebrin, messires Guichars d'Angle, li evesques de Halfort et li evesques de Saint David, cancelier d'Engleterre. Et estoient là li trettieur qui aloient de l'un à l'autre, et qui portoient les trettiés, li archevesques de Ravane et li evesques de Carpentras. Et furent toutdis leur parlement et leur trettié sus le mariage devant dit, et offroient li François, avoecques leur dame, fille dou roy de France, douse cités ou royaume de France, c'est à entendre en la ducé d'Aquittaines, mais il voloient avoir Calais abatue. Si se desrompirent cil parlement et cil trettié, sans riens faire, car onques pour cose que cil trettieur seuissent dire, priier ne remoustrer, ces parties ne se veurent ou osèrent onques assegurer sus certainne place, entre la ville de Moustruel et Calais, pour yaus comparoir l'un devant l'autre. Si demorèrent les coses ensi, et ne furent les triewes plus ralongies, mais la guerre renouvelée, et retournèrent li François en France.

Quant li dus de Bretagne vei ce, qui se tenoit à Bruges dalés son cousin le conte de Flandres, et li legal furent là retourné, qui disent qu'il ne pooient riens faire, si escrisi devers le conte de Sallebrin et monsigneur Guichart d'Angle, qui estoient à Calais, que à tel jour, atout gens d'armes et arciers, il fuissent contre lui, car il s'en voloit raler en Engleterre, et il se doubtoit des embusces sus les frontières de Flandres et d'Artois, siques li dessus dit, li contes de Sallebrin et messires Guichars d'Angle, se departirent de Calais à cent hommes d'armes et deus cens archiers, et vinrent requerre bien avant en Flandres le duch de Bretagne, et le ramenèrent sauvement à Calais.

§ 777. Quant Nostre Saint Père le pape Gregoire XIe senti et entendi que la pais entre le roy de France et le roy d'Engleterre ne se pooit trouver pour moiien ne pour trettié que on sceuist ne peuist mettre avant, se li fu une cose moult desplaisans, et dist à ses frères les cardinaus que il se voloit partir d'Avignon et qu'il se ordonnaissent, car il voloit aler tenir son siège à Romme. Li cardinal ne furent mies trop resjoy de ces nouvelles et li debatirent ce qu'il peurent par pluiseurs voies raisonnables, et li remoustrèrent bien que, se il aloit là, il metteroit l'Eglise en grant tourble. Non obstant toutes parolles, il dist que il avoit ce de veu et qu'il iroit, comment que ce fust. Si se ordonna et les constraindi au partir avoecques lui; toutes fois, quant il veirent qu'il n'en aroient aultre cose, il se misent avoecques lui et montèrent en mer à Marseille, et singlèrent tant qu'il vinrent à Genuenes. Là se rafreskirent, et puis entrèrent de rekief en leurs galées, et esploitièrent tant

par leurs journées qu'il vinrent à Romme. Si furent
li Rommain grandement resjoy de leur venue, et
tous li pays de Rommagne. Par celle motion que li
dessus dis papes fist, avinrent depuis grans tourbles
en l'Eglise, sicom vous orés recorder cha apriès,
mais que ceste hystore dure jusques à là.

§ 778. Toute celle saison que cil trettié et parlement de paix qui point n'avinrent, furent à Bruges, li rois de France avoit ses pourveances et sen armée fait faire sur mer et appareillier très grossement, et avoit entention d'envoiier ardoir en Engleterre; et estoient ses gens pourveu de gallées et de gros vaissiaux que li rois Henris d'Espagne leur avoit envoiiés, et l'un de ses [maistres] amiraus, qui s'appelloit dan Ferrans Sanses de Touwars. Et li amiraus de France estoit pour le temps messires Jehans de Viane; avoecques lui estoit messires Jehans de Rays et pluiseur appert chevalier et escuier de Bourgongne, de Campagne et de Pikardie [et d'aultre part]. Si waucroient ces gens marins sus mer, et n'attendoient aultre cose que nouvelles leur venissent que la guerre fust renouvelée, et bien s'en doubtoient en Engleterre, et l'avoient les chapitainnes des isles d'Engleterre, de Gernesie, de Grenesée et de Wisk segnefiiet au conseil dou roy d'Engleterre, car li rois estoit ja moult malades, et ne parloit on point à lui des besongnes de son royaume, fors à son fil le duch de Lancastre, et estoit si très foibles que li medecin n'i esperoient point de retour. Si fu envoiiés à Hantonne messires Jehan d'Arondiel, atout deus cens hommes d'armes et trois cens arciers, pour garder le havene, le ville et le frontière contre les François.

Quant li dus de Bretagne, ensi que contenu et devisé est chi devant, fu ramenés à Calais dou conte de
5 Sallebrin et de monsigneur Guichart d'Angle, il entendi que li rois, ses sires, estoit durement malades et afoiblis. Si se parti dou plus tost qu'il peut et monta en mer, et demorèrent encores à Calais li contes de Sallebrin et messires Guichars d'Angle. Si prist terre
10 à Douvres li dis dus, et puis chevauça viers Londres, et demanda dou roy, où il estoit. On li dist que il gisoit [moult] malades en un petit manoir royal, qui est là sus le [rivière de] Tamise, à cinc liewes englesces de Londres, que on dist Cenes. Là vint li
15 dus de Bretagne : si y trouva le duch de Lancastre, le conte de Campbruge et monsigneur Thumas le mainsnet, et ossi le conte de le Marce, et n'attendoient dou roy fors l'eure de Dieu; et ossi estoit là sa fille, ma dame de Couci, qui moult estoit astrainte
20 de coer de grant dolour et anguisse, de ce que elle veoit son signeur de père en ce parti.

Le jour devant la vigile Saint Jehan Baptiste, en l'an de grasce Nostre Signeur mil trois cens settante et set, trespassa de ce siècle li vaillans et li preus rois
25 Edouwars d'Engleterre : de la quele mort tous li pays et li royaumes d'Engleterre fu durement desolés; et ce fu raisons, car il leur avoit estet bons rois. Onques n'eurent tel ne le pareil puis le temps le roy Artus, qui fu ossi jadis rois d'Engleterre, qui s'appelloit à
30 son temps la Grant Bretagne. Si fu li rois embaulsumés et mis et couchiés sus un lit moult reveramment et moult poissamment, et portés ensi au lonch de le

cité de Londres de vint et quatre chevaliers vestis de
noir, si troi fil et le duch de Bretagne et le conte de
le Marce derrière lui, et ensi alant pas pour pas, à
viaire descouvert. Qui veist et oïst en ce jour les
grans lamentations que li peuples faisoit, les plours,
les cris et les regrés qu'il disoient et qu'il faisoient,
on en euist grant pité et grant compassion au cuer.
Ensi fu li nobles rois aportés au lonch de Londres
jusques à Wesmoustier, et là mis jus et ensepelis
dalés ma dame sa femme, Phelippe de Haynau,
royne d'Engleterre, ensi qu'en leur vivant avoient
ordonné. Et fu fais li obsèques dou roy si noble-
ment et si reveramment que on peut onques, car
bien le valli ; et y furent tout li prelat, li conte, li
baron et li chevalier d'Engleterre, qui pour ce temps
y estoient.

Apriès cel obsèque, on regarda que li royaumes
d'Engleterre ne pooit estre longement sans roy, et
que pourfitable estoit pour tout le royaume de cou-
ronner tantost le roy qui estre le devoit, et le quel li
vaillans rois, qui mors estoit, avoit ordonné et ravesti
dou royaume très son vivant. Si ordonnèrent là li
prelat, li conte, li baron, li chevalier et les commu-
nautés d'Engleterre, et assignèrent un certain jour et
bien brief, que on couronneroit l'enfant, le jone Ri-
chart, qui fils avoit estet dou prince, et furent à ce
tout d'acord.

En celle sepmainne que li rois estoit trespassés,
retournèrent de Calais en Engleterre li contes de Sal-
lebrin et messires Guichars d'Angle, qui furent moult
tristre et fort courouchié de la mort le vaillant roy ;
mès souffrir leur couvint, puis que Diex le voloit

ensi. Si furent tout li pas clos en Engleterre, ne nulz n'en partoit, de quel costé que ce fust, pour tant que on voloit mettre toutes les besongnes dou pays en bonne et estable ordenance, ançois que la mort dou vaillant roy fust sceue.

Or vous parlerons de l'armée françoise, qui estoit sus mer.

§ 779. Droitement la vigile Saint Pière et Saint Pol, vinrent li François prendre terre à un port en le conté d'Exesses, vers les marces de la conté de Kent, à une assés bonne ville plainne de peskeurs et de maronniers, que on dist Rie. Si le pillièrent et robèrent et ardirent toute entierement, puis rentrèrent en leurs vaissiaus et rentrèrent en mer, et prisent le parfont et les costières de Hantonne, mès point n'i approcièrent à celle fois.

Quant les nouvelles en vinrent à Londres, où tous li pays s'assambloit pour couronner leur signeur le jone Richart, si en furent toutes gens durement esmeu, et disent ensi li signeur et toutes gens d'un acord : « Il nous fault haster de couronner nostre roy, et puis aler contre ces François, ançois que il nous portent plus grant damage. » Si fu couronnés ou palais, et en le capelle de Wesmoustier, à roy d'Engleterre li jones Richars, le VIIIe jour dou mois de jule l'an dessus dit, en l'onsime an de son eage ; et fist ce jour li dis rois Richars nuef chevaliers et cinc contes. [Les chevaliers ne sçay je mie bien nommer ; si m'en tairay, mais les contes vous nommeray : premierement] monsigneur Thumas, son oncle, conte de Boukinghem ; monsigneur Henri, signeur de Persi, conte de Northombrelande; monsigneur Thumas de Hollandes, son frère, conte de Kent; monsigneur Guichart d'Angle, son mestre, conte de Hostidonne; et le signeur de Montbrai, conte de Notinghen.

Tantost apriès celle feste et le couronnement dou roy, on ordonna li quel iroient à Douvres pour là garder le passage, et li quel iroient d'autre part. Si furent esleu li contes de Campbruge et li contes de Boukinghen, li doi frère, d'aler à Douvres, à tout quatre cens hommes d'armes et sis cens archiers, et li contes de Sallebrin et messires Jehans de Montagut, ses frères, à une aultre ville et bon port, que on dit Pesk, atout deus cens hommes d'armes et trois cens archiers.

Or vous parlerons des François, comment il esploitièrent, entrues que ces ordenances se fisent et li couronnemens dou jone roy, où on detria environ dis ou douse jours, ançois que chil signeur fuissent et leurs gens où il devoient aler, excepté messires Jehans d'Arondiel. Chilz [là] fu toutdis tous quois avoech ses gens et se carge à Hantonne, et bien il [y] besongna; car, se il n'i euist esté en l'estat que je vous di, la ville euist estet destruite des François, car il vinrent prendre terre en l'isle de Wiske, et là s'arrestèrent, et misent leurs chevaus hors de leurs nefs, pour courir sus le pays, et y coururent et ardirent ces villes que je vous nommerai : Lemonde, Dartemonde, Pleumonde et Wesmue, qui estoient bon gros village. Si les pillièrent et robèrent, et y prisent sus le pays et ens es dittes villes pluiseurs riches hommes à prisonniers, et puis s'en retournèrent à leur navie et misent ens tout leur conquès et leurs chevaus, et rentrèrent ens, et se desancrèrent, et s'en alèrent vers Hantonne. Si cuidièrent là arriver de l'autre marée, et vinrent devant le havene, et fisent grant samblant de prendre terre. Messires Jehans d'Arondiel et ses gens, qui estoient tout avisé de leur venue, car il les avoient veu nagier sus mer et prendre lor tour pour ariver et prendre terre à Hantonne, estoient tout ordené et armé et mis en bataille devant le havene. Là eut un petit d'escarmuce, et veirent bien li François que il n'i pooient riens conquerir : si se retraisent et se boutèrent en mer, en costiant Engleterre et en revenant vers Douvres. Si singlèrent tant, que il vinrent à un autre port que on dist Pesk, où il y a une bonne ville, et veurent là prendre terre; mais messires Guillaumes de Montagut, contes de Sallebrin, et messires Jehans, ses frères, et leurs gens leur furent au devant et se misent ordonneement en bataille pour yaus attendre. Là eut un petit escarmuciet, mais ce ne fu point gramment; car il rentrèrent en mer et singlèrent [aval] en costiant Engleterre et en approchant Douvres. Là sont pluiseur village sus coste seans sus mer, qui, en leur venant, euissent esté tout ars et gasté, mais li contes de Sallebrin et ses frères et leurs gens les poursievoient et costioient as chevaus; et quant il voloient prendre terre, chil leur estoient au devant, qui leur deffendoient vaillamment, et remoustrèrent bien que c'estoient droites gens d'armes et de bonne ordenance, et qui avoient à garder l'onneur de leur pays.

§ 780. Tout ensi en costiant Engleterre, messires

Jehans de Viane et messires Jehans de Rays et li amiraus d'Espagne herrioient le pays et mettoient grant entente et grant painne à ce que il peuissent prendre terre sus Engleterre à leur plus grant avantage. Et tant alèrent en cel estat, qu'il vinrent à un bon gros village sus mer, et où il y a une bonne riche priorie, que on dist Lyaus. Là estoient les gens dou pays venu et recueillié avoeques le prieus de Lyaus et deus chevaliers, par le quel conseil il se voloient ordonner et combatre, se li François venoient. Li chevalier estoient nommet messires Thomas Cheni et messires Jehans Afasselée. Là ne peurent li contes de Sallebrin ne ses frères venir à temps, pour les divers chemins et le mauvais pays qui est entre Lyaus et le marce, où il se tenoient. Là vinrent à ce port li dessus dit François et leurs gallées moult ordonneement et ancrèrent dou plus priès de terre qu'il peurent, et prisent terre, vosissent ou non li Englès, qui leur deffendirent ce qu'il peurent. Là eut à l'entrer en la ville grant hustin et force escarmurce et pluiseurs hommes navrés des François à ce commencement par le trait; mais il estoient si grant fuison qu'il reculèrent leurs ennemis, li quel se recueillièrent moult faiticement en une place devant le moustier, et attendirent leurs ennemis, li quel s'en vinrent sus yaus hardiement combatre main à main très ordonneement. Là furent faites pluiseurs grans apertises d'armes des uns et des aultres, et se deffendirent li Englès moult bien selonch leur quantité, car il n'estoient que un petit ens ou regard des François : si se prendoient priès de bien faire la besongne. Ossi li François avoient, avoecques le bon desir, grant entente d'yaus porter damage. Là obtinrent il le place, et furent li Englès desconfi, et en y eut bien deus cens mors et grant fuison de pris des plus notables, riches hommes de le marce, qui là estoient venu pour leur corps avancier; et furent pris li doi chevalier et li prieus. Si fu li ville de Lyaus toute courue, arse et destruite, et aucun petit village marcissant illuech. Et puis, quant la marée fut revenue, il estoient ja rentré en leurs vaissiaus, il se desancrèrent, et si se partirent de Lyaus et en menèrent leur pillage et leurs prisonniers, par les quels il sceurent la mort dou roy d'Engleterre et le couronnement dou roy Richart.

Adont messires Jehans de Viane s'avança de segnefier ces nouvelles au roy de France. Si fist partir un sien chevalier et trois escuiers, qui portoient lettres de creance, en une grosse barge espagnole qui traversa la mer, et vint arriver au Crotoi desous Abbeville : là prisent il terre, et montèrent as chevaus, et chevaucièrent viers la cité d'Amiens sans entrer en Abbeville, et esploitièrent tant par leurs journées que il vinrent à Paris. Là trouvèrent il le roy [de France], le duch de Berri, le duch de Bourgongne et le duch de Bourbon, et grant fuison de nobles signeurs : si fisent leur message bien et à point, et furent bien creu parmi les lettres de creance qu'il portoient.

Quant li rois de France sceut le mort de son adversaire le roy d'Engleterre, et le couronnement dou roy Richart, si ne fu mies mains pensieus que devant, non que ce li touchast noient, mais il se voloit acquitter de le mort son cousin le roi d'Engleterre, le quel, le paix durant, il appelloit frère; et li fist faire son obsèque ossi poissamment et ossi notablement, en le Sainte Chapelle de Paris, que dont que li rois d'Engleterre euist esté ses cousins germains, et là remoustra li rois de France qu'il estoit plains de toute honneur, car il s'en fust bien passés à mains, se il volsist.

Or parlerons nous de monsigneur Jehan de Viane, et compterons comment il persevera.

§ 781. Apriès le desconfiture de Lyaus, ensi que vous avés oy, [les François] rentrèrent en leur navie et singlèrent devers Douvres, où tous li pays estoit assamblés, et là estoient li doi oncle dou roy, li contes de Campbruge et li contes de Boukinghen, et bien quatre cens lances et huit cens arciers, et euissent volentiers veu que li François se fuissent avancié pour là prendre terre. Et avoient ordené ensi qu'il ne leur deve[e]roient point à prendre terre pour combatre mieus à leur aise; car il se sentoient fors assés pour yaus recueillier. Si se tenoient tout quoi en le ville, ordonné par manière de bataille, et veoient bien avant en le mer la navie monsigneur Jehan de Viane, qui approçoit et venoit avoech le mer tout droit vers Douvres. Si se tenoient li signeur et li Englès, qui là estoient, pour tout conforté qu'il venroient jusques à là et que il aroient bataille; et furent voirement devant le havene et droit à l'entrée, et n'eurent point conseil de prendre là terre, mais tournèrent leurs singles, et s'en vinrent de celle marée tout droit devant Calais, et là ancrèrent. De quoi cil de le ville de Calais furent moult esmervilliet, quant il les veirent si soudainement là venir, et se couru-

rent tantost armer et appareillier, car il cuidoient avoir l'assaut, et cloïrent leurs portes et leurs barrières, et furent en grant effroi; car messires Hues de Cavrelée, qui pour ce temps estoit chapitainne de
5 Calais, n'i estoit point, mais il revint au soir, car en che propre jour, il avoit chevaucié hors devant Saint Omer, en se compagnie messires Jehan de Harleston, gouvreneur de Ghines, et li sires de Gommegnies, chapitainne d'Arde. Si fu fais nouviaus chevaliers en
10 celle chevaucie li ainsnés filz le signeur de Gommegnies, messires Guillaumes : si retournèrent au soir sans riens faire, fors yaus moustrer ces chapitainnes en leurs garnisons : si trouva, ensi que je vous di, messires Hues de Cavrelée celle grosse navie
15 de France et d'Espagne devant Calais. Si fisent bon ghet et grant, celle première nuit, et à l'endemain, toute jour furent il armé, car il cuidièrent avoir l'assaut et le bataille. On supposoit adont en France, et ossi le cuidièrent bien adont li Englès de Calais, que
20 ceste armée par mer deuist assegier Calais; mais, quant il eurent là esté à l'ancre huit jours, au VIIIe jour leur leva uns vens qui les prist soudain[ne]-ment, et les couvint par force partir, tant estoit li vens fors et durs et mauvais, et li fortune de le mer
25 perilleuse. Si se desancrèrent et levèrent les singles, et se misent aval vent. Si furent moult tost eslongié, et vinrent de celle course prendre terre et ferir ou havene de Harflues en Normendie. Ensi se desrompi pour celle saison li armée de mer dou roy de France;
30 ne je n'ai point oy parler qu'il en fesissent plus en grant temps.

§ 782. Vous avés bien oy parler et recorder comment messires Jehans de Graili, dis captaus de Beus, fu pris devant Subise en Poito de l'armée Yewain de Galles et Radigho de Rous, et comment il fu amenés à Paris comme prisonniers et mis en le tour dou Temple, et là bien gardés. Trop de fois li rois d'Engleterre et ses consaulz offrirent pour li le conte de Saint Pol et encores trois ou quatre [chevaliers] prisonniers, qu'il n'euissent mies rendus pour cent mil frans, mais li rois de France n'en voloit riens faire ; car il sentoit le captal de Beus trop durement un bon chapitainne de gens d'armes et grant guerrieur, et que par lui, se il estoit delivrés, se feroient trop de belles recouvrances et recueilloites de gens d'armes, car, sus cinc jours ou huit, uns tel chevaliers comme le captal, estoit bien tailliés, par se hardie emprise, d'entrer en un pays et de courir et de porter cent mil ou deus cens mil frans de damage. Se le voloit tenir en prison, et li prommettoit bien que jamais ne partiroit de là, se il ne se tournoit françois; mais, se il voloit estre françois, il li donroit en France si grant terre et si belle revenue, que bien li deveroit souffire, et le marieroit hautement et richement. Li captaus respondoit que ja, se il plaisoit à Dieu, ne feroit ce marchié; et puis remoustroit courtoisement as chevaliers qui le venoient veoir, comment on ne li faisoit mies le droit d'armes, quant par bataille et en servant loyaument son signeur, ensi que tout chevalier doient faire le leur, il estoit pris, et on ne le voloit mettre à finance, et que ce on vosist remoustrer au roy de France que on ne li faisoit mies la cause pareille que li rois d'Engleterre et si enfant avoient dou temps passet fait à ses gens, tant de monsigneur Bertran de Claiekin que des autres des plus nobles de tout le royaume de France, qui n'estoient mies mort en prison, ensi que on li faisoit morir et perdre son temps villainnement. Li chevalier de France qui le venoient veoir, au voir dire, en avoient pité et disoient bien qu'il remoustroit raison; et par especial, li escuiers qui l'avoit pris, qui s'appelloit Pières d'Auviller, qui moult apers homs d'armes estoit et qui eu n'en avoit pour se prise que douse cens frans, disoit bien que on faisoit au captal tort, quant on ne le mettoit à finance courtoise, selonch son estat; et en avoit tel pité, où il en ooit parler et comment il faisoit ses regrés, qu'il amast mieulz que il ne l'euist onques pris.

Si fu en especialité remoustré au roy et priiet par pluiseurs bons chevaliers de son royaume, que il vosist estre plus douls au captal que il n'avoit esté; car, par droit d'armes, toutes gens disoient que on li faisoit tort. Li sires de Couci, sicom je fui adont enfourmés, y trouva un moiien, car li rois de France qui adont se rafrena un petit, demanda quel grasce on li poroit faire; et li dis sires de Couci respondi et dist : « Sire, se vous li faisiés jurer que jamais ne s'armast contre le royaume de France, vous le poriés bien delivrer, et se feriés vostre honneur. » — « Et nous le volons, dist li rois, mais qu'il le voeille. » Adont fu demandé à monsigneur le captal s'il se vorroit obligier en ceste composition; li captaus respondi qu'il en aroit avis. En ce terme qu'il s'en devoit aviser, tant de merancolies et d'abusions le prisent et aherdirent de tous lés, qu'il en entra en une petite maladie frenesieuse, et ne voloit ne boire ne mengier. Si afoibli [du corps] durement, et entra en une langueur qui le mena jusques à mort. Ensi morut prisonniers li captaus de Beus. Se li fist faire li rois de France son obsèque moult honnourablement et ensepelir, pour le bien et pour la vaillance dou dit captal, et ossi il estoit dou sanch et dou linage dou roy, dou costé dou conte de Fois et d'Arragon, par quoi il y estoit le plus tenus.

§ 783. En celle saison que la guerre de France et d'Engleterre fu renouvelée, et que messires Jehans de Viane, sicom chi dessus est dit, couri et ardi en Engleterre, et qu'il eut esté devant Calais et qu'il se fu retrais en Normendie, messires Hues de Cavrelée, chapitainne de Calais, et messires Jehans de Harleston, chapitainne de Ghines, et li sires de Gommegnies, chapitainne d'Arde, avoecques leurs gens, couroient souvent sus le pays devant Saint Omer, devant Tieruane, en le conté de Saint Pol, en le conté d'Artois et de Boulongne; ne riens ne demoroit devant yaus dehors les forterèces, que tout ne fust pris et pilliet et amenet en leurs garnisons; de quoi les plaintes en estoient venues et venoient encores tous les jours au roy de France. Li rois, à qui ces choses desplaisoient et qui voloit obviier à ce, s'en conseilla à aucuns de son royaume, comment on poroit à ces garnisons englesces, estans en le marce d'Artois et de Calais, porter damage. On li dist que la bastide [d'Arde] estoit bien prendable, mais que on y alast caudement sans ce que chil de Calais en sceuissent riens; car on avoit entendu par aucuns [chapitaines et] compagnons de le garnison qui s'en estoient descouvert, que elle n'estoit point bien pourveue d'arteillerie; car li sires de Gommegnies, qui chapitains en estoit, en avoit esté moult negligens. Ces parolles plaisirent moult bien au roy, et dist que il y envoieroit hasteement. Lors li fu dit que ce fust secretement, par quoi nouvelles n'en fuissent ou pays devant ce que on fust venu là; et, se on pooit tant faire que on l'euist françoise, on ne se doubtoit noient que on ne deuist tout reconquerre jusques as portes de Calais; et, se on estoit signeur des frontières, on aroit milleur avantage pour constraindre Calais.

Adont li rois, tous avisés et pourveus de son fait, mist sus une grande assamblée de gens d'armes, et escrisi à son frère le duch de Bourgongne qu'il se traisist à Troies en Campagne, et là fesist ses pourveances, car il voloit qu'il fust chiés de toutes ces gens d'armes. Li dis dus obei au commandement dou roy, ce fu raisons, et s'en vint à Troies, et là vinrent tout li Bourghegnon qui en furent priiet et mandet, et ossi delivret et paiiet tout sech de leurs gages pour trois mois. D'autre part, li rois fist son mandement, à Paris, des Bretons et des François, et là furent ossi tout prestement paiiet de leurs gages, et des Vermendisiens et Artisiens en le cité d'Arras. Adont s'avalèrent li dus de Bourgongne et ses gens de Troies et vinrent à Paris; si se misent là ensamble Bourghegnon, Breton et li François, et sceurent adont aucuns des chapitains, et ne mies tous, quel part il devoient aler. Si se departirent sus le darrainne sepmainne d'aoust, et s'en vinrent à Arras en Pikardie, et de là à Saint Omer. Si se trouvèrent bien vint cinc cens

lances de bonne estoffe, pourveu de quanques il
apertenoit as gens [d'armes, et toute fleur de gens]
d'armes, chevaliers et escuiers. Si se departirent de
Saint Omer sus un samedi moult ordonneement et
arreement, et s'en vinrent devant Arde.

Cil de le garnison d'Arde ne s'en donnoient de
garde, quant il les veirent tous rengiés et ordonnés
devant leur ville, et si belles gens d'armes, et si grant
fuison que c'estoit grans merveilles. Là estoient
avoech le duch de Bourgongne, que je ne l'oublie,
tout premiers, banerès bourghegnons, le conte de
Geneve, le conte de Grantpret, monsigneur Loeis
de Chalon, le signeur de le Rivière, le signeur de
Vregi, monsigneur Thiebaut dou Noefchastiel, mes-
sires Hughe de Viane, Pière de Bar, le signeur de
Sombrenom, le signeur de Poises, le signeur d'En-
glure, le signeur de Rougemont; et puis banerès bre-
tons, le signeur de Cliçon, le signeur de Biaumanoir,
le signeur de Rocefort, le signeur de Rieus, messires
Charles de Dignant; banerès normans, le signeur de
Blainville, mareschal de France, le signeur de Han-
biie, le signeur de Riville, le signeur d'Estouteville,
le signeur de Graville, le signeur de Clères, le signeur
d'Ainneval, le signeur de Friauville; banerès fran-
çois, monsigneur Jakeme de Bourbon, monsigneur
Hue d'Antoing, le conte de Dammartin, messire
Charles de Poitiers, le senescal de Haynau, le signeur
de Wavrin, le signeur de Helli, le signeur de le Fère,
l'evesque de Biauvais, monsigneur Hue d'Amboise,
le signeur de Saint Digier; Vermendisiens, le signeur
d'Aufemont, le signeur de Moruel, le visconte des
Kesnes, le signeur de Fransures, le signeur de Rain-

neval; Artisiens, le visconte de Miaus, le signeur de
Villers, le signeur de Cresèkes; et là estoient tout
chil baron en tel arroi et si bien acompagnié, que
merveilles seroit à recorder. Si se logièrent li plui-
seur de fueillies, et li aultre de nient fors au nu chiel,
car il voloient moustrer qu'il ne seroient mies là lon-
gement et qu'il assauroient continuelment, car il
fisent drechier et appareillier leurs canons, qui por-
toient quarriaus de deus cens de pesant.

§ 784. Quant li sires de Gommegnies se vei ensi
environnés de telz gens d'armes et de si grant fuison,
dont il ne se donnoit garde, et si sentoit sa forterèce
mal pourveue d'arteillerie, si se commença à esbahir,
et demanda conseil à ses compagnons comment il
s'en cheviroit, car il ne veoit mies que longhement
[contre telz gens d'armes] il se peuist tenir. Avoecques
lui estoient troi chevalier de Haynau, assés appert
homme d'armes, messires Eustasses, sires de Vier-
tain, et messires Pières, [ses frères], et messires Jake-
mes dou Sart, et pluiseur bon escuier et apert, qui
estoient en bonne volenté d'yaus deffendre.

Che premier jour que li François furent venu de-
vant Arde, s'en vint li sires de Hangès, uns moult
apers chevaliers vermendisiens, armés de toutes
pièces, le lance ou poing, montés sus un coursier,
courir jusques as barrières d'Arde, et dist, quant il
fu là venus en fretillant et remuant son coursier, par
quoi il ne fust avisés dou trait : « Entre vous, Hay-
nuier englès, que ne rendés vous ceste forterèce à
monsigneur de Bourgongne? » Adont respondirent
doi escuier frère qui là estoient, Yreus et Hustins

dou Lay : « Nous ne le renderons pas ensi, non. Pensés vous que nous soions desconfi pour ce que vous estes chi venu grant fuison de gens d'armes ? Dittes au duch de Bourgongne qu'il ne l'ara pas si legierement qu'il cuide. » Adont respondi li sires de Hanghet, et dist : « Sachiés que, se vous estes conquis par force, ensi que vous serés, il n'est mies doute, se nous vous assallons, il n'i ara homme nul pris à merchi ; car je l'ay ensi oy dire monsigneur le duch de Bourgongne. » A ces parolles retourna li sires de Hanghet.

§ 785. Je vous voeil recorder comment cil d'Arde finèrent. Là estoit en l'ost li sires de Rainneval, cousins germains au signeur de Gommegnies, qui savoit en partie l'entention dou duch. Si s'avança de venir vers son cousin, et fist tant que il y eut assegurances d'yaus deus, et parlementèrent dedens la ville d'Arde moult longement ensamble ; et là remoustra li sires de Rainneval au signeur de Gommegnies, en grant especialité et fiance de linage, comment li dus et tout chil de l'ost le maneçoient et ses gens ossi, non pas pour prendre raençon se par force estoient conquis, mais de tous faire morir sans merchi : se li prioit qu'il se vosist aviser et laissier consillier et rendre le forterèce ; si s'en partiroient ilz et ses gens sauvement, et se osteroient de grant peril, car confors ne secours ne leur apparoit de nul costé. Tant le preeca et sermonna que sus assegurances il l'amena parler au duch de Bourgongne et au signeur de Cliçon. Là entrèrent en trettiés, et n'en volt adont li sires de Gommegnies riens avoir en couvent sans le sceu de ses compagnons. Si retourna dedens Arde, et remoustra as chevaliers et escuiers qui là estoient, toutes les parolles et raisons de quoi on l'avoit aresné, et comment on les maneçoit : si voloit savoir quel cose il en diroient. Li aucun li consilloient dou rendre, et li aultre non, et furent plus de deus jours en fait contraire, et disoient bien li aucun qu'il se porteroient trop grant blasme, se il se rendoient si legierement sans estre assalli, et que jamais ne seroient en nulle place creu ne honneré. Li sires de Gommegnies respondoit que il avoit oy jurer moult especialment le duch de Bourgongne que, se on aloit jusques à l'assallir, jamais à yaus rendre ne la forterèce, il ne venroient à temps qu'il ne fuissent tout mort, se de force il estoient pris : « Et vous savés, signeur, que cheens n'a point d'arteillerie, qui ne fust tantost alevée. » Là disoient li compagnon : « Sire, vous en avés mal songnié; c'est par vostre negligense. »

Adont s'escusoit li sires de Gommegnies, et disoit que ce n'estoit mies sa defaute ne sa coupe, mais celle dou roy [d'Engleterre, le roy] Edowart et de son conseil, car il leur avoit bien dit et moustré en celle anée par pluiseurs fois, comment dedens Arde il en estoient mal garni : « Et, se de ce il ont esté negligent, ce n'est mie ma coupe, mais la leur, et m'en vorroie bien escuser par yaus. » Que vous feroi je lonch parlement de ceste aventure ? Tant fu trettié et pourparlé, parmi l'ayde et pourchac dou signeur de Rainneval, qui fist tant, que Arde se rendi. Et s'en partirent chil qui partir vorrent, et especialment li quatre chevalier et tant li compagnon saudoiier, et furent conduit jusques à Calais de monsigneur Gau-

winet de Bailluel. Si demorèrent chil de le nation de
le ville sans riens pierdre dou leur, et en prisent li
François la saisine et possession, li sires de Cliçon et
li mareschaus de France. Si furent moult resjoï li
François et tous li pays de la prise d'Arde.

§ 786. Ce propre jour que Arde se rendi, tout
caudement s'en vinrent quatre cens lances devant un
aultre petit fort, que on dist le Planke, où il avoit
Englès qui le gardoient. Si furent environné de ces
gens d'armes, et leur fu dit qu'il ne savoient que
faire de tenir, car Arde s'estoit rendue, et fuissent
tout segur que, se il se faisoient assallir, il seroient
tout mort sans merchi. Quant cil de le Planke oïrent
ces nouvelles, si furent esbahi moult durement, et se
conseillièrent entre yaus, et regardèrent que il n'es-
toient que un petit de compagnons et n'avoient mies
trop forte place : si valoit trop mieulz que il se rende-
sissent salves leurs vies et le leur, puis que Arde estoit
rendue, que il feissent pieur marchié. Si rendirent
la forterèce, salve leurs vies et le leur, et furent con-
duit oultre parmi ce trettié pour le peril des ren-
contres jusques à Calais ; puis prisent li François le
saisine de le Planke, et disent entre yaus que bien il
le tenroient parmi l'ayde d'Arde et des aultres forte-
rèces qu'il prenderoient encores. A l'endemain s'en
vinrent li François devant Bavelinghehem, un chas-
tiel biel et fort en le conté de Ghines, que li En-
glès tenoient, et n'i furent mies tout à celle empainte,
car li dus de Bourgongne estoit encores demorés
derrière et entendoit as ordenances de Arde et au
regarder quels gens y demorroient, et comment on le

poroit tenir contre les Englès. Chil qui vinrent devant Bavelinghehem, estoient bien douse cens combatans : si environnèrent le chastiel et fisent grant samblant de l'assallir. A Bavelinghehem avoit fossés
5 et grans rouleis,ançois que on peuist venir jusques as murs ; mais chil François, targiet et paveschiet, passèrent oultre et rompirent les roulleis et pertruisièrent les murs. Quant li Englès, qui dedens estoient, se veirent assalli de tel façon et entendirent que cil
10 d'Arde et de le Planke s'estoient rendu, si furent tout esbahi et entrèrent en trettiés devers ces François. Finablement il rendirent le chastiel, salve leur vies et le leur, et deurent estre conduit jusques à Calais, ensi qu'il furent, et li François prisent le
15 possession de Bavelinghehem, qui s'en tinrent tout joiant.

En apriès, on vint devant un autre petit fort que on appelle le Haie, mais on trouva que li Englès s'en estoient parti et avoient bouté le feu ens. Adont s'en
20 vint li dus de Bourgongne, et en se compagnie tout chil baron dessus nommé, et leurs routes, devant Oudruich, un biau chastiel et fort, douquel troi escuier englès, que on dist les trois frères de Maulevrier, estoient chapitain et gardiien, et avoient
25 avoecques yaus de bons compagnons. Quant li dus de Bourgongne et ses gens furent venu jusques à là, il l'environnèrent, et leur fu demandé à chiaus dou fort se il se renderoient, et que cil d'Arde et de Bavelinghehem estoient rendu. Il respondirent que il
30 n'en faisoient compte et qu'il ne savoient riens de cela et que point ne se renderoient ensi. Quant on oy ceste response, adont se logièrent toutes manières

de gens, ce fu par un merkedi, et le joedi toute jour
on regarda comment on les poroit assallir.

Cilz chastiaus de Oudruich siet sus une mote, en-
vironnés de fossés plains d'aigue bien parfons, qui
n'estoient mies legier à passer ; mais li Breton s'a-
fioient que bien les passeroient. Adont fist li dus de
Bourgongne drecier ses canons et traire ne sçai cinc
ou sis quariaus pour plus effraer chiaus de dedens.
Si en y eut de ces quariaus qui, par force de trait,
passèrent oultre les murs et les pertruisièrent. Quant
cil dou chastiel veirent la forte artellerie que li dus
avoit, si se doutèrent plus que devant, mais toutdis
jusques au dimence fisent il grant samblant d'yaus
tenir et deffendre.

Entrues ordonnèrent li François, et avoient ja or-
dené toute lor besongne pour avoir l'avantage d'yaus
assallir, grant fuison de bois, de mairiens, de ve-
lourdes et d'estrain pour raemplir les fossés, et
estoient ja les livrées parties pour aler assallir et deli-
vrées, ensi que usages est en telz besongnes, et savoit
cescuns quel cose il devoit faire, et ja jettoient li
kanon, dont il y avoit jusques à set, quariaus de deus
cens de pesant, qui pertruisoient les murs, ne riens
ne duroit devant yaus, quant li troi frère de Maule-
vrier se misent en trettiet envers le duc, et m'est avis
qu'il rendirent la forterèce, salves leurs vies et le leur,
et furent conduit des gens le duch de Bourgongne
jusques à Calais.

Vous devés savoir que messires Hues de Cavrelée,
capitainne de Calais, et les gens de celi ville furent
moult esmervilliet, quant si soudainnement il se vei-
rent en leur marce desgarni de cinc chastiaus, et leur

vint trop grandement à desplaisance, et par especial
de le bastide d'Arde, qui leur avoit esté dou temps
passé uns grans escus et confors contre les Artisiens,
et n'en savoient que supposer, car li sires de Gom-
5 megnies, comment que en devant il l'amaissent,
creissent et honnourraissent tant qu'à merveilles, il
estoit maintenant tout hors de leur grasce, et en
murmuroient li aucun villainnement sus se partie
et tant, que, lui estant à Calais, il s'en donna bien de
10 garde et perchut bien que li Englès le regardoient
fellement sus costé, tant qu'il en parla et s'en con-
seilla à monsigneur Hue de Cavrelée. Messires Hues
le conseilla loyaument, et li dist : « Sire de Gomme-
gnies, nullement je ne vous oseroie conseillier dou
15 contraire pour vostre honneur que vous n'alés en
Engleterre, et remoustrés tout le fait, ensi qu'il va, au
duch de Lancastre et au conseil dou roy, par quoi
vous en soiiés escusés de yaus et dou pays, et que
vous en demorés sus vostre droit et à vostre honneur.
20 On piert bien par fait de guerre plus grant cose que
la bastide d'Arde ne soit, ne Bavelinghehem ne Ou-
druich. Si remoustrés vostre escusance de bonne fa-
çon, car vous arés assés à faire à vous escuser contre
le pays; car toutes gens ne sevent mies comment, en
25 tel parti d'armes, on se poet ne doit maintenir : si
en parollent li aucun, tel fois est, plus largement qu'à
yaus n'apertiegne. »

§ 787. Li sires de Gommegnies retint en grant
bien tout ce que messires Hues de Cavrelée li dist, et
30 ordonna ses besongnes pour passer oultre en Engle-
terre, et renvoia monsigneur Guillaume, son fil, le

signeur de Vertain et son frère, messire Jakeme dou
Sart et tous les compagnons de Haynau, qui retour-
noient simple et couroucié, ensi que compagnon et
gens d'armes qui ont perdu leur saison pour un grant
temps; et li sires de Gommegnies passa oultre en
Engleterre : si se remoustra au duch et au conseil dou
roy. Se li fu dit à ce commen[cement] que il avoit mal
esploitié, et fu grandement acqueilliés de chiaus de
Londres de le communauté, qui ne considèrent mies
toutes coses, ensi que elles poeent avenir; mais li dus
de Lancastre ses escusances à porter oultre li aida
telement, que il demora sus son droit; car on trouva
bien que dou rendage d'Arde il n'avoit recheu or ne
argent, et que tout ce que il en fist, ce fu par com-
position et trettié, et pour eskiewer plus grant damage
pour lui et pour ses compagnons.

Or vous parlerons dou duch de Bourgongne, com-
ment il persevera.

§ 788. Quant li dus de Bourgongne eut fait ceste
chevaucie en le marce de Pikardie, en celle saison
qui fu moult honnourable pour lui et pourfitable
pour les François de le frontière d'Artois et de Saint
Omer, il ordonna en cascun de ces chastiaus, dont
il tenoit le possession, chapitainnes et gens d'armes
pour le tenir; et par especial en le ville d'Arde il y
establi à demorer le visconte de Miaus et le signeur
de Saint Pi. Chil le fisent remparer et fortefiier male-
ment, comment que elle fust forte assés devant.

Li rois de France, qui de ces nouvelles fu trop
grandement resjoïs, et qui tint à belle et bonne ceste
chevauchie, envoia tantost ses lettres à chiaus de

Saint Omer, et commanda que la ville d'Arde fust bien garnie et pourveue de toutes pourveances largement et grandement. Tout fu fait ensi que il le commanda ; si se desfist ceste chevauchie. Mais li sires de Cliçon et li Breton ne desrompirent point leur route, mais retournèrent dou plus tost qu'il peurent vers Bretagne, car nouvelles estoient venues au signeur de Cliçon et as Bretons, yaus estant devant Arde, que Janekins, dis Clerc, uns escuiers d'Engleterre et bons homs [d'armes, estoit yssus] d'Engleterre et venus en Bretagne et mis les bastides devant Brest : pour quoi li Breton retournèrent dou plus' tost qu'il peurent, et en menèrent messire Jakeme de Werchin, le seneschal de Haynau, avoecques yaus, et li dus de Bourgongne s'en retourna en France dalés le roy son frère.

En ce temps, se faisoit une grande assamblée de gens d'armes en le marce de Bourdiaus au mandement dou duch d'Ango et dou connestable ; car il avoient une journée arrestée contre les Gascons englès, de la quele je parlerai plus plainnement, quant j'en serai enfourmés plus veritablement.

FIN DU TEXTE DU TOME HUITIÈME
ET DU LIVRE PREMIER.

VARIANTES.

VARIANTES.

§ **669.** *Assés tost.* — *Ms. d'Amiens :* Dont il avint que sitost que messires Bertrans fu creés connestables, il les ordonna à cevacier contre les Englèz et à aller garder les frontières du Mainne et d'Angho, car messires Robers Canolles et ses routtes tiroient à cevauchier celle part. Si se partirent de Paris et dou roy li doi dessus dit, à grant esploit et à grant fuisson de gens d'armez, et toudis leur en croissoit, car li roys leur en envoioit de tous lés. Si s'en vinrent li connestablez de Franche et messires Oliviers de Clichon en l'evesquet du Mans, et se loga li dis connestables en le cité du Mans, et li sires de Clichon en une autre garnison assés priès de là; et pooient y estre li Franchois bien cinc cens lanches de bonne gens d'estoffe. Si aprendoient tous les jours dou convenant des Englès, et entendirent que il n'estoient mies bien d'accord et s'espardoient par le fait d'un chevalier englèz, qui estoit en leur routte et bien acompaigniés, lequel on clammoit messire Jehan Mestrourde. Chils chevaliers n'estoit point dou chemin ne de le tenure des autrez, et desconsilloit le chevauchie à tous les compaignons de leur costé et disoit qu'il travilloient leur corps et riens ne faisoient, et que briefment il se retrairoit en Engleterre, car il ne faisoit sus l'ivier nul hostoiier. Nonobstant ce, messires Robiers Canolles et pluisseurs des autres chevaliers ne volloient mies tenir son pourpos, quoyqu'il en descoragast pluisseurs, mès volloient achiefver leur emprise à leur loyal pooir, et avoient entendu que li connestablez de France se tenoit en le chité du Mans atout gens d'armes et en vollenté que d'iaux combattre, siques messires Robers Canolles, pour tant qu'il n'avoit encorres sus tout son voiaige de France sceu à qui combattre ne respondre, s'avisa qu'il venroit combattre les Franchois. Si segnefia son desir et sen entente as compaignons qui estoient adont sus le rivière de Loire, et par especial à monseigneur Hue de Cavrelée, qui se tenoit à Saint Mor sur Loire et à monseigneur Robert Cheny, et leur manda qu'il traissent avant, car il combateroit monsigneur Bertran et monsigneur Olivier de Clichon et les Franchois; et d'autre part ossi il le manda à monsigneur Thummas de Grantson et à monsigneur Joffroy Ourselée et à monsigneur Gillebert Griffart et à Jehan Cressuelle et à monsigneur Robert Ceni, mès oncques si secretement ne sceut faire son mandement ne ordonner ceste besoingne pour remettre ses gens enssemble, que messires Bertrans et li sires de Clichon ne fuissent tout aviset de leur chevauchie, et s'ordonnèrent seloncq chou, et se partirent un jour de le chité du Mans; et estoient bien quatre cens lanches de bonnes gens d'armes, et vinrent au devant de monsigneur Thummas de Grantson et de se routte, qui estoient bien deus cens lanches et otant d'archiers, et s'en venoient à esploit deviers l'abbeïe où messires Robers Canolles et leur grosse routte gisoient. Si trouvèrent d'encontre, à un villaige et sus un passaige que on appelle ou païs Pont Volain, les Franchois, le connestable de Franche et le signeur de Clichon et leurs gens qui estoient tous pourveus de leur fait. Quant li Englès virent lors ennemis, il ne daignièrent reculer ne fuir, mès se missent en arroy et en ordonnance de bataille bien et faiticement. Là eut des premiers venues grans joustes et tammaint homme reverssé à terre, de l'une part et de l'autre; et si trestost que les lanches leur furent fallies, il se traissent as espées et as haches, et puis se ferirent l'un dedens l'autre et se donnèrent grans horions sans yaux espargnier. Là eut bataille et hustin ossi dur et ossi fort, gens pour gens, que on euist veu de piecha, et se prendoit chacuns mout priès de bien faire le besoingne. Bien est voirs que li archier d'Engleterre au commencement traissent as Franchois pour yaux bersser et ouvrir, mès il estoient si fort armé que li très ne les greva oncques de riens. Là furent bon chevalier messires Bertrans de Claiequin et li sirez de Clichon, et y fissent tamainte[s] belles appertises d'armes et tinrent leurs gens en bon estat. Finablement li Englès furent là desconfi et ruet jus, et demora la place as Franchois; et y furent pris messire Thummas de Grantson et messires Gillebers Griffars, et messires Joffrois Ourselée, et Hues li Despenssierz, fils à monsigneur Huon le Despenssier, et pluisseurs autrez chevaliers et escuiers, et en y eut bien mors sour le place set vint. Puis retournèrent li Franchois deviers le chité du Mans, et enmenèrent leurs prisonniers, dont il avoient bien sis vint, tous gentilz hommes, ossi tout leur pillage. Ceste besoingne fu à Pont Volain sur le marce d'Ango et du Mainne, l'an mil trois cens et settante, le Xe jour d'octembre. F^os 171 r° et v°.

P. 1, l. 2 : ravestis. — *Ms. A* 8 : revestus. F° 338 r°. — *Ms. B* 4 : advertis.

P. 1, l. 10 : chevauça. — *Ms. A* 8 : chemina.

P. 2, l. 4 : et tenure. — *Ms. A* 8 : ne de l'accort. F° 338 v°.

P. 2, l. 7 : en vain et à petit. — *Ms. A* 8 : à point.

P. 2, l. 14 : Joffrois d'Urselée. — *Ms. A* 8 : Geffroy Oursellée.

P. 2, l. 16 : en sus. — *Ms. A* 8 : arrière.

P. 2, l. 17 : Alains. — *Ms. A* 8 : Alains de Bouqueselle.

P. 2, l. 20 : remesissions. — *Ms. A* 8 : recueillissons.

P. 3, l. 2 : Asneton. — *Ms. A* 8 : Assueton.

P. 3, l. 3 : discort. — *Ms. A* 8 : desaccort.

P. 3, l. 9 : il le segnefiièrent. — *Ms. A* 8 : il segnefièrent celle besoingne.

P. 3, l. 24 : se trouvèrent. — *Ms. A* 8 : tournèrent.

P. 3, l. 30 : ascourça. — *Ms. A* 8 : escourcy.

P. 3, l. 32 : ou pays le. — *Ms. A* 8 : le pas.

P. 4, l. 1 : courut sus et envay. — *Ms. A* 8 : coururent sus et les envaïrent.

P. 5, l. 3 : li plus. — *Ms. A* 8 : les pluseurs. F° 339 r°.

§ 670. Apriès celle. — *Ms. d'Amiens :* Quant les nouvellez vinrent à monsigneur Robert Canolle et à monseigneur Alain de Bouqueselle et as autres compaignons englès, que messires Thummas de Grantson et se routte avoient estet rencontré au Pont Volain, et là rués jus des Franchois, si en furent durement courouchié, ce fu raisson ; et pour tant eurent il consseil qu'il se retrairoient et qu'il ne chevauceroient adont plus avant. De ceste avenue fu adont entre les Englès mout de parolles encouppés messires Jehans Mestreourde, et dissent li pluisseur qu'il estoit trop grandement cause de leur dammaige. Enssi se desrompi ceste chevauchie de monsigneur Robert Canolle, et se retraist au plus tost qu'il peut avoecques ses gens en Bretaingne devers

Derval, un sien castiel, fort mout malement, et donna à touttes ses gens congiet. Si rapasèrent le mer chacuns au plus briefment qu'il peurent, et s'en rallèrent en Engleterre, et se retrairent ens es marches dont il estoient parti; mès messires Alains de Bouqueselle s'en vint en le Basse Normendie en Constentin, à Saint Sauveur le Visconte, qui estoit à lui, car apriès le mort de monsigneur Jehan Camdos, li roys englès li donna. Si se tint là li dis messires Alains un grant tamps, et puis rapassa le mer et revint en Engleterre deviers le roy. Quant messires Bertrans de Claiequin et li sires de Clichon virent que li Englès estoient retrait et leur cevaucie toutte anullée, et que il n'aparoit point que ceste yvier il se remessissent enssamble, si donnèrent à touttes leurs gens congiet, et puis s'en revinrent en Franche deviers le roy, qui les festia et reçupt liement, che fu bien raisson, car il avoient bien gardé et deffendu le frontière contre les Englès. Et amenèrent li dessus dit les chevaliers englès prisons qu'il tenoient, à Paris, et les recrurent bellement sur leurs fois, et les laissièrent aller et venir et chevaucbier partout sans villain regart ne constrainte, ainsi que tout gentil homme par raisson doient faire li uns de l'autre, et sicomme Englès et Franchois en leur gherre ont eu toudis cel usaige; car mout courtois toudis ont il estet li ungs à l'autre : che ne sont mies li Allemant, car il sont dur et auster à leurs prisonniers, et les tiennent et mettent en ceps, en fiers, en buies et en grisillons, et leur font grieftés dou corps souffrir, à le fin qu'il em puissent plus presser de finanche.

De ceste avenue de Pont Volain et de le desconfiture des Englès acquist li connestables de Franche en se nouvelleté grant grasce de touttez gens, et meysmement li roys et tout si frère l'en honnourèrent mout. En ce tamps que il estoit nouvellement revenus à Paris, trespassa de ce siècle chil preux chevaliers franchois qui ja estoit tous vieux, qui bien est ramenteu chy dessus en ceste histoire en pluisseurs lieux, messires Ernoux d'Audrehen; et fu li roys de Franche à son obsèque à Paris, et ossi y eut grant fuisson de prelas, de contes et de barons, car il avoit estet ung grant temps marescaux de Franche, et bien s'estoit acquités en son offisce et en touttes places où il s'estoit trouvés. F^{os} 171 v° et 172 r°.

P. 5, l. 10 : de Claiequin. — *Ms. A* 8 : du Guesclin.

P. 5, l. 18 : buies. — *Ms. A* 8 : prisons.

P. 6, l. 11 : ou. — *Ms. A* 8 : dedens le. F^o 339 v°.

P. 6, l. 24 : et grant travel à. — *Ms. A* 8 : à sa delivrance de.

P. 6, l. 26 : Quarentin. — *Ms. A* 8 : Quarenten.

§ 671. En ce temps. — *Ms. d'Amiens :* Or vous parlerons d'une grant aventure qui advint adont à ce baron de Limozin, monsigneur Raimmon de Maruel, qui s'estoit tournés franchois. Enssi qu'il s'en raloit en son pays, il fu avisés et espiiés sus le chemin des gens monsigneur Hue de Cavrelée, adont senescaux de Limozin, et tant poursuiwis que pris et arestés et menés ent en Poito prisonniers, et mis en un fort castiel en le garde de monsigneur Thummas de Perssi, senescal de Poito, qui le prise dou dessus dit chevalier segnefia tantost au roy englès, pour savoir quel cose il volloit que on en fesist. Li roys, qui fu mout joieant de le prise monsigneur Rammon, manda à monsigneur Thummas qu'il li fuist envoiiés ; car il le volloit pugnir si crueusement que tout li autre y prenderoient exemple ; et de tout ce fu enfourmés messires Rammons en se prison, que li roys englès le volloit avoir pour lui faire morir. Si en estoit à grant destrèce de coer : c'estoit bien raison. Touttesfois, comme sages chevaliers et ymaginans, regarda le peril où il estoit et que de lui tant qu'au monde n'estoit noient : si s'aquitta et parlementa si bellement et si meurement à un escuier englès qui le gardoit, et li prommist et li jura sus se loyauté, mès qu'il le volsist delivrer de ce peril, qu'il li partiroit toutte se terre et revenue, moitiet à moitiet, et l'en ahireteroit lui et son hoir. Li Englès regarda qu'il n'estoit mies bien rice homs, et que cils li prommetoit grant proffit ; si le convoita, et le delivra finablement et se mist avoecq lui en aventure, et ceminèrent une nuit bien set grans lieuwes tout à piés parmy ung bois. A l'endemain il fissent tant qu'il vinrent à le Roce de Pousoi, où messires Guillaummes dez Bordes et Caruel estoient. Si recorda messire Rammons sen aventure et comment li escuiers l'avoit sauvé. De ce furent li dessus dit moult joiant, et loèrent Dieu quant enssi il estoient escappet. Si furent là cinc jours dallés yaux. Entrues envoiea messires Raimmons en son pays querre chevaux et gens, et puis se parti et revint entreus ses amis qui en eurent grant joie, mès il faisoit otant honnourer l'escuier englès qui l'avoit gardé que soy meysmes, et li vot tenir ses couvens et li donner le moitiet de son hiretaige ; mès cilz ne veult, et dist que ce seroit trop pour lui. Si prist tant seulement deus cens livres de revenue sus le terre le seigneur de Maruel, et demora depuis toudis avoecq lui, et fu bons Franchois.

En ce tamps, et environ le Noel mil trois cens et settante, trespassa de ce siècle li pappes Urbains V^{es}, qui tant fu preudons, bons clers et hardis, et qui bien tint et garda à son pooir les drois de l'Eglise. Si fu esleus après lui en plain concitoire en Avignon li cardinaux de Biaufort à estre pappez, et le fu. Si i rendi li dus d'Ango, qui estoit adont à Villeneuve dallés Avignon, grant painne à se creation. Si fu creés à Saint Père le Ve jour de jenvier et appellés Grigoires XI^{emez}. De ces nouvelles furent li roys de Franche et tout li royalme moult joyant, pour tant qu'il le sentoient bon Franchois et loyal. Assés tost apriès se creation, eut Rogiers de Biaufort, ses frères, grasce de lui venir veoir, qui estoit prisonniers au comte de Camtbruge de le prise de Limoges, et ossi eut messires Jehans de Villemur.

En ce tamps estoit en grant tretiet de pais ou de gerre li rois de Franche et li roys de Navarre pour aucunez terrez que li roys de Navarre demandoit à avoir et à tenir ou royaumme de Franche. Si s'en ensonnioient par cause de moiien li comtes de Salebruche et messires Guillaummez des Dormanz; tant fu parlementé et allé de l'un à l'autre que on les acorda, car on remonstra au roy de Franche qu'il valloit mieux qu'il se laiast à dire et aucune [chose] aller du sien, qu'il ewist guerre à son serourge, le roy de Navarre, car il avoit gerré assés as Englès. Si descendi li roys de Franche à l'opinion de ses gens, et pardonna au roy de Navarre son mautalent; et vint li dessus diz roys à Paris, où il fu grandement festiiez. Assés tost apriès fu acordés li mariages de ma dammoissele Jehanne de France, qui fu fille au roy Phelippe et de la roynne Blanche serour au roy de Navarre, au fil le roy Piere d'Aragon, et fu mout honnerablement envoiiée celle part, car elle estoit ante dou roy de France. Si s'en volloit li roys acquitter enssi qu'il fist moult grandement; mès elle trespassa sour le cemin : Dieu en ait l'ame !

En ce tamps et en celle saison, vinrent certainnez nouvelles en Gascoingne et en Acquittainne de par le roy Edouwart d'Engleterre, qui senefioit moult doucement à tous contes, viscontes, barons, chevaliers et communautéz des bonnes villez que, se li prinches de Galles, ses filz, les avoit de riens pressés ou grevés ou voloit faire, il leur amenderoit plainnement à leur vollenté; et, se chil qui estoient retourné franchois par povre avis ou maise infourmation, se volloient recongnoistre et retraire à lui comme en devant, il leur pardonnoit tout son mautalent, et leur donnoit terme quatre mois de pourveanche pour yaux adviser ; et du resort il volloit qu'il en fuist sour douse prelas et douse barons d'Acquittaine et douse barons d'Engleterre, et tout ce que cil trente et sis ordonneroient, il le tenroit ferme et estable à tous jours mès, et le feroit jurer ses enfans à tenir, et toutes plaintes, griestés, expressions, que ses filz li prinches ou si offiscyer avoient fait, dont on voroit avoir amendement et restorier, il en feroit plainne satifaction, tant qu'il deveroit bien souffire. Et en avant il se voulloit rieuller, ordonner et deduire par l'avis et consseil des barons de Gascoingne et d'Acquittainne ; et quittoit et anulloit tous fouages, tous cens et touttes expressions : et n'en volloit nulle, car il estoit rices et puissans assés pour yaux maintenir et gouvrener sans nul avantage. Telz paroles et tretiés de pès entre lui et chiaus d'Acquittainne fist li roys englès adont jeter et semer ens es ces terrez dessus dites,' et les fist publier tout parmi le païs, les chités [et] les bonnes villes, et estoient ces lettres bien escriptez et grossées et scellées par seaux autentiques dou roy englèz premierement et des plus grans d'Engleterre. Mès, quoyqu'il fust segnefiiés et publiiés, je n'oy oncques dire que nulx s'en retournast englès, qui devenu estoient franchois ; mès se retournèrent tous les jours franchois, si tost qu'il pooient avoir un peu de laisseur pour venir en France. F° 172 r° et v°.

P. 7, l. 6 : et menés ent. — *Ms. A* 8 : et amenez.

P. 7, l. 12 : punition. — *Ms. A* 8 : vengence.

P. 7, l. 24 : gardoit. — *Ms. B* 4 : regardoit.

P. 7, l. 31 : je vous ay en couvent sus ma. — *Ms. A* 8 : où je suis, je vous ai en couvent et promet par ma.

P. 8, l. 7 : parolle, li creanta. — *Ms. A* 8 : responce, luy jura. F° 340 r°.

P. 8, l. 15 : esconser. — *Ms. A* 8 : destourner.

P. 8, l. 17 : diroit. — *Ms. A* 8 : pourroit penser.

P. 8, l. 18 : estoit. — *Ms. A* 8 : avoit.

P. 8, l. 30 : Et li voloit m. R. donner. — *Ms. A* 8 : Et baillier li voloit m. R.

§ **672.** En ce temps. — *Ms. d'Amiens :* En ce temps trespassa li aisnés filx dou prince de Galles, Edouwars, dont vous poés bien savoir que li prinches et la princesse furent durement courouchiés. Adont fu regardé et avisé ou conseil dou prinche pour tant que se maladie ne li allegoit point, que il se partesist dou païs et en rallast en Engleterre : espoir li airs li serroit plus pourfitables que chils de Gascoingne et le remeteroit en santé ou kas qu'il en avoit estés nouris et fais de jonèce ; che fu tout li remède que li surgiien et li medechin sceurent prendre ne aviser sus sa maladie. Si en respondi li prinches : « Dieux y ait part ! » Si ordonna on tantost naves et vaissiaux sus le rivière de Geronde pour lui, pour le princesse, pour Richart, leur joine fil, et pour touttes leurs gens.

Ainschois que li prinches de Gallez departesist d'Acquittainne, il s'en vint à Bourdiaux, et manda là tous les barons de Gascoingne, qui estoient demoré dallés lui, et ossi chiaux de Poito et de Saintonge : premierement le seigneur de Duras, monsigneur Berart de Labreth, seigneur de Geronde, monsigneur le captal de Beus, le seigneur de Longeren, le signeur de Courton, le seigneur de Rosen, le seigneur de Pummiers et sen frère, le signeur de Mulciden, le seigneur de Lespare, monsigneur Aimmeri de Tarsce, monsigneur Ghuicart d'Angle, le signeur de Pons, monsigneur Loeys de Halcourt, le signeur de Parthenay, le seigneur de Puiane, le signeur de Tannai Bouton et pluisseurs autrez ; et quant il furent tout venut, il les fist venir en une cambre devant lui, et là estoient dallés lui si doi frère, li dus de Lancastre et li conte de Cantbruge, et ossi li contes de Pennebroucq. Là leur remonstra il moult bellement et sagement comment en toutte honneur et en pais à son pooir il lez avoit maintenus et gouvrenés. Or estoit il enssi ordonnés que de retourner en Engleterre, mès il leur lairoit ses deus frèrez, et par especial le duc de Lancastre. Si prioit à tous et requeroit que il volsissent obeïr à lui, sicomme il avoient fait à li dou tamps passet, et li tenissent foy et loiauté en tous kas, si s'aquiteroient enviers Dieu et le roy son père, et li aidaissent à garder et à deffendre leur hiretaige que li Franchois à grant tort leur empechoient. Tout chil baron et chevalier dessus nommet li jurèrent et se obligièrent par fois et par sierment que ossi feroient il. Adont prist li prinches moult doucement congiet à yaux, et se parti assés tost depuis de Bourdiaux, et entra en son vaissiel qui estoit moult bien appareilliet pour lui et madame la princesse, sa femme, et Richart leur fil, et entrèrent leurs gens en autres nefs ordonnées pour yaux : si estoient bien trois cens hommes d'armes et cinc cens archiers, qui aidièrent le prinche à reconduire, afin que nulx mesciés ne durs encontres ne li presist sour le mer. Or lairons nous à parler dou prinche qui singla tant qu'il arriva en Cornuaille en Engleterre, et parlerons de son frère le duc de Lancastre et des seigneurs dessus nommés, qui estoient demourés à Bourdiaux. Apriès le departement dou prinche de Galles, si firent faire le obsèque moult reveramment de Edouwart, fil au dit prinche de Galles, qui estoit nouvellement trespassés, ensi que vous avés oy. F° 172 v°.

P. 9, l. 10 : et phisicien. — *Ms. A* 8 : et medecins.

P. 9, l. 11 : se assenti moult bien à ce conseil. — *Ms. A* 8 : s'i accorda assez bien.

P. 10, l. 6 : couvent. — *Ms. A* 8 : convenance. Fol. 340 v°.

P. 10, l. 10 : et le baisièrent tout en le bouche. — *Ms. B* 4 : et baisièrent tout li un après l'autre.

P. 10, l. 13 : ains. — *Ms. A* 8 : mais.

P. 10, l. 15 : leur. — *Ms. A* 8 : son.

§ 673. Assés tost apriès. — *Ms. d'Amiens* : Assés tost apriès chou que li prinches de Galles fu retrès en Engleterre, et entroes que li dus de Lancastre et li baron de Gascoingne entendoient à faire le obsèque dou fil le prince, et qu'il regardoient entre yaux là où il se poroient traire pour emploiier leur saisson et grever lors ennemis, se partirent de le chité de Pieregort une grande routte de Bretons, qui là s'estoient tenu en garnisson tout le temps, et chevauchièrent deviers un castiel mervilleusement fort, que on appelle Mont Paon. Si en estoit sires messires Guillaumme de Mont Paon, et se tenoit pour englès. Si tost que chil Breton furent venu jusques à là, desquels Bretons estoient cappitainne messires Guillammes de Loneval, messires Jehans de le Housoie, messires Loeis de Mailli et li sires d'Arsi, à petit de fait et de parlement, et me samble, seloncq ce que je fui adont infourméz, que li dessus dis messires Guillaummes de Mont Paon les mist en le fortrèche, et se tourna franchois. Ces nouvelles vinrent au duc de Lancastre et as barons de Gascoingne et de Poito, qui estoient adont à Bourdiaux. Quant il en seurent le verité, si en furent durement courouchiet, et regardèrent que tantost et sans delay il se trairoient deviers Mont Paon et y meteroient le siège et n'en partiroient jammès, si le raroient à leur vollenté, combien qu'il deuist couster. Si fist li dus Jehans de Lancastre, comme chiés et souverains de toutte la ducé d'Acquitainne, une priière et un mandement à touttes gens d'armes, barons, chevaliers et escuiers, qu'il fuissent, dedens un brief jour qu'il i mist, à Bregerach; car il s'en alloit devant Mont Paon. A ce mandement ne volt nus desobeïr, mais se partirent de leurs hostels touttes mannières de gens d'armes, et vinrent à Bregerach et à Bourdiaux au jour qui y fu assignés. Dont s'esmurent li dus de Lancastre, li contes de Cantbruge, li comtes de Pennebrucq, li sires de Duras, li sirez de Courton, li captaus de Beus, li sires de Lesparre, li sires de Pummiers, li sires de Longeren, li sirez de Chaumont, messire Loeis de Halcourt, messire Guichars d'Angle, li sires de Pons, li sirez de Partenay, li sires de Puiane, messires Jakes de Surgières, li sires de Tannai Bouton et tout li autre baron, chevalier et escuier, et estoient bien set cens lances de bonne gent d'estoffe et deus mil hommes autres parmy les archiers. Si chevauchièrent et cheminèrent moult areement et ordonneement par deviers Mont Paon, et fissent tant par leur esploit qu'il y vinrent. Si se logièrent tout à l'environ; il estoient gens assés pour faire y et bastir grand siège. F°s 172 v° et 173 r°.

P. 11, l. 2 : Si le fist. — *Ms. A* 8 : Et le fist faire.

P. 11, l. 17 : dou quel messires Guillaumes de Mont Paon. — *Ms. A* 8 : dont un chevalier.

P. 11, l. 23 : se rendi et tourna. — *Ms. A* 8 : se tourna et rendi.

P. 12, l. 15 : l'Estrade. — *Ms. A* 8 : l'Estrau. F° 341 r°.

P. 12, l. 22 : Fraiville. — *Ms. A* 8 : Framville.

P. 12, l. 30 : feroient morir à grant painne. — *Ms. A* 8 : feroit morir de male mort.

§ **674.** Quant li dus. — *Ms. d'Amiens :* Par devant le ville et le castiel de Mont Paon s'amanagièrent et hebregièrent li Englès, et li Gascons de leur costé ossi bien et ossi fort et par ossi bonne ordounance que don qu'il y dewissent demourer un an; car il sentoient en le fortrèce bons chevaliers et escuiers et bien taillés dou garder et dou deffendre. Si ordonnèrent encore li dessus dit instrumens et atournemens d'assaus grans et fors durement, et faisoient leurs gens priesque tous les jours aller assaillir, traire, lanchier et escarmuchier à ceux de le fortrèche, qui moult bien se deffendoient, et plus y perdoient li assaillant que li assis, car messires Guillaummes de Lonchval, messires Alains de le Houssoie, messires Loeis de Mailli et li sirez d'Arssy estoient droite gent

d'armes pour yaux souffissamment acquiter en telz besoingnes, et
ossi il en fissent bien leur devoir, tant que li dus de Lancastre et
ses gens qui estoient plus de trois mil combatans, y sisent plus
de nuef sepmaines. En ce tamps et le siège pendant devant Mont
Paon, s'avisa uns bons escuiers bretons qui s'appelloit Selevestre
Bude, et hardi homme durement, et estoit chils cappittainne et
souverains d'une autre fortrèce qui se nomme Sainte Basille, et
regarda en soy meysmes que chil chevalier breton, qui se tenoient
dedens Mont Paon, gisoient assés honnerablement, et que tous les
jours il avoient parti et fait d'armes, et c'estoit tout ce qu'il
demandoit : si se parti à dis hommes d'armes seullement de sa
garnison, et s'en vint de nuit tout à chevauchant, et fist tant qu'il
vint jusques à Mont Paon. Si trestost que chil de le garde sceurent
que c'estoit Selevestre Bude et se route, qui venoit là pour querre
les armes et aider ses compaignons, si en eurent grant joie et le
missent en le forterèce et ses gens ossi, et le conjoïrent li cheva-
lier breton et li compaignon qui là estoient, grandement, et le
remerciièrent moult de sa venue. F° 173 r°.

P. 13, l. 10 : lés. — *Ms. A* 8 : costez.
P. 13, l. 16 : de belourdes. — *Ms. A* 8 : autres choses.
P. 14, l. 15 : y. — *Ms. A* 8 : vers eulx. F° 341 v°.
P. 14, l. 28 : gas. — *Ms. A* 8 : fable.

§ **675.** Si com je vous. — *Ms. d'Amiens :* Ensi se tint li sièges
des Englès devant le castiel de Mont Paon, où il y eut fait maintes
bellez appertisses d'armes, maint assaut et mainte escarmuce, et
priesque tous les jours se venoient combattre chil dou castiel à
leur barrière à ciaux de hors, et là en y avoit des blechiés sou-
vent des uns et des autres. Enssi se tinrent il ung grant temps
mout honnerablement : si estudioient li signeur, qui devant seoient
nuit et jour, comment il pewissent aprochier le fin de leur siège
et yaux emploiier ailleurs, et fissent à l'un des lés à leur avis
aporter et achariier grant fuisson de bois et de velourdes et de
faghos et jeter ens es fossés et terre par dessus, et raemplir tant
que on pooit bien aprochier les murs. Si tost que cela fu fait et
qu'il eurent l'avantaige pour venir traire, lanchier et combattre
à ce costé à chiaux dou fort, il estoient trop pourveu de grans
escaufaus et mantiaus bien ouvrés et fort carpentés, où il pooient
bien [estre] en chacun vint hommez d'armes et quarante archiers.
Si les fissent par roes et enghiens amener et aprochier jusques as

murs, tous garnis et emplis de gens d'armes, d'archiers et d'artillerie. Si commencièrent chil à traire par dedens le fortrèche et à assaillir durement; car ou piet de ces escaffaux avoit autrez hommes atout grans pilz et haviaux, qui piketoient et brisoient le mur et tout à le couverte, car d'amont on ne les pooit grever. Là eut ung très fort asaut et trop dur, car on ne poroit ymaginer coumment chil de dedens se deffendoient vaillamment et corageusement, et estoient sur les murs armé et paveschiet contre le tret, et faisoient là merveilles d'armes; mès ce qui les greva et esbahy, che fu par le picketer desoubs ou mur, car on y fist ung grant trau. Si n'estoit ils nulx qui y osast entrer; car il y avoit à l'encontre par de dedens grant fuisson de bonnes gens d'armes, qui trop bien gardoient et deffendoient le passaige et lanchoient à l'encontre mout vistement tonniaux, et les emplissoient de terre pour estouper ces petruis. Enssi dura ung jour tout entier li assaus, et convint les Englès departir pour le cause de la nuit, mais il pourveirent bien de bonne gent d'armes et d'archiers leurs escaufaus et leurs instrummens d'asaut, par quoy chil dou fort ne leur fesissent nul contraire, et les retrayrent à ce dont par les roes ens sus dou mur, et s'arestèrent tout li seigneur de l'ost que à l'endemain on yroit assaillir plus fort que devant. Cette nuit se renforchièrent li Franchois dou plus qu'il peurent, et restoupèrent les pertruis dou mur; mès bien perçurent li chevalier breton qui là estoient et Selevestre Bude, que il ne se poroient longement tenir. Si aurent tamainte imagination à savoir quel cose il feroient, se il demoroient ou se il se partiroient. Toutteffois tout consideré et pour leur honneur, il demourèrent, et dissent que il avoient pluz chier à atendre l'aventure de Dieu et y estre pris par biau fait d'armez, que ce qu'il leur fuist reprochie nulle vilonnie.

Quant ce vint à l'endemain environ soleil levant, li dus de Lancastre fist sonner sez trompettez. Si s'armèrent touttes gens, et se traist chacuns à se livrée, et puis aprochièrent le castiel, et entrèrent dedens les escaufaus touttes nouvellez gens, hommez d'armes et archiers, et puis furent par les roes amenés jusques as murs. Si commencièrent li archier à traire fort et roit, et les gens d'armez à combattre. Là eut, je vous dis, fait mainte belle appertisse d'armes, et trop bien se deffendirent chil dou fort. Entroes que on entendoit à l'assaillir et que pries tout chil de l'ost estoient à l'assaut, messires Guillaummes de Mont Paon, qui ces Bretons avoit mis dedens le fortrèce, regarda le peril et le parti où il estoient, et que nullement à le longe il ne se pooient tenir, et que, se il estoient pris, de se vie estoit noiens, si s'avisa qu'il s'embleroit des autres et se partiroit sans congiet et les lairoit finer au mieux qu'il poroient : si monta sus un courssier, et fist ouvrir une posterne à l'opposite de l'asaut et se mist as camps, et se sauva par telle mannière, et toudis duroit li assaus. Quant ce vint environ primme, li picketeur, qui estoient au darrain estage de l'escauffault, avoient tant ouvré et pické, que il fissent reverser un pan dou mur, dont n'y eut ens es chevaliers bretons que esbahiz. Si se traissent avant et fissent signe qu'il volloient parler et tretiier d'acort. Li dus de Lancastre, qui en vit le mannière, y envoiea monsigneur Guichart d'Angle, et fist cesser l'assaut; car bien li sambla qu'il les aroit, quant il vorroit. Sitost que li marescaux d'Acquittainne fu là venus, il li dissent : « Monsigneur Guichart, nous nos vollons rendre sauve nos corps et le nostre, et nous partirons de chy, et vous lairons le fortrèce. » — « Signeur, signeur, respondi messires Ghuicars, il n'yra mies enssi. Vous avez tant cousté, argué et courouchié monsigneur de Lancastre que je croi bien qu'il ne vous prendera à nul merchy. » Dont respondirent li chevalier breton, et dissent : « Monsigneur Guicart, nous sommez saudoiiers gaegnans nos saudées au roy de France, et qui loyaumment nous vollons acquitter envierz no signeur, sicomme vous feriés pour le vostre; si vous requerons que vous nous menés justement au droit d'armes, enssi que chevalier et escuier doient faire l'un l'autre, et que vous vorriés que on vous fesist, ou les vostrez, se vous estiés ou parti où nous sommes. » Dont respondi messires Guichars, et dist : « J'en iray vollentiers parler à monsigneur de Lancastre, et savoir quel cose il l'em plaira à fere, et tantost retourray. » Adont se parti messires Guicars, et s'en vint au dit ducq qui n'estoit mies loing de là, et li remoustra comment li chevalier de Mont Paon se volloient partir et laissier leur fortrèche. Dont respondi li dus, et dist : « Maugré en aient il ! Sachiés, messire Guichars, qu'il ne s'en partiront pas enssi, mès demoront deviers my et en me vollenté. » — « Monsigneur, dist li marescaux, vostre vollenté serra telle qu'il passeront parmy courtoise raenchon; car, se il se sont tenu et ont gardé le forterèce vaillamment et à leur pooir, on ne leur en doit savoir nul mauvais gré, et ou parti où il sont poevent vos gens escheïr tous les jours, siques vous leur ferez le droit d'armes. » — « Monsigneur, ce dist li captaus de Beus, messires Guicars dist bien et l'en creés, car il vous consseil à vostre honneur. » Adont se rafrenna un peu li dus de Lancastre, et li dist : « Messire Guicart, je le vous acorde, mès nullement je ne voeil que messires Guillaummes de Mont Paon soit mis ou tretiet. » — « Sire, dist li marescaux, de par Dieu! » Adont s'en revint il là où li chevalier breton l'atendoient, et leur dist : « Certes, signeur, à grant dur j'ai empetré deviers monsigneur que vous soiiés pris et mis à raenchon convignable par droit d'armes, sans vous trop presser; toutteffois vous le serés; mès monsigneur Guillaume de Mont Paon ne voet nullement li dus pardonner son mautalent, mès le voet avoir à faire son plaisir. » Dont respondirent li chevalier breton, qui ja estoient enfourmet que chils s'estoit partis, et dissent : « Messire Guicart, nous parlons de nous tant seullement. De monsigneur Guillaumme ne savons nous riens, et quidons mieux qu'il soit hors que ceens ou que dedens, et vous jurons que nous ne savons où il est ne quoi devenus. Par raison vous ne nous en devés demander plus avant. » — « C'est voirs, » dist messires Guichars. Adont fist on retraire touttez mannièrez de gens assallans. Si se vinrent li chevalier françois et li hommes d'armes, qui là estoient avoecq yaux, rendre et mettre en le prison le duc de Lancastre, qui les prist vollentiers et qui envoya tantost dedens Mont Paon querre et cerchier, se on poroit trouver le chevalier dessus nommet; mès il raportèrent que nennil et qu'il s'estoit partis très le matin. De ce fu li dus de Lancastre mout courouchiés, mès amender ne le peut. Si envoiea de rechief par dedens le fort monsigneur Guicart d'Angle prendre le saisinne et le possession dou castiel, et y estaubli à demourer le seigneur de Muchident et monseigneur le soudich de Lestrade et cent hommez d'armes et deus cens archiers pour le garder, lequel chevalier dessus noummet le fissent remparer et et fortefiier par les hommes dou pays mieux que devant, et en fissent une grosse garnison et qui mout grevoit et cuvrioit chiaux de Pieregorch avoecq le garnison de Bourdelle qui se tenoit englesse. F^{os} 173 r° et v^o, 174 r°.

P. 15, l. 12 : pis. — *Ms. A* 8 : pics. — *Ms. B* 1 et *B* 4 : pilz.

P. 15, l. 23 : par mi ce mur trauet. — *Ms. A* 8 : premierement.

P. 16, l. 14 : Guillaume. — *Ms. A* 8 : Guillaume de Mont Paon. F^o 342 r°.

P. 17, l. 1 : abrisier. — *Ms. A* 8 : abregier.

P. 17, l. 11 : païsans. — *Ms. A* 8 : maçons.

§ 676. Apriès le reconquès. — *Ms. d'Amiens :* Apriès le prise de Mont Paon, se departirent li signeur, et leur donna li dus de Lancastre de revenir ung tierme, tant qu'il les manderoit, à leurs maisons. Si s'en rallèrent li signeur de Gascoingne en leur pays, pour garder lors fortrèces à l'encontre dou conte d'Ermignach et dou signeur de Labreth et des compaingnes de leur costé qui leur faisoient grant guerre. Ensi estoit li pays entouilliés li uns sur l'autre : li fors foulloit le foible, li voisins desroboit et tolloit son voisin quanqu'il avoit; un jour tenoit les camps li Englès, et l'autre li Franchois, ne on ne vit oncques tel guerre, ne on ne se savoit en quoy apoiier; et avint pluiseurs fois que, quant li Englès venoient devant une fortrèche franchoise et il les requeroient à rendre, il s'en tournoient englès; et sitost qu'il estoient parti, et li Franchois revenoient, il se retournoient franchois. Dont par celle mannière et par tel variement tamainte ville en fu violée, robée, arse et gastée, et tamains castiaux abatus et reverssés pas terre, et tamains homs mors et perdus sans merchy. F° 174 r°.

P. 17, l. 22 : espardre. — *Ms. A* 8 : estendre.

P. 17, l. 26 : à avoir besongne. — *Ms. A* 8 : avoir à besoingnier.

P. 18, l. 5 : Charuels. — *Ms. A* 8 : Carlouet le Breton.

P. 18, l. 6 : adamagoient. — *Ms. A* 8 : dommageoient.

P. 18, l. 11 : doubtance. — *Ms. A* 8 : doubte. F° 342 v°.

§ 677 et 678. Assés tost *et* Cilz chastiaus. — *Ms. d'Amiens :* Or vous diray dou signeur de Pons en Poito qu'il en avint. Assés tost apriès chou que on fu revenu de Mont Paon, il se tray franchois, dont li seigneur d'Engleterre eurent grant merveille, car il avoit estet ja grant plenté en leurs chevauchies. Et si trestost qu'il fu tournés franchois, il envoya souffissamment deffiier le ducq de Lancastre et tous ses aidans, liquelx dus fu de ceste aventure durement courouchiés, car li sirez de Pons li estoit ungs grans bourdons en son pays; et quoyque li sires de Pons fust tournéz franchois, ma damme sa femme se tint englesce, et dist que ja ne relenquiroit le roy d'Engleterre, et ses maris avoit tort, quant il estoit devenus franchois. Enssi se portoient lez parchons. Si envoiea li dus de Lancastre saisir le ville de Pons en Poito, et i mist grant garnison de par lui et fuisson de bonnes gens d'armes, et en fist souverain et cappitainne monseigneur Aimmenon de

Bourch, un hardi et sceur chevalier durement. Enssi se tenoit li ville de Pons et la damme englesse, et li sires estoit franchois, et couroit tous lez jours jusques as barrières de sa ville. F° 174 r°.

P. 18, l. 28 : est là uns grans sires malement. — *Ms. A* 8 : estoit malement grant seigneur.

P. 18, l. 31 : de le ville... englès. — *Ms. A* 8 : qui se voloient tenir englès, qui demouroient en la dite ville de Pons.

P. 19, l. 13 : en l'autre. — *Ms. A* 8 : dedens les autres.

P. 19, l. 18 : les. — *Ms. A* 8 : qui les.

P. 19, l. 20 : cité. — *Ms. A* 8 : ville.

P. 20, l. 2 : ou de. — *Ms. A* 8 et *B* 4 : pour aidier à.

P. 20, l. 16 : de le cité... Touars. — *Ms. A* 8 : de Touars et de la cité de Poitiers. F° 343 r°.

P. 21, l. 4 : pertruisièrent. — *Ms. A* 8 : percièrent.

§ **679** et **680**. Nous retourrons *et* Quant li Englès. — *Ms. d'Amiens* : Or revenrons à monsigneur Bertran de Claiequin, connestable de Franche, qui s'estoit tenus à Paris dallés le roy ung grant temps après le revenue de Pont Volain, où il avoit rués jus les Englès, sicomme chi dessus est recordé. Si regarda que pour emploiier son tamps, il se trairoit en le Langhedoc et feroit guerre as forteresches qui englesces se tenoient, car encorres y en avoit pluiseurs en Auviergne, en Limozin, en Roherge, en Quersin et en Pieregorch, sans le pays de Poito, de Saintonge et de le Rocelle ; et par especial il y avoit un chevalier englès en La Millau sus le marce de Rodès et de Montpellier, qui s'appelloit messires Thummas de Wettevalle, qui là gisoit trop honnerablement, car il tenoit le garnison et avoit tenu plus d'un an et demy contre les Franchois, et ossi Le Roche Vauclere, quoyque li pays d'environ fust tous tournés franchois ; et faisoit li dis chevaliers avoecques ses gens pluiseurs belles yssuez, et gaegnoit moult souvent sour le pays pourveances et prisonniers à fuison, dont les plaintes venoient au duc d'Ango et au roy de Franche. Se dist ly connestables qu'il se trairoit celle part et que ce ne faisoit mies à souffrir. Si fist ung très grant mandement à estre à Bourges en Berri dedens un jour qu'il i assigna. Entroes qu'il ordonnoit ses besoingnes et qu'il se pourveoit de gens d'armes, se departirent de Poito et dou ducq de Lancastre li contes de Cantbruges et li contes de Pennebroucq, et revinrent arrière en Engleterre, car li roys les remanda ; et messires Bertrans de Claiequin esploita fort et songneusement, et se parti dou roy et s'en vint vers Orlyens. Si le sieuwoient touttes mannières de gens d'armes, et vint à Bourges, et là trouva il le duc de Berri. Si ne fissent gaires long sejour, mès se partirent de Bourges et passèrent tout le pays à grant esploit, et entrèrent en Auviergne, et s'en vinrent premierement devant une cité que on appelle Uzès, que li Englès tenoient, qui se nommoient à monseigneur Thummas de Wettevalle chi dessus. Si s'avisa li connestablez qu'il n'yroit plus avant, si aroit pris la garnison d'Uzès, car elle grevoit trop le pays, et si avoit adont avoecques lui toutte le fleur de le chevalerie de Franche ou en partie : le ducq de Berri, le ducq de Bourbon, monseigneur Robert d'Allenchon, conte du Perche, le conte de Saint Pol, messire Wallerant de Lini, son fils, le dauffin d'Auviergne, messire Huge Daufin, le conte de Bouloingne, messire Jehan de Bouloingne, le signeur de Biaugeu, Ainbaut dou Plasciet et grant fuison de bonnes gens d'armes, et estoient bien deus mil lanches. Si s'atrayrent tout chil signeur et leurs routtes devant Uzès, et le fissent assaillir fortement et durement, et y eut pluiseurs grans assaus et durs et faite tamainte appertisse d'armes, car li seigneur et li chevalier qui là estoient, ne s'espargnoient nient pour leur honneur, mès entroient en es fossés qui estoient grans et parfons et plains d'aighe, et y avoient fait ruer grant fuisson de faghos et d'estrain, sour quoy il passoient et venoient comme bon chevalier et appert li ungs par l'autre, enssi que par envie, jusques au piet dou mur, et montoient contremont, les targes sour lor testes. Ensi et en cel estat s'aquitoient il trop bien de l'assaillir, et ossi cil de le fortrèche d'iaux deffendre, car ils jettoient pierres et baus et gros mangonniaux, dont il les reculloient comme avanchiés qu'il fuissent, et les reboutoient à grant meschief jusques ens es fossés. A l'un de ces assaus fu en grant peril messires Wallerans de Lini, car il montoit contremont sa targe sour sa teste, armés de touttes pièces et vestus d'un jake de kamoukas très rice et bien ouvré; mès il fu ravallés d'une pierre par tel mannière que on le reverssa ens es fossés, et tourna jusques ou bruech, et ne s'en fuist jammès partis, qui ne l'euist secourut. Mès li contes de Saint Pol, ses pères, et se bannière estoient là en present : si saillirent tantost avant à le recousse, chevalier et escuier, et le traissent hors de l'aighe et du broccq où il estoit si entouilliés que on ne savoit de quel coulleur ses jaques estoit. En tel dangier et en tel aventure en y eut pluiseurs celle journée, car oncques gens ne se deffendirent plus aigrement 'ne plus vassaument comme cil qui dedens Uzès estoient. Quant li connestables de France eut consideret les grans assaus et certains que leurs gens faisoient, qui point ne s'espargnoient, et comment en vain il se travilloient, si lez fist retraire arrière, et chascun aller à son logeis pour yaux rafrescir et reposer, et ils meysmes se retrayst, et vint en le tente monsigneur de Berri. Là furent mandé li plus grant partie des seigneurs pour avoir consseil comment il se maintenroient, car li dis connestablez leur remoustra qu'il avoient ja esté là plus de quinse jours et assaiié le garnison de pluisseurs assaus ; mès, à ce qu'il pooit connoistre, elle estoit imprenable, car elle estoit forte, et si avoit dedens trop bonne gens d'armes et grant fuison : si leur pria tout autour que chascuns en volsist dire sen intention. A ce dont estoit nouvellement venus en Auvignon deviers le saint pape Gregoire XIe li dus d'Ango. Si avoit mandé le ducq de Berri, son frère, et le ducq de Bourbon, le conte du Perche, le conte de Saint Pol, le conte de Bouloingne, le dauffin d'Auvergne et aucun de ces seigneurs qui là estoient, qu'il le venissent veoir pour avoir consseil comment après les Paques dont il estoient mout prochain, il se poroient maintenir ; car il ne volloit mies que ces chevauchies ne chil concquès se fesissent sans lui. Si estoient enclin chil signeur à yaux trère deviers Auvignon et venir veoir le dist ducq et savoir quel cose il voroit dire et ordonner. Si fu conssilliet que chil signeur se partiroient et venroient tout en Avignon excepté le connestable et li Breton, mès chil là chevauceroient deviers Roherge et Limozin et tenroient les camps à leur pooir. Si se deslogièrent de devant Uzès touttes mannières de gens d'armes, et descendirent par routtes deviers Avignon sicomme dessus est. Et li connestables li sires de Clichon, li viscontes de Rohem, messires Loeis de Sausoire, marescaux de Franche, li sires de Laval, li sires de Biaumannoir et grant fuisson de bonnes gens d'armes de Bretaingne se retraissent plus amont deviers Limozin, et là se missent en le routte dou connestable chil baron de Limozin, messires Loeis de Melval, messires Raimmons de Maroeil et li sires de Pierre Bufière, qui estoient tourné franchois.

Tantost après le Pasque que on compta en ce tamps l'an mil trois cent settante et un, et que chil signeur dessus nommet eurent estet en Auvignon veoir le puppe Grigoire et tenu leur pasque avoecq lui et parlet au duc d'Ango, il se departirent et s'en revinrent deviers le connestable qui seoit devant La Millau, où messires Thummas de Wettevalle se tenoit et estoit tenus ung grant tamps mout honnerablement ; mès li dus d'Ango, quoyque vollentiers y fuist allés, n'y ala mies adont, car li rois de Franche, ses frères, li manda, entroes qu'il estoit en Avignon, qu'il venist parler à lui. Si s'avala li dis dus deviers Lions sus le Rosne pour venir en Franche ; et lis dus de Berri, li dus de Bourbon, li comtes de Saint Pol, li comtes du Perche, li comtes de Bouloingne, li daufins d'Auviergne, li sires de Sulli, li sires de Biaugeu et li autre chevalerie de Franche se traissent en Auviergne et vers Roherge où li connestablez de Franche se tenoit à siège devant La Millau où il y eut pluiseurs assaus, escarmuches et paleteis, et dura li dis sièges mout avant en l'esté. Finablement chil de le garnison furent si astraint qu'il ne peurent plus souffrir, car li dis chevaliers englès, qui là s'estoit tenus plus de vint mois, considera que tous li pays d'environ estoit rendus et tournés franchois, si ne pooit avoir secours ne comfort de nul costé, pour quoy il commencha à traitiier deviers le connestable et les seigneurs qui là estoient, que il renderoient le forterèce, se on le volloit laissier partir et tous les siens, sauve leurs corps et leurs biens. Li signeur de France entendirent ad ce tretiet, et se passa, et partirent li dit Englès de La Millau sauvement, yaux et le leur, et furent conduit jusques en Poito, que oncques n'y eurent point de damage.

Apriès le reconcquès de La Millau, dont tous li pays fu resjois grandement, car ceste fortrèce leur avoit porté trop de contraire, se traissent li Franchois devant Le Roce Vauclère qui point ne se tint trop longement, mès se rendirent par composition enssi que li dessus dit, et furent pris à merchy. En apriès reprist li connestables aucuns petits fors sus les marches de Roherge, d'Auviergne et de Quersin, que li Englès avoient fortefyé, et en delivra auques tout le pays parmy le confort des dessus dis seigneurs qui estoient en se routte, puis s'en vint devant le cité d'Uzès, et le assega comme en devant de tous poins. En ce tamps repassa li dus d'Ango parmy Auviergne, qui avoit estet en Franche et viseté l roy Carle, son frère. Si se rafresci à Clermont en Auviergne et envoyea ses gens devant Uzès, où il y eut maint assaut et mainte escarmuche. Finablement chil qui dedens estoient et qui gardé l'avoient, le rendient par composition sauve leurs corps tant seullement : nulle autre cose n'en portèrent. Apriès le prise et le reconket d'Uzès, ces gens d'armes se departirent et passa oultre li dus d'Ango deviers Montpellier et viers Toulouze, où le plus il se tenoit, et li connestables revint en Franche et li plus grant partie des autres seigneurs dessus nommés. F° 174 r° et v°, 175 r°.

P. 21, l. 26 *et partout :* de Claiekin. — *Ms. A* 8 : du Guesclin.

P. 22, l. 8 : encores de nouviel les. — *Ms. A* 8 : encores les.

P. 22, l. 9 : tenoient ou. — *Ms. A* 8 : tenoient de nouvel ou.

P. 22, l. 11 *et partout :* Ussel. — *Ms. A* 8 et *B* 4 : Uzès.

P. 22, l. 28 : le assegièrent. — *Ms. A* 8 : se logièrent. F° 343 v°.

P. 23, l. 3 : des chiés. — *Ms. A* 8 : chiefz.

P. 23, l. 6 : fisent. — *Ms. A* 8 : orent parlé.

P. 23, l. 14 : que. — *Ms. A* 8 : quant.

P. 24, l. 1 : non. — *Ms. A* 8 : et non.

P. 24, l. 10 : acquitta. — *Ms. A* 8 : acquist.

P. 24, l. 17 : voirs. — *Ms. A* 8 : verité. F° 344 r°.

P. 24, l. 31 : lavés. — *Ms. A* 8 : loez.

P. 24, l. 31 : amises. — *Ms. A* 8 : paroles.

§ **681** et **682**. Li rois d'Engleterre *et* Apriès celle desconfiture. — *Ms. d'Amiens :* En ce tamps faisoit ung très grant appareil pour passer le mer li dus de Lancastre, et avoit son passage segnefiié à ses deus cousins germains, le duc de Guerle et le ducq de Jullers, qui le devoient servir à mil lanches et entrer ou royaumme ou lés deviers Tieraisse à si grant effort que pour combattre tout chiaux qui contre eux se metteroient ; et devoient ossi y estre, il en estoient priiet et mandé, messires Robers de Namur, li comtez de Saumes en Ardane et tout chil de l'empire, qui avoecques yaux estoient aliiet. Et, quoyque ceste armée et emprise se mesist avant pour li, li roys d'Engleterre l'ordonnoit ou nom de son fil, le ducq de Lancastre, qui point n'estoit ou pays, ainschois estoit en Gascoingne, où il guerioit là fortement et avoit gueriiet tous le tamps depuis le departement dou prinche son frère. Mès on l'atendoit de jour en jour, car li roys l'avoit remandé, et estoient ses pourveanches sus le Geronde ou havene devant Bourdiaux. Or avint que ceste armée ne se fist point sicomme li roys et ses conssaux l'avoient empensé à faire, pour le cause de ce que en celle saison, ou mois d'aoust, une grosse assamblée de gens d'armes se mist sus en l'empire entre le ducq Wincelin de Braibant et de Luxembourcq qui en fu chiés de son costé, et le duc de Jullers et messire Edouwart de Guerles de l'autre costé ; et là eut, le nuit Saint Bietremieu l'an dessus dit, entre ces seigneurs et leurs gens une très grosse bataille et maint gentil homme mort et pris; et par especial, li dus de Guerle, qui avoit empris le guerre si forte et aporté si grant contraire le royaumme de Franche, y fu ochis, quoyque li dus de Jullers obtenist le plache, et là furent pris, dou costé le ducq de Braibant, il et tout li enfant et signeur de Namur qui là estoient, li comtez de Saumes, messires Jakemes de Bourbon, messires Walerans de Lini, et mors li comtes Guis de Saint Pol, ses pères, et grant fuisson de bons chevaliers mors et pris, siques pour celle avenue et pour le perte que li rois d'Engleterre eut là de son nepveult, messire Edouwart de Guerles, où il avoit très grant fiance, et le prise de monsigneur Robert de Namur et de pluisseurs bons chevaliers, dont li dus de Lancastre, ses fils, euist estet servis et aidiés en son voiaige, il rafrenna son pourpos et contremanda ceste armée et chevauchie : se ne se prist nient si priès li dus de Lancastre de revenir. Depuis fu li dus de Braibant delivrez de le prison le duc de Jullers par le puissanche le roy Carle d'Allemaigne et empereur de Rome, son frère, et pluisseur prisonnier qui furent pris avoecq lui, par le pourcach de madamme Jehanne, femme au dit duch, ducoise de Braibant et de Luxembourcq. F° 175 r°.

P. 25, l. 1 et 2 : guerriiés et cuvriiés. — *Ms. A* 8 : hariez et guerriés.

P. 25, l. 13 : bien cler. — *Ms. A* 8 : amis. — *Ms. B* 4 : bien d'acort.

P. 25, l. 14 : heriiet. — *Ms. A* 8 : hardoiez et envais.

P. 25, l. 17 : à le Bay. — *Ms. A* 8 : à la Bay.

P. 25, l. 24 et 25 : Richars de Pennebruge... Sturi. — *Ms. A* 8 : Richars Savi.

P. 26, l. 4 : grawés de fier et à kainnes. — *Ms. A* 8 : crochèz de fer et à kainnes de fer.

P. 26, l. 5 : Toutes fois. — *Ms. A* 8 : Et.

P. 26, l. 16 : par mi. — *Ms. A* 8 : par.

P. 26, l. 20 : des. — *Ms. A* 8 : des dis.

P. 26, l. 21 : à guerriier et heriier et à clore. — *Ms. A* 8 : guerrier et clore. F° 344 v°.

P. 26, l. 29 : comment que il en touchoit. — *Ms. A* 8 : comment il en tenroit.

P. 26, l. 31 : li plus sage des. — *Ms. A* 8 : les.

P. 27, l. 3 : ains. — *Ms. A* 8 : avant.

P. 27, l. 5 : ordenances qui furent ditté et seelé. — *Ms. A* 8 : ordenances seelé.

§ 683 et 684. Vous avez bien oy *et* Li dus Jehans de Lancastre. — *Ms. d'Amiens :* Vous avés bien chy dessus oy recorder comment li rois de Maiogres avoit estet pris en Espaigne en une ville qui s'appelle le Val d'Olif; or vous parlerai de se delivranche. Li rois Henris, qui le tenoit en se prison, l'avoit rendut et delivret à monsigneur Bertran de Claiequin, en cause de paiement de ses gaiges, et estoit li dis rois de Maiogres prisonniers au dit connestable de Franche, et li fist venir tenir prison à Montpellier. Assès tost apriès pourcachièrent sa delivrance la marquis[e] de Montferrat, sa soer, et la roinne de Naples, sa femme, parmy cent mille francs qu'il en paiièrent, et tant en eut messires Bertrans. Depuis qu'il fu delivré, il se composa et acorda au roy Henry d'Espaingne, et vint en Auvignon et se complaindi au pappe Gregoire du roy d'Arragon, qui li tolloit son hiretaige sans droit et sans raison. Li pappes fut adont si consillet qu'il li acorda bien à faire guerre au roi d'Aragon pour le cause de son hiretaige ravoir. Si se pourvei li roys James de Maiogres de gens d'armes; et prist grant fuison de compaignes, dont messires Garsions dou Castel, messires Jehans de Malatrait, messires Selevestre Bude et Jackes de Bray estoient me[ne]ur et cappittainne. Si pooient bien estre ces gens mil combatans, et entrèrent en Espaingne par l'acort dou roy de Navarre et dou roy Henri, et fissent guerre au roy d'Aragon, mès elle ne dura point longement, car li rois de Maiogres s'acoucha malades en Espaingne ou Val de Sorie, de laquelle maladie il morut. Dont se retraissent ces compaingnes et ces gens d'armes deviers le duc d'Ango, qui les rechut vollentiers et qui bien les seut où emploiier.

Encorres avés vous bien oy recorder chy dessus comment la mère de la roynne de Franche et dou duc de Bourbon fu prise en Belleperche, et ossi de messire Ustasse d'Aubrecicourt, comment il fu pris de Thieubaut dou Pont ou castiel de Pierre Bufière, si ques il avint ensi (pour tant, une boute, l'autre requiert), messires Ustasse aida mout grandement à le delivrance de la dessus ditte damme et en eut mout de painne et mout de pourcach : ossi il en souvint le duc de Bourbon et la roynne de Franche. Si fu li dis messires Ustasses mis à finanche parmy douse mil frans que dubt paiier pour se raanchon, et en paya uit mil tous appareillés; et pour les autres quatre mil, demoura li dus de Bourbon parmy, tant que ungs biaux fils que messires Ustasses avoit, nepveux au duc de Jullers, filz de sa soer, en fu plèges et delivrés deviers le dit ducq. Depuis ceste ordonnanche, messires Ustasses d'Aubrecicourt s'en vint en Constentin deviers le roy de Navarre, qui le retint à lui et fist souverain deseure tous ses chevaliers. Assés tost après li dis messires Ustasses se acoucha malades en le conté d'Evrues, de laquelle maladie il morut. Dieux en ait l'ame, car ce fu en son tamps ungs moult appers chevaliers!

Nous retourons as besoingnes de Poito, et parlerons des barons et des chevaliers qui là se tenoient de par le roy d'Engleterre, telz que messires Loeis de Harcourt, li sires de Partenay, messires Guicars d'Angle, li sires de Puiane, li sires de Tanai Bouton, li sires de Rousselon, messires Guillaummes de Crupegnach et pluisseurs autres. Si regardèrent en celle saison que la ville et li castiaux de Montcontour leur portoit trop grant contraire : si s'avisèrent qu'il metteroient le siège par devant, et de ceste chevauchie seroit chief messires Thummas de Perssi, senescaux de Poito, li sires de Partenay et messires Ghuichars d'Angle, et feroient leur amas et leur assamblée à Poitiers.

Ensi regardèrent et advisèrent chil signeur dessus nommet, qu'il venroient mettre le siège devant Montcontour. Si se ordonnèrent et mandèrent gens de tous costés et especialement des compaingnes, et fissent leur assamblées à Poitiers. Quant il furent tout venu, il estoient bien trois mil combatans, uns c'autre : si se partirent de le cité de Poitiers et cheminèrent à grant esploit, et fissent tant qu'il vinrent devant Montcontour, qui est ungs très biaux castiaux et fors seans sur le marche d'Ango et de Poito, à quatre lieuwes de Touars. Si le assegièrent de tous costés et l'assaillirent vistement, car il avoient avoecq yaux fait mener et akariier grans instrummens et atournemens d'assaut, dont il grevoient grandement chiaux dou fort. Par dedens le garnison se tenoient messires Pierres de la Gresille et Jourdains de Couloingne, appert hommes as armes durement, et avoient avoecq yaux des bons compaignons bretons et franchois qui leur aidoient à garder le fortrèce. Si furent devant le fortrèce de Montcontour li dessus dit Eng^lès poitevin, desquelx messires Thummas de Perssi, li sires de Partenay et messires Guicars d'Angle estoient souverain, environ quinse jours; et eut là en dedens fait tamaint fort assaut et dur, car mout pressoient li dessus dit que il le peuissent prendre par forche ou autrement, car on leur disoit que li connestables metoit sus grant fuison de gens d'armes pour venir lever le siège. Si n'en estoient mies li dessus dit plus asseguret, et se hastoient ce qu'il pooient à painnes nuit et jour sans cesser de l'assaillir; et requeroient à chiaux dedens qu'il se rendissent, et on les lairoit partir courtoisement; mès il n'y volloient entendre, car il esperoient à estre comforté du connestable de Franche, et l'euissent esté sans faute, se ilz se peuissent estre plus longement tenus; mès, enssi que je vous ai dit, on les assalloit si ouniement et par tant de mannières, que finablement li castiaux fu de forche concquis, et pris li doy cappittainne messires Pieres de la Gresille et Jourdains de Couloingne, et encorres ne say cinc ou sis bons hommes d'armes, et li demorans tous tués sans merchy. Ensi eurent li Englèz le castiel de Montcontour qu'il trouvèrent bien garny de touttes pourveanches et de fuison de bonne artillerie. Si regardèrent entr'iaux li chevalier qu'il le tenroient, puisque conquesté l'avoient, car il leur estoit bien seans pour gueryer le terre d'Ango et les autres villes et fortrèchez qui françoises se tenoient; et y ordonnèrent à demourer monsigneur Gautier Huet, Carsuelle et David Holegrave et touttes les compaingnes, qui là estoient de leur costé, et qui s'estoient remis enssamble depuis le desconfiture de Pont Volain.

Apriès ceste ordonnance de Montcontour et l'estaublissement que messires Guichars d'Angle et li autre y eurent fait, il donnèrent congiet au demourant de leurs gens, et s'en revinrent à Bourdiaux où li dus de Lancastre se tenoit, qui les rechupt à grant chière. Ensi laissièrent il par les dessus dit gens de compaingnes gueriier le pays d'Ango et les marches du Mainne, où il avoit ossi ens es garnisons mout de bonne gens franchois. En ce tamps se trouvèrent sus mer en ung lieu en Bretaingne, que on appelle Le Bay, li Flamenc et li Englès qui adonc se herioient et avoient sur mer heriiet toutte le saison; et consentoit bien li comtes de Flandres ceste guerre entre ses gens et les Englès pour la cause dou duch de Bourgoigne, qui avoit sa fille espousée sicomme vous savés, et euist encorres volentiers plus plainnement gueriiet les Englès, se ses gens l'euissent acordé, mès il n'en avoit mies bien l'acord.

Touttefois, ensi que renommée couroit en Engleterre et que li roys englès estoit enfourmés, li comtes Loeis de Flandres avoit mis sus mer grant fuison de ses gens pour porter dammaige as Englès, se il lez trouvaissent ou encontraissent, dont Jehans Pietresone estoit amiraux et cappittainne de leur navie. Et à ce dont venoient en Bretaingne lez gens le roy englès, c'est assavoir : li contes de Herfort, messires Richars de Pennebruge, messires Alains de Bouqueselle, messires Richars de Sturi et pluiseurs autres chevaliers de l'ostel du roy, et pour parler au duc de Bretaingne de par le dit roy ; et pour ce que il estoient en doubte des Flammens, s'estoient il pourveu bien et grossement : si estoit amiraux de leur navie messires Guis de Briane. Si se trouvèrent ces deus navies, sicomme dessus est dit, à Le Bay en Bretaingne : si se combatirent enssamble fierement et radement, et y eut très dur hustin et très fort et mout perilleux, et fait de l'un lés et de l'autre tamainte belle appertise d'armes, et furent ce jour li Englès en grant peril d'estre tout mort et desconfi, car li Flamencq estoient plus de gens qu'il ne fuissent et mieux pourveus de gros vaissiaux et de toutte artillerie, dont il eurent un grant temps bon avantaige; mès finalement li comtes de Herfort, qui fu ungs appers et hardi chevaliers, s'i esprouva si bien, et tout chil de se routte, ossi messires Richars Sturi et li autre, qu'il desconfirent che qu'il y avoit là de Flammens; et y fu pris leurs amiraux, Jehans Pietresonne, et prisonniers à monsigneur Gui de Brianne ; et en y eut grant fuison de mors et de noyés, et mout petit s'en sauvèrent. Si retournèrent li dessus dit Englès atout leur concquès de barges et de vaissiaux et leurs prisonniers en Engleterre, et recordèrent au roy comment li Flamencq lez avoient envays et assaillis. De che fu li roys moult courouchiés, mès ce le rejoyssoit qu'il veoit ses gens retournés en bon point et à l'onneur d'iaux, et dist adont li roys, en maneçant les Flammens, qu'il leur feroit encorres chier comparer le guerre qu'il avoient de nouviel et sans raison reprise à lui et faite à ses gens.

Apriès le revenue dou dit comte de Herfort et de ses compaignons en Engleterre et le infourmation faite ou dit roy, li roys englès assambla ses gens de son conssoil, et fist [mander] ung grant parlement à estre à Londres en son palais de Wesmoustier. A ce parlement vinrent tout chil qui semons et priiet en furent : là eut pluiseurs coses parlées et devisées des sages d'Engleterre, et la principal cose estoit sus l'estat de Flandres, qui celle fois et autre che font à savoir. Li Flammencq avoient heriiet les Englès. Si fu enssi ordonné que li roys, pour l'onneur de lui et de son pays, mesist et establesist une cantité de vaissiaux armés et pourveus de gens d'armes sus les frontièrez de Flandrez, entre Zanduich et Calais, et que chil qui de par le roy là seroient, ne laiassent aller, passer ne venir nulle marchandise en Flandres, et leur fuissent ennemis touttes mannières de gens, de quelque nation qu'il fuissent, qui en Flandres voloient ariver pour faire y marchandise. Tantost apriès ceste ordonnanche, li roys englès par l'avis de son consseil mist et estaubli grant fuison de gens d'armes et d'archiers et de bons vaissiaux bien armés et bien pourveus sus mer, entre les destrois de Douvres et de Calais, sur l'estat dessus dit. Si trestost que ces nefs et ces gens d'armes furent sur mer, et il commencièrent à esploitier fort et delivrement à touttes mannièrez de gens allans et venans en Flandres, et tant que les plaintes en venoient tous lez jours as Flammens, et que tout marcheant resongnoient à venir en Flandres pour le peril et le doubte des Englès, adont regardèrent les bonnes villes de Flandres, et li conssaux et advis des sages hommez qui dedens abitent et demeurent, que ceste guerre et haynne as Englès ne leur estoit pas pourfitable, et que point n'en estoient cause, ne ne se mouvoit de leur costé. Si se traissent enssamble et en eurent pluisseurs conssaux : finablement il s'avisèrent tout d'un commun acord et se traissent deviers leur signeur le comte, qui adont se tenoit dehors Gand en une moult belle maison qu'il y avoit fait faire, et li remoustrèrent les plaintes des marcheans estragniers, qui venoient tous les jours jusques à yaux, comment il n'osoient aler ne venir ne faire ariver nulle marchandise en Flandre pour le doubte dez Englès. Et ossi li estaples des lainnes qui se tenoit à Calais, leur estoit clos, che qui estoit grandement au prejudisce de toutte le communauté de Flandrez; car sans le drapperie ne pooient il nullement vivre : « Pour tant, chiers sires, voeilliés y remediier; si ferés bien et aumosne, et acquerrés la grasce et amour de vos bonnes gens qui vous ont estet appareilliés à tous vos commandemens jusques à ores. »

Quant li contes Loeis de Flandres eut oy les raisons et les complaintes de ses gens, ilz, comme sages et ymaginans sires, leur respondi : « J'en aray prochainnement avis ; et tout le bonne remède parmi raison, sauve l'onneur de moy et de mon pays, je y meteray. » Chil qui là estoient envoiiet de par les bonnes villes, se tinrent de ceste responsce à bien content. Au tierch jour apriès fu conssilliéz li comtes, et en respondi plainnement et dist enssi, pour appaisier son païs, que le guerre que ses gens avoit ne faisoit as Englès, elle n'estoit en riens cause ne participans pour le roy de Franche ne pour le duch de Bourgoingne, à qui par succession li hiretaiges de Flandres, par la cause de sa fille, devoit retourner, ou à ses enfans, fors tant que, pour aucuns despis que li Englès avoient, passet avoit ja deus ans, fais à ses gens sur mer, si s'en volloit contrevengier ; et, se chil de Flandres volloient aller ou envoyer en Engleterre deviers le roy englès et son consseil, et savoir à quel title il s'estoient de commenchement esmeu contre lui, il le consentiroit assés legierement, et tout ce que li communs en feroient et ordonneroient pour le milleur et pour le commun prouffit de tout le pays, à l'onneur de li et de sa terre, il s'y acorderoit volentiers. Ces parolles furent rapportéez au consseil dez bonnes villes, qui les acceptèrent, et ordonnèrent tantost douse bourgois des sis milleurs villes de Flandres, liquel yroient en Engleterre parlementer au roy et à son consseil, et saroient plus plainnement qu'il ne savoient encorres pourquoi on les guerrioit. Ainschois que chil s'en meussent ne partesissent de Flandres, il envoiièrent devant impetrer un sauf conduit pour yaux et leur famille aller et retourner sans dammage : si leur fu acordé dou roy assés legierement. Adont se missent il à voie et cheminèrent tant qu'il vinrent à Callais, et là montèrent il en mer. Si arivèrent à Douvres, et puis chevauchièrent jusques à Windesore, là où li roys se tenoit adont.

Quant chil bourgois de Flandres furent venu à Windesore, il n'eurent mies accès de parler au roy, mès leur fu respondu de par le roy que il se traissent deviers Londres, car là seroient il expediet : il fissent ce que ordonné leur fu et vinrent à Londres. Au neufvime jour apriès, il furent mandé au palais de Wesmoustier devant le consseil du roy, à qui il remoustrèrent pourquoi il estoient là venu, et furent respondu si à point que ilz se tinrent assés pour comptens ; mès adont il se departirent de le cambre et du consseil le roy sans certain accord, et furent assigné de revenir le tierch jour après, et il oroient à ce jour le plus grant partie de l'intension dou roy. Si se partirent sour ce, et revinrent à lors hostelz. Vous devés savoir que à envis fuissent parti li Flammencq du roy englès ne de son consseil, sans avoir certain acord. Ossi li roys englès et ses conssaux n'avoient mies trop grant desir de gueriier les Flamens, car il avoient assés affaire d'autre part, et si leur est de necessité li pays de Flandres à tenir à amour, pour le cause de le marchandise qu'il y prendent et qu'il y envoient; car nulle part li Englès ne pueent avoir si belle delivranche de leurs lainnes qu'il ont en Flandres et par les Flammens. Si estoit bien chils poins et affaires considerés entre yaux, mès il se faindoient de premiers pour tant qu'il volloient y estre priiet, et moustroient qu'il n'avoient que faire des Flammens, mès li Flammens d'iaux. Touttezfois il fu tant parlementé et allé de l'un à l'autre, que unes trieuwes furent prisses à durer entre le roy englès et ses gens et le comte Loeis de Flandres et les siens jusques à le Saint Jehan Baptiste, que on compteroit l'an mil trois cens settante et deus, et de celle Saint Jehan en nuef ans enssuiwant. Si se fissent fort li bourgois de Flandres, qui là estoient venu et envoiiet, de le tenir et faire tenir à leur seigneur le comte et tout le pays enexsé en le trieuwe, et ossi il en avoient bonne procuration d'esploitier à leur entente. Si se partirent d'Engleterre dou roy et de son consseil, sus l'estat que je vous di, et s'en revinrent arrière à Bruges. Là eut à leur revenue ung grant parlement des bonnes villes de Flandres et dou comte leur signeur dessus noumet, et ossi de quatre chevaliers englès que li roys englès et ses conssaux y avoient envoiiet sus le conduit des dessus dis Flandrois, et le tretiet de le trieuwe dessus devisée, laquele fu là partout confremmée et saiellée et jurée à tenir sans enfraindre le tierme dessus deviset de l'ume partie et de l'autre.

Après ces ordonnanches, furent li pas de le mer ouvert, et coururent sceurement les marchandises de l'un pays en l'autre, mèz toudis se tenoit li estaples des lainnes à Calais, et là les venoient querre li Flammencq et acater, s'il les volloient avoir.

Or retourons nous as besoingnes de Poito et de Saintonge et de ces lointainnes marches. Vous avés bien chi dessus oy comment li prinches de Galles estoit tous malades retournés en Engleterre, et madamme la princesse ossi, et leur fil le jone damoiziel Richart, qui fu puis rois d'Engleterre, sicomme vous orés en l'istoire. Li dus de Lancastre, qui estoit là ordonnés et estaublis de par le dessus dit prinche à gouvrenner et à seignourir la duché d'Acquittainne, avoit ja fait depuis le departement de son frère le prinche pluisseurs chevauchies, armées et yssues sus les terres, qui leurs estoient ennemies, et se tenoit une fois en Angouloime et l'autre à Bourdiaux, et li baron de Poito, de Gascoingne, de Roherge et de Saintonge dallés lui. Encorres s'entretenoient bien chi[l] païs et li seigneur, baron et chevalier qui dedens demoroient, pour lui et en sen aye, tels que li sires de Duras, li sires de Rosen, li seigneur de Pumiers, li sirez de Chaumont, li sires de Courton, li sires de Longheron, li sirez de Lespare, li captaux de Beus, li soudis de Lestrade, messires Bernadet de Labreth, li sires de Geronde, messires Aimeris de Tarse; et de Poito : li sires de Partenay, messires Guicars d'Angle, messires Loeis de Halcourt, li sires de Surgières, li sires de Puiane, li sires de Tannai Bouton et pluisseurs autrez barons et chevaliers de ces marches et contrées dessus nomméez. Or fu enssi adont regardé et adviset entre cez signeurs et pluisseurs chevaliers d'Engleterre ossi dou consseil dou duc qui là estoient, que li dessus dis dus de Lancastre estoit à marier, et que une damme de hault affaire et de grant linage seroit bien emploiiée en lui, car il estoit durement haut gentils homs et de noble generation, et avoit eu à femme une très noble et gentil dame, madamme Blanche, fille au bon duc Henry de Lancastre, que li Gascon avoient moult amé. Si n'estoit mies li dus Jehans de Lancastre à present tailliés d'amenrir ne de lui marier en plus bas degret ne de menre linage ; car ja estoit il filz de roy et ungs grant sires de soy meysme. Si savoient chil dessus dit signeur deus jonnes dames et filles au roy dant Pierre d'Espaingue et hiretièrez par droit dou royaumme d'Espaingne, qui estoient à Bayonne, et là les avoit laissiées en plèges et en crant pour grant argent li roys dan Pìètres, leurs pèrez. Si fu enssi remoustret et dit au duch que adont il ne se pooit mieux mettre et asener que en l'ainnée de ces filles madamoiselle Constanse qui estoit de droit, par le succession dou roy son père, hiretière d'Espaingne, et encorres par che costé poroit il y estre roys d'Espaingne, qui n'est pas petis hiretaiges, mès ungs des grans dou monde royaumes crestyens, ou chil qui de li et de ceste damme descenderoient ; et que on devoit bien presumer et ymaginer si grant prouffit sus le temps à venir. A ces parolles entendi li dus de Lancastre mout vollentiers, et li entrèrent si ou coer que oncques puis ne l'en partirent, et bien le moustra ; car tantost il fist appareillier douse de ses chevaliers, et envoya querre et delivrer les dessus dittes dammoiselles Constance et Ysabel à Bayonne, et furent amenées et acompaignies des dammes de Gascoingne et de là environ jusques à Bourdiaux sus Geronde et là rechuptes à grant joie. Assés tost apriès espousa li dus de

Lancastre l'ainnée madamme Coustanse, en ung villaige dallés Bourdiaux, où il y a un grant mannoir dou signeur, que on appelle Rocefort, et là eut grant feste et grant solempnité des barons et des chevaliers, des dammez et des dammoiselles dou pays, et durèrent les noches et les festez bien douse jours.

Apriès les espousailles dou duc Jehan de Lancastre et de madamme Coustance, fille ainnée au roy dan Piètre d'Espaingne que ses frères, li rois Henris, avoit fait morir, sicomme chy dessus est deviset en ceste histoire, li dus de Lancastre eult consseil et vollenté de retourner en Engleterre et de amener y sa femme et sa serour ossi, madammoiselle Ysabiel. Si ordonna ses besoingnes et fist touttes ses pourveanches, et recommanda le pays de Poito et les marches par de delà, qui pour yaux se tenoient, en le garde et ou gouvernement des barons des pays, et par especial il elisi quatre souverains, dont li ungs fu li sires de Duras pour les marches de Gascoingne, li secons li captaus de Beus pour les frontières de Bourdiaux, li tiers messires Thummas de Persi pour les tierez de Poito et de Saintonge, et li quars avoecq lui li sires de Partenay. Et il leur dist ensi que il ne se partoit mies pour cose que il n'ewist grant vollenté et bonne de gueriier, mès pour imfourmer le roy, son père, et les barons d'Engleterre de l'estat dou pays, et que, se il plaisoit à Dieu, il retouroit à l'esté si bien pourveus de bonne gent d'armes que pour reconcquerir tout le pays qui perdu estoit ; et li dessus dit signeur et gardiien estaubli de par lui respondirent : « Dieus y ait part ! » Assés tost apriès, quant touttez ses pourveanches furent faittes et cargies, se departi li dus de Bourdiaux, et tous ses hostes, et montèrent en mer sus le rivière de Geronde et nagièrent tant au vent et as estoilles qu'il arivèrent en Engleterre ou havene de Hantonne. Si descargièrent depuis leurs vaissiaus tout bellement, et missent hors lors chevaux et tout leur harnois, et se reposèrent en ce faisant en le ditte ville de Hantonne par deus jours.

Quant il eurent là sejourné ces deus jours, et qu'il y furent rafresci, li dus et la ducoise se partirent et tous leurs arois, et chevauchièrent deviers Londres, et fissent tant par leurs journées qu'il y vinrent. Si y furent recheu moult sollempnement et très reveramment, et fu la nouvelle ducoise de Lancastre moult honerée, festiée et conjoïe, et tout chil et touttes celles qui avoecq lui estoient, pour l'amour de lui. Meysmement li rois en son palais de Wesmoustier le festia et conjoy mout grandement, car bien le savoit faire. Assés tost après le revenue dou duch de Lancastre en Engleterre, fu fais li mariaigez par l'acord et le vollenté dou roy englès et de son consseil, de monseigneur Aimon, comte de Cantbruge, son fil, et de la seconde fille au roy d'Espaingne, madammoisielle Ysabel qui estoit là avoecq sa soer, et eut as espousailles grant feste et grant solempnité ; et dissent adont li Englès que cis mariaiges leur plaisoit grandement et que leur doy seigneur s'étoient aloiiet à noble sanch et grant, et que grans biens et grans prouffis leur en venroit encorres et à leurs hoirs ; car il en demoroient hiretier dou royaumme d'Espaingne. Et avoecq tout ce, il avoient fait très grant aumosne ; car ces deus dammes estoient escachies et deshiretées : si n'euissent jammès esté relevées, se li enfant dou roy n'ewissent esté. Si en devoient avoir grant grace et grant loenge à Dieu et à tout le monde, voirs de chiaux qui loiauté et franchise amoient et aidoient à parmaintenir : telle estoit la vois et la renommée communement des Englès parmy le royaumme d'Engleterre.

Tout cest yvier se tinrent enssi chil signeur en Engleterre, regardans et ymaginans comment à l'estet il poroient faire un grant fet en Franche. Li aucun dou consseil le roy englès consilloient que li dus de Lancastre empresist à porter en touttes ses armoiries les plainnes armes de Castille, comme drois hoirs, et mesist sus une grande armée de naves et de vaissiaus, de gens d'armes et d'archiers, et venist en Espaingne combattre le roy Henry et reconcquerre le pays, et furent li Englès ung grant temps sus cel estat. F^{os} 175 r° et v^o, 176 r° et v^o, 177 r°.

P. 27, l. 9 : oy. — *Ms. A* 8 : oy cy dessus.

P. 27, l. 10 : rois. — *Ms. A* 8 : rois James.

P. 27, l. 13 : Montferrat. — *Ms. A* 8 : Montferrant.

P. 27, l. 22 : en. — *Ms. A* 8 : à.

P. 27, l. 25 : de rechief au chemin en istance de ce que pour guerriier. — *Ms. A* 8 : au chemin de rechief en entencion de guerrier.

P. 27, l. 27 : mort. — *Ms. A* 8 : tué.

P. 28, l. 2 : au dit roy. — *Ms. A* 8 : au roy.

P. 28, l. 4 : peut. — *Ms. A* 8 : pouoit.

P. 28, l. 11 et 12 : et acord... Arragon. — *Ms. A* 8 : du dit roy de Navarre et entrèrent en Arragon.

P. 28, l. 15 : essillier. — *Ms. A* 8 : assaillir.

P. 28, l. 16 : plain. — *Ms. A* 8 : plat.

P. 28, l. 21 : furent meneur et. — *Ms. A* 8 : furent.

P. 29, l. 3 : quoi c'aucun. — *Ms. A* 8 : combien que aucun. F° 345 r°.

P. 29, l. 8 : moullier. — *Ms. A* 8 : femme.

P. 29, l. 15 : le doubtance. — *Ms. A* 8 : la doubte.

P. 29, l. 17 : les deus filletes. — *Ms. A* 8 : les filletes.

P. 29, l. 26 : celles. — *Ms. A* 8 : elles.

P. 30, l. 4 : encontre. — *Ms. A* 8 : contre.

§ **685** et **686**. Ces nouvelles *et* Nous retourrons. — *Ms. d'Amiens :* Bien estoit li rois Henris d'Espaingne enfourmés des mariages dessus dis de ses deus cousinnes, mariées as enfans d'Engleterre, pourquoy il estoit en doubte qu'il ne li fesissent trop grande guerre et que par aucun meschief il s'acordaissent au roy de Franche, affin que plus plainnement il le peuissent gueriier. Si envoiea tantost li roys Henris grans messaiges deviers le roy de Franche, en lui remoustrant ces perils et les doubtes qu'il y metoit, et que pour Dieu et par amours il y volsist regarder et arester, car il estoit bons et loyaux Franchois et seroit tousjours. Li roys de Franche, comme sages et ymaginans, regarda le bonne vollenté dou roy Henri, et que voirement dou tamps passet l'avoit il en tous estas loyamment servi, et ossi que, se li royaummes de Castille estoit soumis ne concquis pas les Englès, sa guerre en seroit plus layde : si aseura tantost le roy Henry, et dist enssi qu'il fuist tout reconfortés, car jammais il n'aroit as Englès pais, acord, trieuwez ne respit, que il ne fuist ossi plainnement dedens enexés, comme il seroit ilz meysmes. Ces parolles et proummesses pleurent grandement au roy Henry, che fu bien raison, et en leva lettrez et instrummens publicques seellées dou propre seel le roy de Franche; et li roys de France ossi à l'autre lés prist lettrez et instrumens autentikes saiellées dou roy Henry et de tous les barons d'Espaingne. Enssi s'aliièrent, jurèrent et confermèrent chil doy roy enssemble, et ne peuvent faire pais ne acord as Englès li ungs sans l'autre, et doient estre aidant et confortant enssamble, et leur doy royaumme ; ne point ne s'en doivent ne peuvent repentir ne relenquir, che ont il juré par veu solempnel, presens prelas, dus, comtes, barons et chevaliers.

Par celle mannière vinrent les alianches entre le roy Carlon de Franche et le roy Henry d'Espaingne, et meysmement messires Bertrans de Claicquin, connestables de Franche, y mist et rendi grant painne; car moult amoit le roy Henry, et grans biens en disoit et recordoit. Dont il avint qu'il fu consilliet au duc de Lancastre que il fesist le roy son père pourcachier une trieuwe à durer deus ans ou trois entre lui et le roy de Franche; si aroit plus grant loisir et milleur avantaige de gueriier en Espaingne. Et fu adont li roys englès si enfourmés et consilliés qu'il envoiea en Franche grans messaiges sus tel estat que pour avoir unes trieuwez; mès chil qui envoiiet y furent, n'en peurent riens esploitier, et en respondi li roys de Franche plainnement qu'il n'avoit cure des trieuwes ne des respis son adverssaire le roy d'Engleterre. De ces responsses furent li rois englès et li dus de Lancastre durement courouchiés et virgongneux, et se repentirent mout quant envoiiet y avoient; et dist adont et jura li dis dus de Lancastre que hasteement il enterroit en Franche si poissamment que li royaummes s'en dieurroit vint ans après, et que jammais n'en partiroit, s'en aroit em partie sa vollenté, fust par pais ou autrement, à sen honneur. Si fist de rechief ses pourveances plus grandez et plus grosses assés que devant, et retint et manda gens de tous lés où il les pooit avoir, et estoit sen entente qu'il aroit le duc de Guerles, son cousin, et le duc de Jullers; car cil li avoient proummis qu'il le serviroit à douse cens lanches toutez etoffées, et feroient ung grant trau en Franche, et bien li en ewissent tenu couvent, mès ungs empecemens leur vint en celle meysme année, qui leur rompi leur pourpos, sicomme vous orés chy après en l'istoire. Encorres remanda li dus de Lancastre le seigneur Despenssier qui se tenoit à Venise et avoit gueriiet les seigneurs de Melans, messire Galeas et messire Bernabo, plus de deus ans; et li pria et enjoindi qu'il revenist en Engleterre au plus tost qu'il pewist, car il volloit mettre sus une très grande armée de gens d'armes et chevauchier en Franche. Sitost que li sires Despenssiers oy ces nouvellez, il se hasta ce qu'il peut, et se parti de Venise, mès ce ne fu mies si trestost.

En ce tamps trespassa de ce siècle chils gentilz et preus chevaliers messires Gautiers de Mauny, qui si par ses proèces et par ses biaux vassellages renlumine che livre em pluisseurs lieux. De le mort de lui furent li rois et tout li signeur d'Engleterre durement courouchiet, et fu mout plains et regretés de tous ses amis. Se li fist on faire son obsèque très reveramment en une eglise de Cartrous dehors Londres, que il avoit fait faire et edefiier, et la prouvenda [à] Chartrous qui tous les jours y font le divin offisce.

Si furent à son obsèque li roys et tout si enfant, excepté le prinche, et ossi y eut grant fuisson de prelas d'Engleterre, et fist li evesques de Londres le service. De monsigneur Gautier de Mauny remest une fille appellée damme Anne, qui eut à marit le jone comte Jehan de Pennebrucq, liquelx se traist assés tost apriès as hiretaiges monsigneur Gautier comme hiretiers de par sa femme, et envoya saisir et relever par un de ses chevaliers la terre de Mauny en Haynnau. F° 177 r° et v°.

P. 31, l. 30 : selonch. — *Ms. A* 8 : sur. F° 345 v°.

P. 32, l. 2 : pour le temps se tenoient Englès. — *Ms. A* 8 : pour Anglois se tenoient.

P. 32, l. 4 : avoient. — *Ms. A* 8 : avoit desir et.

P. 32, l. 6 : qui revenoit. — *Ms. A* 8 : prochain venant.

P. 32, l. 7 : ses frères. — *Ms. A* 8 : son père.

P. 32, l. 11 : estre mainbour et. — *Ms. A* 8 : estre.

P. 33, l. 2 : se s'i. — *Ms. A* 8 : s'i se. F° 346 r°.

P. 33, l. 17 : reschei. — *Ms. A* 8 : chei.

P. 33, l. 18 : cha en Haynau. — *Ms. A* 8 : cha.

§ 687. Tout cel iver. — *Ms. d'Amiens :* Vous devés savoir que quant li dus de Lancastre se parti de Bourdiaux et qu'il amena la ducoise sa femme, sicomme chy dessus est contenu, ens ou royaumme d'Engleterre, avoecq yaux se partirent de la ducé d'Acquittainne, tant pour yaux acompaignier que pour remoustrer au roy englès les besoingnes dou pays de Poito et de Saintonge, messires Guichars d'Angle, li sires de Puiane et messires Ammeris de Tarse. Si s'estoient chil chevalier tout l'ivier et le temps tenu en Engleterre, ung jour à Londres, l'autre fois dalléz le roy qui se tenoit le plus ens ou castiel de Windesore, ou dallés le prinche, qui gisoit tous maladez ens son mannoir de Berkamestede. Et avoient li dessus dit chevalier pluiseurs fois remoustré au roy l'estat et les besoingnes pour lesquellez il estoient là venu et envoiiet, et par especial messires Ghuicars d'Angle que li rois veoit vollentiers et l'en ooit parler, et li prioient chierement que il y volsist entendre et pourveir de remède. Li roys qui mout enclins a esté tousjours à aidier et à adrechier ses gens et par especial chiaux à qui il besongnoit, leur respondi que ossi feroit il prochainnement, mès il ne savoit encorres de quel part ceste armée qu'il metoit sus, dont si doy fil estoient chief, se trairoit, ou en Franche, ou em Pikardie, ou en Normandie par le pays de Constentin, ou se il iroient em Poito par le Rocelle; se leur prioit que ilz se volsissent souffrir et atendre tant que ses conssaux en aroit ordonné. Telle estoit la cause pour quoy li troi chevalier dessus nommet sejournoient en Engleterre, dont mout leur desplaisoit; mès amender ne le pooient puisque li roys et ses conssaux le volloient enssi. Or parlerons ung petit dou duc de Bretaingne.

Voirs est que en ce temps que ces coses se varioient sicomme vous avés oy recorder, li dus de Bretaingne metoit et rendoit grant cure à ce que ses pays et li noble et gentil homme de sa terre fuissent englès; et en fist pluisseurs assamblées et parlemens tant de chevaliers que des conssaux des chitéz et des bonnes villes de Bretaingne, mès nullement il ne pooit ses gens amenner ad ce qu'il fuissent englès nę qu'il gueriaissent le royaumme de Franche, leurs boins voisins; et s'escusoient souffissamment et disoient tout plainnement au duc et d'un acord que il n'avoit que faire de demourer en Bretaingne, se il volloit gueriier le royaumme de France, mès se tenist en sa pais et allast voller et cachier et lui deduire, et layast le roy de Franche et le roy d'Engleterre gueriier enssamble, et les Bretons servir le roy de Franche, se armer il se volloient. Chils dus, qui le coer avoit moult englès, ne prendoit mies en trop grant gret les responsces que cil de son pays li faisoient, car il se sentoit si tenus au roy d'Engleterre que il disoit bien à ses plus especials amis, tels qu'il estoit, li roy[s] englès et se puissanche l'avoit fait, et ja n'ewisst estet dus de Bretaingne, se li dis rois englès n'euist esté : pour quoy il se veist trop vollentiers dalés lui en renumerant les serviches et amistés que on li avoit fais. Si en eut chils dus pluisseurs imaginations et pourpos l'espasse de deus ou de trois ans, et tout ce savoit assés li roys de Franche par lez barons et les chevaliers de Bretaingne qui se court hantoient, dont li dis roys les tenoit à amour che qu'il pooit, et ossi les prelas et les riches hommes dez chités et des bonnes villez de Bretaingne, et les honneroit grandement, quant il venoient à Paris, et leur donnoit dou sien largement pour yaux mieux atraire à se vollenté, et tant faisoit que il estoient tout enclin et obeïssant à lui, et en avoit l'amour, l'antise et le service.

Or retourons à monseigneur Ghuichart d'Angle et as compaignons qui se tenoient en Engleterre dalés le roy et estoient ung grant temps puis le revenue dou duc de Lancastre ens ou païs, sicomme chy dessus est dit. Quant li yviers fu passés et la douce saison d'esté revenue que on compta l'an mil trois cens settante et deus et qu'il y eut ews pluisseurs parlemens en Engleterre sus l'estat des guerres et d'une très grosse armée que li dus de Lancastre volloit mettre sus et venir en Franche, sicomme il fist; mès ce ne fu mies si tost qu'il esperoit, et ce le arriera [enssi] que je vous diray. Le saison devant, avoit eu entre Tret sus Meuze et Jullers une très grosse bataille dou duc de Jullers et de monsigneur Edouwart de Guerles d'un lés, et de monsigneur Winchelans, duc de Luxembourcq et de Braibant, d'autre, à laquelle besoingne chils messires Edouwars de Guerles avoit esté ochis, dont li confors et espoirs des Englès estoit mout afoiblis; car il devoit servir le roy englès son oncle à mil lanches et faire ung grant trau en Franche, et devoit li dus de Jullers, ses serourges, estre avoecq lui; mès leur chevauchie et armée demoura tant pour le mort dou dessus dit monsigneur Edouwart que pour ce que li dus de Jullers se trouva mout empeschiés, car messires Carles de Behaingne, empereur de Romme, le volloit guerrïier pour le cause de son frère, le duc de Braibant, qu'il tenoit em prison et lequel il delivra par le doubtanche et puissance de l'empereur. Et ossi messires Jehans de Blois, et comtez de Blois, avoit pris à femme la sereur de monsigneur Edouwart dessus nommet, et clammoit à la ducé de Guerles grant part de par sa femme; si ne s'osoit li dus de Jullers partir de son pays, car il avoit l'autre serour de monsigneur Edouwart. Enssi estoient chil pays de Guerles et de Jullers ensonnïiet et entriboulet, car la contesse de Blois y faisoit grant guerre à l'encontre de son serourge le duc de Jullers, et de laquelle matère je me voeil partir assés briefment pour tant que elle ne touce de riens à nostre histoire des rois, fors tant que li Englès furent mout courouchiés de la mort de monsigneur Edouwart, car au voir dire c'estoit chils de par dechà le mer qui plus les pooit valloir et aidier. Si eurent toutte celle saison li Englès pluisseurs conssaux ens ou palais à Wesmoustier. Finalement il fu conssilliet et aresté que li dus de Lancastre et li contes de Cantbruge seroient chief, gouvreneur et souverain de ceste armée, et passeroient le mer à quatre mil hommes d'armes et douse mil archiers et bien otant de Galois et d'autre gens. Si ordonnèrent leurs pourveancez grandes et grosses seloncq chou, et mandèrent et prïièrent gens tout partout où il les penssoient à avoir, et retinrent bien de purs Escos quatre cens lances de bonne estoffe.

Quant messires Guichars d'Angle et li sires de Puiane et messires Aimeris de Tarse qui tout le temps s'estoient tenu en Engleterre, veirent et entendirent le certain arrest dou conssæil le roy et de ses barons, et que li doy fil le roy seroient chief et souverain de ceste armée, et que nul il n'en aroient pour remenner en Poito avoecq yaux, si se adrechièrent deviers le roy englès, et li fissent une priière et requeste qui s'estendoit en telle mannierre : « Chiers sires et nobles roys, nous veons et entendons que vous devés envoiier en ceste saison une grant armée et chevauchie dez vostres ens ou royaumme de Franche, pour gueriier les marches de Pikardie, de France, de Bourgoingne et d'Auviergne, de laquelle grosse armée vo doi fil seront gouvreneur et souverain, et ce soit à l'onneur de Dieu et d'iaux, si vous prions et requerons, chiers sires, ou kas que nous ne les poons avoir, ne l'un d'iaux par lui, que vous nous voeilliés baillier et delivrer le comte de Pennebrucq à gouvreneur et cappittainne, et que il vous plaise que il s'en viengne avoecq nous en es marcez de Poito. » Adont s'aresta li roys sous monseigneur Guichart d'Angle plus que sus les autres, et dist : « Messires Ghuichart, et se je ordonne le comte de Pennebrucq, mon fil, à aller avoecq vous ens ou pays de Saintonge, vous faurra il grant carge de gens pour aidier à garder et à defendre le pays contre nos ennemis ? » — « Monsigneur, respondi messire Ghuichars, nennil, mais que nous aiiens deus cens hommes d'armes et otant d'archiers pour les rencontres dessus mer et le finanche pour gagier trois mil combatans ; nous en recouvrerons bien par de delà ; car encorres y sont grant fuison de gens des compaingnes et gens d'autres nations, qui vous serviront vollentiers, mès qu'il aient bons gaiges, et que on lor paie ce avant le main pour cinc ou pour sis mois. » Adont respondi ly roys englès : « Messires Guichars, ja pour or ne pour argent ne demourra que je n'aie gens assés et que chils voiages ne se fache ; car j'ay bonne vollenté de deffendre et garder mon pays de Poito. Or soiiés de ce costé tous recomfortés et assegurés, car j'en ordonneray temprement, et vous cargeray, avec le mise que vous emporterés, tels gens et tel cappitainne qu'il vous devera bien souffire. » Adont respondirent tout li troy chevalier, et dissent : « Monsigneur, grant merchis ». F° 177 v°, 178 r° et v°.

P. 33, l. 30 : Ghiane. — *Ms. A* 8 : Guienne.

P. 34, l. 1 : ens es. — *Ms. A* 8 : es.

P. 34, l. 2 : pluiseur signeur. — *Ms. A* 8 : pluiseur.

P. 34, l. 4 : appareil de pourveances et. — *Ms. A* 8 : appareil et.

P. 34, l. 5 : ost que. — *Ms. A* 8 : ost aussi quant comme.

P. 34, l. 13 : li rois Edouwars. — *Ms. A* 8 : li rois.

P. 34, l. 19 : ghertier. — *Ms. A* 8 : jaretier.

P. 34, l. 24 : li contes de Cantbruge, ses frères. — *Ms. A* 8 : li Cantbruge. F° 346 v°.

P. 34, l. 26 : prière et requeste. — *Ms. A* 8 : prière.

P. 34, l. 32 : peuist. — *Ms. A* 8 : feïst.

P. 35, l. 21 : mainbour. — *Ms. A* 8 : meneur.

P. 35, l. 29 : l'emploie. — *Ms. A* 8 : l'emploieray.

§ 688. Ensi et de pluiseurs. — *Ms. d'Amiens* : Depuis ne demoura guaires de tamps que li roys englès ordonna et pria au comte Jehan de Lennebrucq d'aller avoecq les dessus dis chevaliers ens ou pays de Poito et de Saintonge, pour garder les frontierres contre les Franchois, liquelx comtes à l'ordonnanche dou roy obeï et descendi vollentiers et emprist liement le voiaige à faire. Avoecques le dit comte furent nommet chil qui iroient : premierement, messires Othe de Grantson, banereth et riche homme durement, messires Robers Tuifort, messires Jehans Courson, messires Jehan de Gruières, messires Thummas de Saint Aubin, messire Simons Housagre, messires Jehans de Mortain, messires Jehans Touchet et pluisseurs autres bon chevalier et escuier, tant qu'il furent bien deus cens hommes d'armes et otant d'archiers, et fissent leurs pourveanches tout bellement et à grant loisir de tout ce qu'il leur besongnoit, et leur fist li roys delivrer une grande somme de florins pour gagier et paiier un an tout entier trois mil combatans ; puis se departirent dou roy li dessus dit seigneur, quant il eurent pris congiet à lui, et se missent au chemin et s'en vinrent à Hantonne. Là sejournèrent il en ordonnant et regardant à lors pourveances et en cargant leurs vaissiaux et en atendant le vens plus de trois sepmaines. Et quant il eurent tout cargiet et ordonné, et le vent pour yaux, il entrèrent en leurs vaissiaux, et puis se desancrèrent : si se partirent des mettes d'Engleterre, et singlèrent par deviers Poito et le Rocelle. F° 178 v°.

P. 36, l. 12 et 13 : que li rois.... d'Angle. — *Ms. A* 8 : que monsigneur Guicart avoit faite au roy.

P. 36, l. 15 : gagier. — *Ms. A* 8 : paier.

P. 36, l. 19 : xvii*. — *Ms. A* 8 : xvi*.

P. 36, l. 24 : sçai par. — *Ms. A* 8 : sçai comment ne par.

P. 36, l. 28 : mainbour. — Ms. A 8 : meneur.

P. 37, l. 5 : breteschies. — Ms. A 8 : bretanchées. F° 347 r°.

P. 37, l. 7 : Boukenègre. — Ms. A 8 : de Boukenègre.

P. 37, l. 8 et p. 41, l. 3 : Pyon. — Ms. A 8 : Piou.

P. 37, l. 12 : venir et ariver. — Ms. A 8 : venir.

P. 37, l. 13 : à l'ancre. — Ms. A 8 : et ancrez.

P. 37, l. 18 : calengièrent. — Ms. A 8 : destourbèrent.

P. 38, l. 1 : amiroient ne. — Ms. A 8 : doubtoient et.

P. 38, l. 2 : atendant. — Ms. A 8 : afendant.

P. 38, l. 3 : trairie. — Ms. A 8 : crierie.

P. 38, l. 10 : si grans. — Ms. A 8 : grans.

P. 38, l. 14 : malement. — Ms. A 8 : mout malement.

P. 38, l. 16 : et proèce remoustrées. — Ms. A 8 : et remoustrée proèce.

§ 689. A ce que je oi. — *Ms. d'Amiens* : En ce tamps avoit li roys Henris d'Espaigne, à le priière et requeste dou roy de France, mis sus mer une grosse armée d'Espagnols et de Chatelains, liquel estoient droite gens d'armes sus le mer de grant fait et de hardie emprise. Et estoient li dit Espagnol pourveu de très grosses gallées touttes armées et fretées, et gisoient à l'ancre devant le Rocelle, et avoient ja jeu plus d'un mois, fors tant que chiés de fois il waucroient sour les frontières de Poito pour veoir et savoir s'il trouveroit nullez aventures; mès de touttes les marées il revenoient par droite ordonnanche gesir devant le Rocelle, et se tenoient là à l'entente que pour atendre et combattre lez gens d'armes que messires Guichars d'Angle devoit amener ou pays. Si estoient patron de ceste navie Ambrose Boukenègre, Cavesse de Vake, dan Ferant de Pion et Radigo de la Rosele. En tout le royaume d'Espaigne, de Seville, de Ghalisce et de Portingal ne pewist on recouvrer de quatre milleurs amiraux ne patrons pour gouvrenner une grosse navie sus mer, et estoient chil bien pourveu de grant fuison de bons combatans et de droite gent d'eslite. Bien les veoient chil de le ville de le Rocelle et messires Jehans Harpedane, qui estoit pour le temps senescaux de le Rocelle, mès point ne les aloient combattre; et avint que li comtes de Pennebruc dessus nommés et messires Ghuichars d'Angle et leur navie nagièrent tant par mer, en costiant Normendie et Bretaingne et yaux adrechant pour venir en le Rocelle, qu'il aprochièrent les mettes dou pays et trouvèrent à leur encontre celle grosse navie d'Espaingne. Adont seurent il bien qu'il les couvenoit combattre : che fu l'avant vegille de le nuit Saint Jehan Baptiste, l'an mil trois cens settante et deus.

Quant li comtes de Pennebrucq et li chevalier qui là estoient en se compaignie, perchurent le navie des Espagnolx qui estoient en leur chemin, et ne pooient nullement venir ne ariver en le Rocele ne passer fors que parmy yaux, et le virent si grande et si grosse et pourveue de si gros vaissiaus enviers les leurs, si ne furent mies bien aseguret. Nonpourquant, comme bonnes gens, il s'armèrent tost et appertement, et fissent sonner leur trompettes et mettre leurs bannièrez et leurs penons hors avoecq ceux de Saint Jorge, et moustrèrent bon visaige, et requeillièrent et missent enssamble tous leurs vaissiaux, petis et grans, et aroutèrent leurs archiers tout devant, et pooient y estre quatorse nefs parmy leurs pourveanches. D'autre part, li Espagnol qui mout les desiroient à combattre, si trestos comme il les virent nestre ne approcier, il s'armèrent et ordonnèrent, et missent leurs bannières et leurs pennons de Castille hors, et fissent sonner lors trompettes et aller touttes mannières de gens à leur gardes, et montèrent amont as cretiaux et as garittes de leurs vaissiaux qui estoient bien breteskiés, et targièrent et paveschièrent tous leurs rimeurs, dont en chascune gallée avoit grant fuison, et s'estendirent tout au lonch affin que li Englès ne les pewissent fuir ne eslongier. Et quant il se furent enssi ordonné, comme gent de bon et grant couvenant, li quatre patron dessus nommet, dont chascuns estoit en une gallée par soi et entre ses gens, se missent en frontière tout dentre et aprochièrent les Englès vistement et radement. D'autre part, li Englès qui estoient tout comforté de le bataille, car combattre les couvenoit et atendre l'aventure ne ilz ne pooient fuir d'entre yaux ne reculler, ne ossi il n'ewissent daigniet, aprochièrent moult bellement et moult ordonneement. Si trestost que il furent li ung devant l'autre, comme gens de guerre et ennemy, sans noyent parlementer, il se commencièrent à envaïr, à atraire et à lanchier vistement et fortement. Là s'acquitoient li archier d'Engleterre souffisamment au traire, et estoient sour les bors de lors nefs, et traioient si roidement et si ouniement c'à painnes se pooit ne osoit nuls amoustrer. D'autre part Espagnol et Chateloing, qui estoient bien pavesciet et à le couverte en leurs vaissiaux, lanchoient dars et archigaies si trenchans, que qui en estoit à plain cop consieuwis, c'estoit sans remède : il estoit mors ou trop villainnement navrés. Che premier jour tournièrent il enssi en lanchant et escarmuchant, en jettant pierres et en traiant, dont il en y eut des uns et des autres pluiseurs ochis et navrés, tant que li marée dura et que li aige ne leur falli, car li mers seloncq son usage se retraiioit. Si couvint retraire les Englès, mais à ce premier estour il perdirent quatre nefs de leurs pourveanches, que li Espagnol conquissent sus yaux et encloirent au departement dou hustin entre yaux, et furent mort et noiiet et jetté à bort le plus grant partie de ceux qui dedens estoient : tout che veoient leur mestre et leur signeur qui devant yaux estoient, mès amender ne le pooient. F°s 178 v° et 179 r°.

P. 38, l. 28 : ens ou. — *Ms. A* 8 : au.

P. 39, l. 18 : Harpedane. — *Ms. A* 8 : Hardane. F° 347 v°.

P. 39, l. 21 : Cauderier. — *Ms. A* 8 : Chauderon. — *Ms. B* 1 : Chaudouvrier.

P. 39, l. 23 et p. 40, l. 9 : kay. — *Ms. A* 8 : gué.

P. 39, l. 32 : peuist. — *Ms. A* 8 : sceust.

P. 40, l. 1 : en le. — *Ms. A* 8 : dedens la.

P. 40, l. 10 : naviier. — *Ms. A* 8 : nager.

§ 690. Quant ce vint. — *Ms. d'Amiens* : Enssi sus heure de vespres au retrait dou flos et que li wèbes leur falli, se departi li bataille, et retournèrent à l'ancre li Englès tous courouchiés, c'estoit bien raison; car il avoient ja perdu grosement jusques à quatre vaissiaux de lors pourveanches et les gens qui dedens avoient estet trouvé, et d'autre part li Espagnol se missent à l'ancre tout joieant, qui se tenoient tout comforté que à l'endemain il aroient le demorant. Moult estoit li tamps et li airs quois et seris, et ne faisoit point de vent. Si eurent che soir et le nuit enssuiwant li signeur d'Engleterre tamainte ymagination comment il se poroient maintenir et deduire contre ces Espagnolz, car point ne se veoient en jeu parti contre yaux, dont il n'estoient miez à leur aise. D'autre part, nullement il n'en pooient venir ne ariver à le Rocelle, car leurs nefs estoient trop grandes, et li aige trop basse, car c'estoit sus le decours de le lune; si n'avoit li mers point de force. Bien avoient des batiaux en leurs nefs et qui les siewoient, ens es quels li chevalier se pewissent bien estre mis, se il volsissent, et venir à rime jusques au kay de le Rocelle, mès il doubtoient le peril; car il ne pooient passer fors parmy leurs ennemis qui avoient ossi otelle pourveance de barges et de batiaux, et estoient tout enfourmé de ce fait; et au passer devant ou dalés lors ghalées, chil qui seroient d'amont leur jetteroient pierres et barriaux de fer et leur effonderoient leurs batiaux : si seroient perdu d'avantaige. Dont à yaux mettre en ce parti il n'estoient point d'acort; ossi dou retourner ne de prendre le parfont, il n'y veoient ne prouffit ne honneur pour yaux, car sitost que li Espagnol les veroient fuir, yaux qui ont leurs gallées armées et pourvewez de grant fuisson de rimeurs, leur seroient mout tost au devant, et les aroient à vollenté avoecq le blamme et le reproce qu'il aroient du fuir. De quoy, tout consideret et peset le bien contre le mal, il dissent que il atenderoient l'aventure de Dieu et se combateroient à l'endemain, tant qu'il poroient durer, et se venderoient plus chier que onques gens ne fissent, siques sus ce pourpos et avis il s'arestèrent, et passèrent le nuit au plus biel qu'il peurent.

P. 40, l. 19 : tous li wèbes. — *Ms. A* 8 : la marée.

P. 40, l. 30 : et se. — *Ms. A* 8 : et.

P. 41, l. 1 : Evous. — *Ms A* 8 : et puis vindrent. F° 348 r°.

P. 41, l. 6 : cros et havès de fier à kainnes. — *Ms. A* 8 : crochès et chaines.

P. 41, l. 7 : peuissent. — *Ms. A* 8 : pouoient.

P. 41, l. 10 : Guichart. — *Ms. A* 8 : Guichart d'Angle.

P. 41, l. 15 : d'assallir et de yaus targier. — *Ms. A* 8 : d'assallir.

P. 41, l. 22 : ne onques. — *Ms. A* 8 : que onques.

P. 41, l. 24 : des leurs. — *Ms. A* 8 : de leurs gèns.

P. 42, l. 3 : où il eut fait tamainte. — *Ms. A* 8 : où l'en fist mainte.

P. 42, l. 15 : li. — *Ms. A* 8 : yceulx.

§ **691.** Qui se trueve. — *Ms. d'Amiens :* Celle meysme nuit et tout le soir estoit en grant priière et pourcach messires Jehans de Harpedanne, un chevalier englès et senescaux de le Rocelle pour le temps, enviers chiaux de le ditte ville; et leur disoit et moustroit comment leurs gens se combatoient as Espagnolz, et qu'il ne s'aquitoient mies biens quant il ne les aloient aidier; mès, quoyque li chevaliers les sermonast ne amonestast, il n'en faisoient nul compte, et moustrèrent bien li pluisseur par samblant qu'il avoient plus chier le dammaige des Englès que l'avantaige. A ce dont estoient en le Rocelle doy gentil chevalier de

Poito, li sires de Tannay Bouton et messires Jaquemes de Surgières, liquel pour yaux acquitter dissent qu'il se meteroient en barges et en batiaus et venroient dallés leurs gens, et priièrent estroitement et fortement à ciaux de le ville qu'il volsissent aller avoecq yaux, mès oncques nus ne dist : « Vollentiers, » ne ne s'avancha de l'aler. Quant ce vint à l'endemain qui fu la nuit Saint Jehan Baptiste l'an mil trois cens settante et deus, et que li flos de le mer fu revenus, li chevalier, qui en le Rocelle se tenoient, ne veurent mies estre là trouvé sejournant, et il veyssent leurs gens combattre, mèz s'armèrent au plus tost et dou mieux qu'il peurent, et entrèrent et se fissent menner et naviier à esploit de rimmes à l'endroit de leurs gens qui ja se combatoient, et tant alèrent tourniant les gallées et les Espagnols qui entendoient au combattre, qu'il vinrent jusques à yaux, et entrèrent ens es nefs dou conte de Pennebrucq et de monsigneur Ghuichart d'Angle, qui leur seurent mout grant gret de leurs secours et de leur venue. Ja estoit li estours et li hustins commenchiet très le point dou our, qui fu ossi fors et ossi bien combatus que on vey oncques gens sus mer combattre; car li assallant estoient droite gens de mer, fort et rade, et bien durant et esploitant en tel besoingne, et li Englès très bien deffendant ossi vassamment et radement que on vey oncques gens, et ne l'avoient mies li Espagnol d'avantaige, car li chevalier englès, gascon et poitevin, qui là estoient, se combatoient et deffendoient leurs corps et leur navie de très grant vollenté et mout durement, comment que la parchon n'estoit mies juste pour yaux; car li Espagnol estoient grant fuisson, et se n'y avoit si petit varlet entre yaux, qui ne fesist otant que uns homs d'armes en lors gallées, car il jettoient d'amont pierres de fais, plommées et gros barriaux de fier, dont il debrissoient et deffroissoient tous lez vaissiaux des Englès. Là fu li jones comtes de Pennebrucq très bons chevaliers, et fist merveillez d'armes de se main, et ossi furent messires Othes de Grantson, messires Guichars d'Angle, messires Aimeris de Tarse, li sires de Tannai Bouton, li sires de Puiane, messires James de Surgières, messires Jehans Harpedane, messires Jehans Tuifort, messires Jehans de Gruières, messires Jehans Toursès, messires Jehans de Lantonne, messires Simons Housagre, messires Jehans de Mortain, messires Jehanz Touchet et li autre chevalier et escuier, et estoient par ordonnanche espars par leurs vaissiaux pour mieux entendre à leurs gens et rencoragier les lassés et les esbahis.

A ceste bataille, qui fu, devant le Rocelle, dez Espagnols as Englès, eut ce jour fait mainte[s] bellez appertises d'armes, car là s'esprouvoient li hardit et li bien combatant; mais au voir dire li Espagnol avoient moult grant avantaige de bien assaillir et de requerre leurs ennemis, car il estoient en grans et gros vaissiaux, c'on dist gallées, touttes frettées et armées, qui se remoustroient deseure tous les vaissiaux des Englès, et pooient veoir li Espagnol par dedens leurs vaissiaux, et point li Englès en chiaux des Espagnolz; et estoient li jet et li cop lanchiet et ruet des vaissiaux des Espagnols en chiaux des Englès de plus grant force et de plus grant virtu sans comparison, pour ce qu'il descendoient de plus haut que ne fuissent chil des Englès. Si traioient li archier d'Engleterre mout fortement et très ounniement, mès li Espagnol estoient bien paveschiet contre ce, et ne leur fist li très mies trop grant dammaige. Ensi en che hustin et en celle rihotte se tinrent li Englès tout ce jour, et qui quidoient toudis que chil de le Rocelle les dewissent comforter et secourir, mès il n'en avoient nul talent, enssi qu'il apparu; car oncques plus nuls ne s'en partirent, fors li troi chevalier dessus nommet, qui se veurent acquiter de leur honneur, ensi que tout loyal chevalier par droit et raison doient faire en telz besoingnes. Là estoient li quatre patron et cappitainne des Espagnols, chascun en une gallée et entre ses gens en bon couvenant, et moustroient bien chière et fait de hardit homme, et resbaudissoient grandement leurs gens, et disoient en leur langage : « My enfant, esploitiés vous et ne vous esbahissiés de cose que vous voiiés; car ceux chy sont nostre, et apriès venront tout li autre. » De ces parolles avoient li chevalier englès et gascon, qui les entendoient, grant indination, mès amender ne le pooient; si en faisoient leur pooir et leur devoir à leur milleur entente, et s'abandonnoient de grant vollenté et chascun pour rencoragier l'un l'autre. Enssi continuèrent ilz et persevererèrent le plus grant partie dou jour, et tant furent li Englès et chil de leur costé fort requis, combatu et apresset, qu'il furent durement lasset et foullé, et ne se peurent plus tenir, et en furent li Espagnol mestre, et lez conquissent par force d'armes, mès moult leur cousta de leurs gens, car là avoient ossi bonne chevalerie tant pour tant que on pewist point recouvrer, et bien le moustrèrent, car point ne se vorrent rendre jusques à tant que force leur fist faire et que autrement leurs nefs ewissent estet touttes effondrées et yaux perdu sans merchy. Là furent mort de leur costé messires Aimeris de Tarse, gascons, bons chevaliers et preux durement et qui estoit yssus de tamainte dure besoingne, et avoecq lui messires Jehans de Lantonne, messires Simons Housagre et messires Jehans de Mortain, messires Toucet et pluisseurs autres, et pris li comtes de Pennebruc, messires Ghuicars d'Angle, messires Othes de Grantson, li sires de Puiane, li sires de Tannai Bouton, messires Jehans de Harpedane, messires Robers Tuifort, messires Jehans de Gruières, messires Jaquemes de Surgières, messires Jehans Toursès, messires Thummas de Saint Aubin et bien dis et set chevaliers, tous de nom : oncques nuls n'escappa de ceste armée, que n'en fuissent tout mort ou tout pris; et fu li vaissiaus peris et effondrés, où li finanche estoit, que li roys englès envoiioit en Poito pour gagier trois mil combatans et paiier, se il besongnoit, un an. Si poés bien croire que il y avoit grant somme de florins, et oncques ne fist aise ne prouffit à nullui, dont ce fu dammaigez qu'il en eschei enssi; et en furent li Espagnol meysmement courecié, quant il le sceurent; mès ce fu si tart qu'il n'y peurent pourveir de remède.

Qui se treuve en tel parti d'armes que li dessus dit, il couvient qu'il prende en gré l'aventure que fortunne li envoie. Che jour l'eurent moult dur li Englès pour yaux et par le coupe de monsigneur Ghuicart d'Angle et de monsigneur Ammeri de Tarse qui là demoura, et dou signeur de Puiane, qui avoient enfourmé le roy englès qu'il estoient gens assés pour ariver em Poito, de trois cens ou de quatre cens, siques li roys sour leur requeste se fourma et leur acompli leur demande, dont il leur mesvint; et, au voir dire, il s'estoient trop foiblement parti d'Engleterre, seloncq le grant fuison d'ennemis qu'il avoient par mer et par terre. Apriès celle desconfiture, et que li Espagnol eurent quis et cherchié touttes les nefs dez Englès et pris les barons et les chevaliers et fait entrer en leurs gallées, et qu'il se furent tout saisi de leurs armures et les eurent fianchiés, il se tinrent tout quoy à l'ancre devant le Rocelle en atendant le marée et le flos de le mer qui devoit revenir, en menant grant joie et grant reviel. Bien virent et congneurent tantost chil de le Rocelle que leurs gens estoient desconfi, dont li pluisseur en requoy furent tout joieant, et ne volsissent mies que la besoingne fuist autrement allée pour nul avoir, et especialement li plus grant maistre de le ville; car il leur estoit segnefiiet et dit pour certain que on devoit prendre douse de leurs bourgois à election, sus lesquels li roys englès et ses conssaux estoient mal enfourmet, et mener comme prisonniers en Engleterre. Pour celle cause et celle doubte il s'en portèrent et passèrent plus bellement; nonpourquant il se faindirent adont pour apaisier les ennemis, et cloirent leurs portes mout estroitement, et s'armèrent touttes mannières de gens, et alèrent as cretiaux, as portes, as tours et as gharittes par connestablies, et ne laissièrent nullui entrer ne yssir; car il disoient enssi qu'il ne savoient que li Espagnol penssoient et se ilz les venroient assaillir. Pour tant se tenoient il sour leur garde, mès li Espagnol n'en avoient nul tallent fors de partir au flos revenu et de tourner vers Espaingne et là menner leur concquest et leurs prisonniers à sauveté. Che soir esceï trop bien à monseigneur James de Surgières, un chevalier de Poito, qui là estoit pris; car il parla si bellement et si sagement à son mestre qu'il fu quittes parmy trois cens frans franchois qu'il paiia tous appareilliés, et fu renvoiiés arrièrre en le Rocelle, delivres sicomme vous avés oy; et pour l'onneur de chevalerie on mist tout les chevaliers qui là avoient estet mort, en une barge, et les envoiièrent li Espagnol en le Rocelle. Là furent il recheu et ensepveli en sainte terre.

Quant li flos de le mer fu revenus et que li mestre patron et souverain des Espagnols, loist assavoir : Ambroise Boukenègre, Cabesse de Vake, dan Ferrant de Pyon et Radigo de la Roselle, eurent ordonné leur besoingnes et mis gens et maronniers ens es nefs englèces qu'il avoient concquis pour gouvrener et amener avoecq yaux, ilz sachièrent les singles amont et se desancrèrent, et se partirent trompant et cornemusant et faisant grant feste, et entrèrent ou parfont pour prendre le mer d'Espaingne. F^{os} 179 r° et v^o, 180 r°.

P. 42, l. 28 : coi que. — *Ms. A* 8 : combien que.
P. 43, l. 1 : recorder en. — *Ms. A* 8 : en. F^o 348 v°.
P. 43, l. 16 fuissent. — *Ms. A* 8 : estoient.
P. 43, l. 25 : coron. — *Ms. A* 8 : boux.
P. 44, l. 10 : d'Agoriset. — *Ms. A* 8 : d'Angonse.

§ **692.** Cilz Yewains. — *Ms. d'Amiens :* Nous lairons un petit à parler d'iaux et parlerons d'une armée que Yeuwains de Gallez et messires Jehans de Ray, bourgignons, avoient au commandement dou roy de Franche en celle saison mis sus, et estoient venut sus les ysles de Coustentin, et pooient y estre environ uit cens hommez d'armes et avoient tout le temps gardé le mer et les pas de Normendie, et estoient arivet chil Franchois en l'isle de Grenesée, dont Ammons Rose, uns escuiers dou roy d'Engleterre, estoit cappitainne. Quant il sceut que Yeuwains de Galles et se routte devoient prendre terre en l'isle dont il estoit gardiiens, il requeilla chiaux dou pays et chiaux qu'il avoit amenés d'Engleterre avoecq lui, et s'en vint sus un certain pas où il penssoit que li Franchois prenderoient terre. Là eut grant bataille et dure, et moult fu trait, lanchiet et assailli, et coust(um)a moult grandement li passaiges as Franchois, ainschois qu'il pewissent ariver. Toutteffois finablement il le concquissent, et en y eut bien mors de le partie as Englèz sis cens et se sauva à grant meschief Ammon Rose, et se bouta ou castiel de Cornet, qui est priès de là. Depuis celle desconfiture n'y eut riens retenu sus tout le pays, car il n'y a nulle forterèche. Si ardirent et essillièrent li dit Franchois tout cesti ysle, et y ranchonnèrent hommes et femmez, et apriès entrèrent en l'isle de Gersée, et l'ardirent et ranchonnèrent ossi, et puis vinrent mettre le siège devant le castiel de Cornet, où Ammon Rose et aucun gentil homme d'Engleterre estoient retret. Là y eut pluiseurs assaus, mès il ne fu mies adont gaegniés, car li roys de Franche manda au dit Yeuwain de Gallez et à monsigneur Jehan de Ray qu'il se partesissent de là et s'en allaissent en Espaingne parler au roy Henry et impetrer ou nom de lui vint et cinc ou trente grosses gallées pour venir assegier le Rocelle; car li roys savoit ja que cil qui le devoient rafrescir, li comtes de Pennebrucq et li autre dessus nommet, estoient tout mort et tout pris. Si se departi du siège de Cornet li dis Yeuwains, et entra en mer à tout trèse barges tant seullement, et prist le droit chemin d'Espaingne, et singlèrent tant qu'il arivèrent en Galiscé, à ung port et à une ville qui s'apelle le bourcq Saint Andrieu. F° 180 r°.

P. 44, l. 31 : par quel. — *Ms. A* 8 : pour quelle.
P. 45, l. 5 : et. — *Ms. A* 8 : il. F° 349 r°.
P. 45, l. 7 : en gouvrenance. — *Ms. A* 8 : gouvernement.
P. 45, l. 13 : ci. — *Ms. A* 8 : ci dessus.
P. ,45 l. 16 : Harflues. — *Ms. B* 4 : Harfleux.
P. 45, l. 23 : le dit isle. — *Ms. A* 8 : la ditte.
P. 45, l. 28 : dura. — *Mss. A* 8 et *B* 4 : se tint.
P. 46, l. 1 : de là. — *Ms. A* 8 : près de là.
P. 46, l. 1 : avoit esté. — *Ms. A* 8 : fu.
P. 46, l. 9 : est. — *Ms. A* 8 : estoit.

P. 46, l. 18 : desous. — *Ms. A* 8 : declin.

P. 47, l. 4 : oy. — *Ms. A* 8 : vi.

P. 47, l. 6 : à toutes gens congiet. — *Ms. A* 8 : congié à ses gens. F° 349 v°.

P. 47, l. 9 : de. — *Ms. A* 8 : de devant.

§ **693.** Vous devés savoir. — *Ms. d'Amiens :* En ceste meysme heure arivèrent li dessus dit Espagnol, Cabesse de Vake et li autre, qui avoient pris les dessus nommés Englès et Poitevins, et entrèrent auques enssamble en le ville; si furent moult resjoy chil dou pays de le pris des dessus dis et de le belle aventure qui estoit avenue à leurs gens. Si vinrent li dessus dit patron, qui la bataille avoient desconfi, deviers le roy Henry, leur seigneur, qui se tenoit à Burges, et li fissent present de leurs prisonniers. Li roys leur en sceut grant gret, et furent si bien d'acort que li dit prisonnier dubrent demourer et y estre au dit roy parmy une grande somme de florins qu'il en rendoit. Si furent envoüet querre li dessus dit chevalier à le ville de Saint Andrieu, et vint contre yaux bien acompaigniés li ainsnés filz dou roy Henry, qui s'appelloit Jehans, et les honnoura et requeilli moult bellement, et furent amenet à Burgez, et depuis furent il espars en diviers lieux et mis tous en kainnes et en destroitez prisons, excepté li comtes de Pennebrucq et messires Ghuichars d'Angle. F° 180 r°.

P. 47, l. 14 : tant c'à ceste fois. — *Ms. A* 8 : pour celle fois.

P. 47, l. 14 : si imaginèrent tantost li sage homme. — *Ms. A* 8 : si ymagina lui et les sages gens.

P. 48, l. 1 : et embuiés. — *Ms. A* 8 : de fer.

P. 48, l. 6 : très. — *Ms. A* 8 : entrés.

P. 48, l. 15 : rampronnant. — *Ms. A* 8 : reprouchant.

P. 48, l. 29 : ne en voie. — *Ms. A* 8 et *B* 4 : ne en lieu.

P. 49, l. 6 : et. — *Ms. A* 8 : ne.

P. 49, l. 27 : cose. — *Ms. A* 8 : cose il.

§ **694.** Nous retourrons. — *Ms. d'Amiens :* Nous retourrons as besoingnes et as avenues de Poito, de Saintonge et de le Rocelle, et vous parlerons que droitement le jour saint Jehan Baptiste, dont le jour devant la bataille avoit esté desconfite sus mer, vinrent en le Rocelle grant fuison de gens d'armes de le partie as Englèz, dont li captaus de Beüs estoit souverains, et de se route, li soudis de Lestrades, messires Petiton de Courton, li bastart de Courton, messires Berars de le Lande, messires Pierres de Landuras, messires Bertrans dou Franch et pluisseurs autrez chevaliers et escuiers, et furent mout courouchiet, quant il oïrent les nouvellez que leurs gens estoient desconfit. Si trouvèrent là monsigneur Jehan d'Ewrues, qui avoit estet à la besoingne et s'en estoit sauvés. Là eurent chil dit signeur chevalier grant conseil enssemble quel cose il feroient et comment il se maintenroient. Si fu enssi ordonné que messires Jehan d'Ewrues demourroit ou castiel de le Rocelle et le garderoit, car ja se commenchoient il à souppechonner de chiaux de le ville, et entr'iaux chevaucheroient il sour le pays, et bouteroient hors Bretons qui tenoient aucuns petis fors, marchissans sour le marinne, qui ranchonnoient et herioient le pays.

Si se partirent ces gens d'armes de le Rocelle, et pooient estre environ trois cens lanchez, et s'en vinrent deviers Subise; là environ se tenoient Breton qui avoient fortefiiet eglises et petis fors. Si se traist celle part li captaux et se routte, et les commenchièrent à envayr et à assaillir asprement et roidement. F° 180 r° et v°.

P. 50, l. 4 et 5 : le Rocelle. — *Ms. A* 8 : la ville de la Rochelle, si comme vous avez oy cy dessus.

P. 50, l. 18 : d'Agorisès. — *Ms. A* 8 : Agonses.

P. 50, l. 24 : gens. — *Ms. A* 8 : routes.

P. 51, l. 9 : Cruese. — *Ms. B* 4 : Tierasse.

P. 51, l. 25 : cose, si. — *Ms. A* 8 : jusques il. F° 350 v°.

§ 695. Tant esploitièrent. — *Ms. d'Amiens :* En ce tamps chevauchoient et tenoient les camps li connestablez de Franche et li dus de Bourbon, il dauffins d'Auviergne, messires Loeis de Saussoire, marescaux de Franche, li sirez de Sulli, li viscontes de Miaux, li viscontes d'Aunay, messires Raoul de Rainneval, li sires de Biaumanoir, li viscontez de Rohem, messires Oliviers de Clichon, li sires de [La]val et pluisseurs autres barons et chevaliers, et vinrent devant une forterèche en Poito qui s'appelle Mont Morillon, et l'asaillirent vistement et radement et le prisent d'assaut, et furent mort tout chil qui dedens estoient. En aprièsil vinrent devant Cauvegny et furent là deus jours : au tierch jour li ville se rendi à yaux, et d'illuecq il vinrent devant Leusach, et prissent le ville et le castiel et y missent gens et gardes de par yaux, et encorrez prissent il pluisseurs autres petis fors, et puis s'en vinrent il logier devant Poitiers, et là jurent il une nuit ens es vingnes, et celle nuit eurent il consseil et advis qu'il venroient devant Mont Contour, qui estoit ungs biaux castiaux et fors, et qui durement contraindoit les fortrècez franchoises. Si se deslogièrent à l'endemain de devant Poitiers li dit Breton et Franchois, et vinrent à Mont Contour et le assegièrent et environnèrent de tous costés, car il estoient bien gens assés pour tout chou faire.

De la ville et du castiel de Mont Contour estoit cappitainnes et gardiien Jehans Carsuelle et David Holegrave, et avoient laiens avoecq yaux bien soissante compaignons d'armes. Sitost que li connestablez de Franche, li dus de Bourbon, messires Loeis de Sausoire, messires Oliviers de Clichon, li sires de Biaumannoir et li autre chevalier dessus nommet furent venu devant, il commenchièrent fortement à assaillir, et chil de dedens à eux defendre, et n'y fissent riens li dit Breton dou premier ne dou second ne dou tierch assault. Dont se retraissent li signeur à leur logeis, et eurent autre consseil qu'il fissent les païsans dou pays coper et achariier grant fuison de busce et de arbres pour emplir une partie des fossés et jetter estrain et faghos et terre dessus, et mist on quatre jours à faire ceste ordonnanche. Quant li Englès qui dedens estoient, en virent le mannière, si parlèrent enssemble; car il perchurent bien qu'il ne seroient comforté de nul costé, et, s'il estoient pris par forche, il seroient tout mort et sans merchy. Si commencièrent à traitier à chiaux de l'ost pour rendre le fort. Li signeur de Franche y entendirent volentiers, et fu rendu au VIe jour par composition que chil de dedens se partiroient, sauves lors vies tant seullement, et n'enporteroient riens dou leur, et entrèrent li Franchois dedens et se saisirent de le ville, et y mist li connestables messires Bertrans une cappittainne breton en qui il avoit mout grant fianche. F° 160 v°.

P. 52, l. 5 : de plus priès. — *Ms. A* 8 : de priès.

P. 52, l. 13 : tout fait. — *Ms. A* 8 : tout ce fait.

P. 52, l. 15 : besongnoit. — *Ms. A* 8 : estoit bien mestier.

P. 52, l. 17 : aventure. — *Ms. A* 8 : aventure et peril.

P. 52, l. 20 : et traisent. — *Ms. A* 8 : et se traïrent.

P. 52, l. 21 et 22 : vinrent. — *Ms. A* 8 : venoient.

P. 52, l. 22 : pilz et haviaus. — *Ms. A* 8 : pics et hoyaulx.

P. 52, l. 27 : nompourquant. — *Ms. A* 8 : neantmoins.

P. 52, l. 28 : mieulz. — *Ms. A* 8 : firent.

P. 52, l. 31 : si Breton. — *Ms. A* 8 : ses gens.

P. 53, l. 1 : il seroient tout mort. — *Ms. B* 4 : ou ochis.

P. 53, l. 4 : leurs corps et leurs biens. — *Ms. A* 8 : leurs vies et leurs corps. F° 351 r°.

P. 53, l. 14 : pooit. — *Ms. A* 8 : savoit.

§ 696. Quant cil de le cité. — *Ms. d'Amiens :* En ces ordonnanches, et entroes que on seoit devant Mont Contour, mandèrent chil de Poitiers, qui se commencièrent à esbahir, secours à messire Thummas de Perssi, leur senescal, qui estoit en le route et en le compaignie dou captal, en lui priant chierement qu'il volsist là venir si fors de gens d'armes que pour garder et deffendre leur chité contre les Franchois, car il penssoient bien qu'il seroient assegiés. Li senescaux de Poito remoustra ces coses au captal et as autres chevaliers qui là estoient. Li captal n'eut mies consseil de rompre se chevauchie, mès il acorda bien qu'il se traysist celle part. Si se parti li dis messires Thummas de Perssi dou captal environ à ciquante lanches, et s'en vint à Poitiers, et y trouva monsigneur Jehan d'Ewrues, qui s'i estoit ja boutés à cent hommez d'armes, car on li avoit comptet aussi que li Franchois le volloient assegier : si avoit laissiet en garnisson ou castiel de le Rocelle un escuier qui puis en fist malle garde, si comme vous orés chy apriès.

Apriès ce que chil baron de Franche eurent repris Mont Contour, il eurent consseil qu'il se trairoient deviers le marce de Limozin, car li dus de Berri à tout grant fuison de gens d'armes de Berri et d'Auviergne se tenoit celle part et volloit mettre le siège devant Sainte Sivière, qui estoit à monsigneur Jehan d'Ewrues. Et en estoient cappittainne et gardiien de par lui messires Guillaumes de Perssi, Richars Gilles et Richars Helme, et pour tant que ceste garnison du Sainte Sivière contraindoit durement les marches et les frontières de Berri et de Limozin, li dus de Berri mettoit grant entente que il le pewissent avoir. Si se traissent celle part touttes mannières de gens d'armes, et vinrent assegier Sainte Sivière, et y eut là pluiseurs grans assaux, dont chils dedens de premiers se portèrent moult bien, car il estoient bien quatre vins hommez d'armes. Ces nouvelles vinrent à monsigneur Jehan d'Ewrues qui estoit à Poitiers, comment li dus de Berri, li dus de Bourbon, li connestables de Franche, messires Oliviers de

Clichon, li viscontes de Robem, li sires de Sulli, li sires de Tournemine, messires Olivier de Mauni, et grant baronnie de Franche, de Bretaingne et de Berri et ossi | de Pikardie seoient devant Sainte Sivière qui se tenoit et rendoit à lui, et, se il n'estoient secouru et comforté, il seroient pris de forche. Sitost que messires Jehans d'Ewrues entendi chou, il pria moult affectueuzement au captal et à tous les chevaliers qui là ens ou pays estoient, tant de Poito que d'Engleterre, qu'il volsissent faire leur pooir et dilligensce d'aidier et conforter se fortrèce et ceux qui dedens estoient, et de lever le siège. Chil signeur à le priière monsigneur Jehan d'Ewrues descendirent, et se reunissent tout enssamble et fissent leur amas en l'abbeïe de Charros en Poito, et quant il furent tout enssamble, il se trouvèrent bien uit cens lanches. Si eurent grant entension que de venir combattre les Franchois devant Sainte Sivière. F° 180 v°.

P. 54, l. 5 : jusques à. — *Ms. A* 8 : vers.

P. 54, l. 9 : retraire. — *Ms. A* 8 : traire.

P. 54, l. 22 : recueilloite. — *Ms. A* 8 : recongnoissance.

P. 54, l. 28 : de Bourgogne et de Limozin. — *Ms. A* 8 : d'Auvergne et de Bourgogne.

P. 55, l. 1 : Holme. — *Ms. A* 8 : Horme.

P. 56, l. 1 : sa forterèce. — *Ms. A* 8 : la forterèce de Sainte Sivière. F° 351 v°.

P. 56, l. 7 : vous entendés à vostre cousin et mes. — *Ms. A* 8 : vous m'entendés et conseilliez à mes.

P. 56, l. 9 et 10 : j'en sui en grant. — *Ms. A* 8 : j'en ay grant.

P. 56, l. 16 et 17 : de le ditte cité. — *Ms. A* 8 : d'ycelle.

P. 56, l. 17 : Renaus. — *Ms. A* 8 : Regnaulz.

P. 56, l. 26 : enclos et assis. — *Ms. A* 8 : assis et enclos.

P. 57, l. 14 et 15 : qu'il se presissent priès. — *Ms. A* 8 : qu'ilz s'apprestassent.

P. 57, l. 17 et 18 : as quelz ces nouvelles vinrent. — *Ms. A* 8 : à qui ces lettres furent envoiées.

P. 57, l. 18 : se. — *Ms. A* 8 : s'en.

P. 57, l. 20 : estoffeement qu'il peut. — *Ms. A* 8 : efforciement qu'il pouoit.

P. 57, l. 21 : vinrent. — *Ms. A* 8 : furent.

P. 57, l. 23 : Vivone. — *Ms. A* 8 : Vivoire.

P. 57, l. 25 : Ponsances. — *Ms. A* 8 : Puissances.

P. 57, l. 29 à 32 : trouvèrent tout ensamble, et s'en vinrent logier... — *Ms. A* 8 : trouvèrent neuf cens lanches et cinc cens archiers.

§ 697. *Le ms. d'Amiens, à partir de ce paragraphe, présente la même rédaction que notre texte : nous n'en donnerons donc plus que les variantes, quand il y aura lieu.*

P. 58, l. 2 : Bertran. — *Ms. A* 8 : Bertran du Guesclin.

P. 58, l. 6 : ains. — *Ms. A* 8 : et.

P. 58, l. 9 : quelz. — *Ms. A* 8 : quelque.

P. 58, l. 11 : bonne. — *Ms. A* 8 : grant.

P. 58, l. 14 et 15 : le riche arroy et richesse d'yaus. — *Ms. A* 8 : l'afrique armoierie et riche d'eulx.

P. 58, l. 19 : esvigurer. — *Ms. A* 8 : asseurer. — *Ms. B* 4 : esmouvoir.

P. 59, l. 1 : ressongnoient. — *Ms. d'Amiens* : refusoient.

P. 59, l. 5 : point ne se refroidoit. — *Ms. A* 8 : ne refroidoit point ne.

P. 59, l. 11 : n'en. — *Ms. A* 8 : ne le.

P. 59, l. 12 : Pour. — *Ms. A* 8 : et pour.

P. 59, l. 13 : dangier. — *Ms. A* 8 : dommage.

P. 59, l. 19 : toutes ses gens traire. — *Ms. A* 8 : traire toutes ses gens.

P. 59, l. 22 : encore. — Le *ms. A* 8 *s'interrompt brusquement après ce mot.*

§ 698. P. 61, l. 3 *et ailleurs* : Poitiers. — *Ms. d'Amiens* : Poitierres.

P. 61, l. 12 : li maires. — *Ms. d'Amiens* : li maires de celi ville.

P. 61, l. 23 : fiance. — *Ms. B* 4 : feauté.

P. 62, l. 2 : quoiteusemeut. — *Ms. B* 4 : courtoisement.

§ 700. P. 64, l. 13 : escondi. — *Ms. B* 4 : contredit.

P. 64, l. 10 : Yewains. — *Ms. d'Amiens* : Yeuwains. F° 181 v°.

P. 65, l. 14 : Renault. — *Ms. d'Amiens* : Renât. F° 182 r°.

P. 65, l. 20 : Alyot de Cholay. — *Ms. d'Amiens* : Aliot de Calay.

P. 65, l. 23 : forterèce. — *Ms. d'Amiens* : dit castiel.

P. 66, l. 2 *et ailleurs* : armeures de fier. — *Ms. B* 4 : hommes d'armes.

P. 66, l. 18 : qui ossi en ot grant joie. — *Ms. d'Amiens et ms. B* 4 : et li dissent tout ce qu'il avoient eu et trouvé ou captaul : si s'en resjoy grandement la dicte dame, ce fu bien raison.

P. 66, l. 25 : Cressuelle. — *Ms. d'Amiens* : Carsuelle.

P. 66, l. 25 *et ailleurs* : Luzegnan. — *Ms. B* 1 : Luzegnon.

§ **701**. P. 67, l. 20 : et toute, *lisez* en toute.

P. 68, l. 25 : commencent. — *Ms. d'Amiens* : commenchièrent. F° 182 v°.

P. 69, l. 11 : tout pris et mort. — *Ms. d'Amiens* : tout mort et tout pris.

P. 69, l. 19 : leur. — *Ms. d'Amiens* : le.

§ **702**. P. 70, l. 3 : achievement. — *Ms. d'Amiens* : chievement.

P. 70, l. 12 : et s'en misent en. — *Ms. B* 4 : en.

§ **703**. P. 72, l. 7 : des Englès. — *Ms. d'Amiens* : as Englès. F° 183 r°.

P. 73, l. 19 : force. — *Ms. B* 1 : forforce.

P. 73, l. 25 : recevons. — *Ms. B* 1 : revenons.

P. 73, l. 27 : deffence. — *Ms. d'Amiens* : deffendre.

§ **704**. P. 75, l. 5 : Bourdiaus. — *Ms. B* 1 : Bourdiaus et se traist en sa ville.

§ **705**. P. 76, l. 5 *et ailleurs* : Cauderier. — *Ms. d'Amiens* : Caudurier. F° 183 v°. — *Ms. B* 1 : Chaudouvrier.

P. 76, l. 5 : Phelippos. — *Ms. d'Amiens* : Phelippres.

P. 76, l. 28 : Li. — *Ms. d'Amiens* : et li.

P. 77, l. 1 : rescrisist. — *Ms. d'Amiens* : escrisist.

P. 77, l. 24 : tel. — *Ms. d'Amiens* : cel.

P. 78, l. 13 : que. — *Ms. d'Amiens* : de.

P. 78, l. 17 : veoient. — *Ms. d'Amiens* : veoit.

P. 78, l. 26 : se. — *Ms. d'Amiens* : s'en.

P. 79, l. 19 : tout li aultre. — *Ms. d'Amiens* : tout li juré à cheval. F° 184 r°. — *Ms. B* 4 : tous les jurés à cheval.

§ 706. P. 80, l. 11 : le — *Ms. d'Amiens :* leur.
P. 80, l. 28 *et ailleurs :* Melle. — *Ms. B* 1 : Nielle.

§ 707. P. 81, l. 13 : clos. — *Ms. d'Amiens :* enclos.
P. 82, l. 18 : d'otel. — *Ms. d'Amiens :* de tel.
P. 82, l. 22 : masniers. — *Ms. d'Amiens :* masnois. — *Ms. B* 1 : masuiers. — *Ms. B* 4 : meismes.
P. 83, l. 3 : s'en. — *Ms. d'Amiens :* se. F° 184 v°.

§ 708. P. 83, l. 28 : mettre rés. — *Ms. d'Amiens :* mettre tout rés.
P. 83, l. 31 : paver. — *Ms. B* 4 : reparer.
P. 84, l. 6 : Bertran de Claikin. — *Ms. d'Amiens :* Bertran le connestable.
P. 84, l. 12 : dou. — *Ms. d'Amiens :* dou dit.
P. 84, l. 17 : revelé et jeué. — *Ms. B* 4 : sejourné et jué.
P. 85, l. 3 à 6 : en prison courtoise, et li fist..... retournés françois. — *Ms. d'Amiens* et *ms. B* 4 : en prison courtoise sans nulle contrainte, car volentiers l'eust retrait à son amour, par quoy il fust retournez franchois.

§ 709. P. 85, l. 24 : segur estat. — *Ms. B* 4 : grant seurté.
P. 86, l. 4 : Paus. — *Ms. d'Amiens :* Paux.
P. 86, l. 5 : s'appelloit. — *Ms. d'Amiens :* se nommoit F° 105 r°.
P. 86, l. 10 : bien lor sambloit qu'il estoient. — *Ms. d'Amiens :* bien estoient.
P. 87, l. 9 : Breton et aultres gens. — *Ms. B* 4 : messire Bertram et ses gens.

§ 710. P. 88, l. 9 : chil. — *Ms. B* 4 : li Englès.
P. 88, l. 12 : chastiel. — *Ms. d'Amiens :* fortière.

§ 711. P. 88, l. 23 : enghin. — *Ms. B* 4 : avis.
P. 88, l. 31 : priès que tous les jours. — *Ms. d'Amiens :* tous les jours priès.
P. 89, l. 2 : des mors et (*d'après le ms. de Valenciennes*).
P. 89, l. 8 : imaginoient. — *Ms. B* 4 : imaginèrent.
P. 89, l. 16 : Poito englès pour le temps se tenoient. — *Ms. B* 4 : Poito se tenoient.

P. 89, l. 25 : Renaulz. — *Ms. d'Amiens :* Renars.

P. 89, l. 27 : et y furent recu à grant joie (*d'après le ms. de Valenciennes*).

§ **712**. P. 90, l. 8 : pavais. — *Ms. B 4* : apavais.

P. 90, l. 28 : Mauburnis. — *Ms. d'Amiens :* Mamburnis ou Mainburnis. F° 185 v°.

P. 91, l. 8 : destraint. — *Ms. d'Amiens :* estraint.

P. 91, l. 21 : messires Perchevaus. — *Ms. d'Amiens* : il.

P. 93, l. 9 : filz. — *Ms. B 4* : enfans.

P. 93, l. 11 : devenoient. — *Ms. d'Amiens :* devenroient. — *Ms. B 4* : demouroient.

P. 93, l. 16 à 21 : dedens la dite ville.... gens tous. — *Ms. d'Amiens* et *ms. B 1* : dedens et dehors, ne se deffist mie pour ce li sièges, mès y envoioit li rois de Franche tous les jours gens tous.

§ **713**. P. 93, l. 28 : sentans. — *Ms. B 4* : sonnans. F° 186 r°.

P. 93, l. 30 : en. — *Ms. d'Amiens :* à.

P. 94, l. 12 : li. — *Ms. d'Amiens :* le.

P. 94, l. 11 : de purs Escos. — *Ms. B 4* : depuis.

P. 95, l. 6 : estoit. Si entrèrent..... estoient. Quant. — *Ms. d'Amiens* et *ms. B 4* : estoit. Quant.

P. 96, l. 4 : cel. — *Ms. d'Amiens :* celle.

P. 96, l. 6 : tost comme. — *Ms. d'Amiens :* trestost que.

§ **714**. P. 96, l. 15 : Si en sçavoit. — *Ms. d'Amiens* et *ms. B 3* : Bien sçavoit. — *Ms. B 4* : Bien sçavoient.

P. 96, l. 19 : avoient pris et ossi que li rois. — *Ms. B 3* : avoient bien sceu que le roy. — pris (*d'après le ms. de Valenciennes*).

P. 96, l. 25 : Mouchident. — *Ms. B 1* : Monchident.

P. 96, l. 27 : Helyes. — *Ms. d'Amiens :* Halies.

P. 96, l. 31 : pooient. — *Ms. d'Amiens :* pooit.

P. 97, l. 4 et 5 : chevaliers englès. — *Ms. d'Amiens :* englès chevaliers.

P. 97, l. 7 : Robert Mitton. — *Ms. d'Amiens :* Mitton.

P. 97, l. 19 : que la journée. — *Ms. d'Amiens :* la journée qui.

P. 97, l. 26 : comme. — *Ms. d'Amiens* : que. F° 186 v°.

P. 97, l. 30 : estoffeement. — *Ms. d'Amiens* : efforchiement.

§ 715. P. 99, l. 26 : conseillièrent sur cestes. — *Ms. d'Amiens* : conseilloient.

P. 100, l. 12 : et. — *Ms. d'Amiens* : ne.

P. 100, l. 17 : specifiies. — *Ms. B* 4 : septefiies.

P. 100, l. 22 : Tannai Bouton. — *Ms. B.* 4 : Channai Bouton.

P. 100, l. 26 : il s'acorda. — *Ms. d'Amiens* : il s'apaisa et acorda.

§ 716. P. 101, l. 19 : Cisech. — *Ms. d'Amiens* (f° 187 r°) et *Ms. B* 4 : a sek.

P. 101, l. 21 : Dieunée. — *Ms. B* 4 : Dieuvée.

P. 102, l. 4 : vassaument. — *Ms. B* 4 : vaillamment.

P. 102, l. 7 : pas. — *Ms. d'Amiens* : point.

P. 102, l. 14 : gascon et englès. — *Ms. d'Amiens* : englès et gascon.

P. 102, l. 16 : frans. — *Ms. d'Amiens* : florins.

P. 102, l. 24 : euist. — *Ms. B* 4 : euissent.

P. 103, l. 15 : d'yaus. — *Ms. d'Amiens* : de.

§ 717. P. 104, l. 16 : Gensay. — *Ms. d'Amiens* : Gonsay.

§ 718. P. 105, l. 2 : contraires. — *Ms. B* 4 : contraintes. F° 187 v°.

P. 105, l. 12 : tenoit. — *Ms. d'Amiens* : avoit.

P. 105, l. 29 : parla. — *Ms. d'Amiens* : parla li dus.

P. 106, l. 12 : là li. — *Ms. d'Amiens* : li là.

P. 106, l. 20 : Lagnigai. — *Ms. d'Amiens* : Ghingay.

P. 107, l. 13 : s'i tinrent. — *Ms. d'Amiens* : se partinrent.

§ 719. P. 108, l. 10 : ne le peuist, *lisez* ne leur peuist.

P. 108, l. 19 et 20 : dou segnefiier leur estat. — *Ms. B* 3 : de le signifier leur estat (*d'après le ms. de Valenciennes*).

P. 109, l. 20 : tout quoiement li connestables. — *Ms. d'Amiens* : li connestables tout coiement. F° 188 r°.

P. 110, l. 20 : et escriant. — *Ms. d'Amiens* : escrient.

P. 110, l. 28 : fuison. — *Ms. d'Amiens* : fais.

§ 720. P. 112, l. 25 : Quaremiel. — *Ms. B 4* : Quarevel.

P. 112, l. 27 : assambler de front. — *Ms. d'Amiens :* de front assembler. F° 188 v°.

P. 113, l. 17 et 18 : grant estecheis..... apertises. — *Ms. d'Amiens* et *ms. B 4* : grans appertises.

P. 113, l. 30 : Holme. — *Ms. d'Amiens* : Olive.

P. 114, l. 1 : tenoit. — *Ms. d'Amiens :* tenoient.

P. 114, l. 4 : durant. — *Ms. d'Amiens :* durement.

§ 721. P. 114, l. 30 : qui li. — *Ms. d'Amiens* : si le.

P. 115, l. 3 : fors. — *Ms. d'Amiens :* fors que.

P. 115, l. 12 : ou. — *Ms. B 1* : et.

§ 722. P. 115, l. 31 : la dame vint jusques. — *Ms. d'Amiens :* à la dame jusques. F° 189 r°.

P. 116, l. 11 : sceut. — *Ms. d'Amiens* : scet.

P. 116, l. 13 : ançois. — *Ms. d'Amiens :* ains.

P. 116, l. 19 : dou roy Henri. — *Ms. d'Amiens :* dou roy d'Espaingne.

P. 116, l. 32 : qu'elle. — *Ms. d'Amiens :* quant elle.

P. 117, l. 4 : qui. — *Ms. d'Amiens :* si.

§ 723. P. 117, l. 10 : Merspin. — *Ms. d'Amiens :* Mespin.

P. 117, l. 16 : et là eut. — *Ms. d'Amiens :* là eut il.

P. 117, l. 24 : Hanbiie. — *Ms. d'Amiens* : Hanbue.

P. 117, l. 27 : d'Avangor. — *Ms. d'Amiens :* d'Avangot. — *Ms. B 4* : de Nangor.

P. 118, l. 3 : raquitté. — *Ms. d'Amiens :* raquisé.

P. 118, l. 7 : saison. — *Ms. d'Amiens* et *ms. B 4* : année.

P. 118, l. 13 : departirent. — *Ms. d'Amiens :* partirent.

P. 118, l. 22 : Alain. — *Ms. B 3* : Jehan.

P. 118, l. 25 : messires Thumas de Quatreton (*d'après le ms. de Valenciennes*).

P. 120, l. 3 : conjunction. — *Ms. d'Amiens :* conjection. F° 189 v°. — *Ms. B 4* : signe.

724. P. 120, l. 17 : il. — *Ms. d'Amiens :* il i.

P. 120, l. 24 : eschelrent. — *Ms. d'Amiens :* estoient.

725. P. 121, l. 30 : Bien. — *Ms. B 1* : Si en.

[1373] VARIANTES DU PREMIER LIVRE, § 731.   313

P. 122, l. 6 *et ailleurs* : Rais. — *Ms. B* 1 : Raiy.
P. 122, l. 24 : set. — *Ms. B* 4 : huit.
P. 123, l. 1 : sus. — *Ms. d'Amiens* : sour.
P. 123, l. 7 : ne tenoit (*d'après le ms. B* 3).
P. 123, l. 9 : cités, villes. — *Ms. d'Amiens* : villes, cités. F° 190 r°.

§ 726. P. 124, l. 5 : ses forterèces et ses chastiaus. — *Ms. d'Amiens* : ses castiaus et ses forterèces.
P. 124, l. 16 : bonnes. — *Ms. d'Amiens* : bonnes gens.
P. 125, l. 6 : conduiseur et gouvreneur. — *Ms. d'Amiens* et *ms. B* 4 : souverain et conduiseur.
P. 125, l. 8 : d'acord tout le pays. — *Ms. d'Amiens* : tout le pays d'acord.
P. 125, l. 23 : Konke. — *Ms. d'Amiens* : Kouke.
P. 126, l. 13 : bail. — *Ms. d'Amiens* : bail de Bretaigne.
P. 126, l. 14 : departi. — *Ms. d'Amiens* : parti.

§ 727. P. 127, l. 22 à 24 : et donna li dis connestables le chastel dou Suseniot à un sien escuier, bon homme d'armes, qui. — *Ms. d'Amiens* : et donna le chastel…. F° 190 v°. — *Mss. B* 1, *B* 3 et *B* 4 : et donna le chastiel dou Suseniot à un sien escuier, bon homme d'armes, li diz connestables, qui.
P. 129, l. 2 *et ailleurs* : Hainbon. — *Ms. B* 1 : Hanibon.

§ 728. P. 129, l. 24 : quasse d'achier. — *Ms. d'Amiens* et *ms. B* 1 : quaffe d'acier. — *Ms. B* 3 : bacinet.
P. 129, l. 28 : anuit. — *Ms. d'Amiens* : nuit.
P. 130, l. 5 : amoustrer. — *Ms. d'Amiens* : moustrer. F° 191 r°.
P. 130, l. 27 : pooient. — *Mss. B* 1 et *B* 4 : pooit.

§ 729. P. 131, l. 10 : ne. — *Ms. d'Amiens* : et.
P. 131, l. 15 : en. — *Ms. d'Amiens* : à.
P. 132, l. 17 : baron. — *Ms. d'Amiens* : bon.
P. 133, l. 24 : conforter ne consillier. — *Ms. d'Amiens* : consillier ne conforter. F° 191 v°.

§ 730. P. 134, l. 12 : avenoient. — *Ms. d'Amiens* : avoient.
P. 135, l. 8 : et. — *Ms. d'Amiens* : ne.

§ 731. P. 136, l. 26 : au. — *Ms. d'Amiens* : dou.

§ 732. P. 137, l. 3 : requerre. — *Ms. d'Amiens* et *ms. B 4* : en cause de.

P. 137, l. 9 : armeures de fier. — *Ms. d'Amiens :* armeures de fer, chevaliers et escuiers. — *Ms. B 4* : hommes d'armes, escuiers et chevaliers.

P. 137, l. 14 : et Sainne. — *Ms. B 1* : et le Sainne. F° 192 r°.

P. 138, l. 15 : à appareillier. — *Ms. d'Amiens :* à pourveir et apareillier.

P. 138, l. 18 : par. — *Ms. d'Amiens :* pour.

P. 139, l. 5 : on. — *Ms. d'Amiens :* on y.

P. 139, l. 22 : bien priès de. — *Ms. d'Amiens :* à.

§ 733. P. 139, l. 30 : Konke. — *Ms. d'Amiens :* Kouke.

P. 140, l. 12 : remparèrent. — *Ms. B 4* : reperèrent.

§ 734. P. 140, l. 28 : chevir. — *Ms. d'Amiens :* tenir.

P. 141, l. 4 et 5 : il n'estoient secouru, aidié et conforté. — *Ms. d'Amiens :* il n'estoit conforté et secouru. F° 192 v°.

P. 142, l. 14 : Robert. — *Ms. d'Amiens :* Robert Canolle.

P. 142, l. 17 : contentoient. — *Ms. B 4* : conchevoient.

§ 735. P. 143, l. 8 : hokebos. — *Ms. d'Amiens :* hokebas. — *Ms. B 3* : hochecos. — *Ms. B 4* : hulkés.

P. 143, l. 26 : sis. — *Ms. B 4* : huit.

P. 144, l. 11 : leur. — *Mss. B 1* et *B 4* : li.

P. 145, l. 1 : de ses maistres. — *Ms. d'Amiens* (f° 193 r°) et *ms. B 4* : Hiraux.

P. 145, l. 15 : journée. — *Ms. d'Amiens :* besoingne.

P. 146, l. 18 : tenir. — *Ms. B 1* : tenu.

§ 736. P. 147, l. 15 : avoient. — *Ms. d'Amiens :* avoit estet.

P. 147, l. 22 : à. — *Ms. d'Amiens :* en.

P. 147, l. 24 : li dessus nommés dus se departi. — *Ms. d'Amiens :* li dessus dis dus se parti.

§ 737. P. 148, l. 5 : connestables. — *Ms. B 4* : chapitaines.

P. 148, l. 19 : Helmen. — *Ms. d'Amiens :* Holmen. F° 193 v°.

P. 148, l. 28 : Tamwore. — *Ms. d'Amiens :* Cannore. — *Ms. B 1* Tammore. — *Ms. B 4* : Tanmore.

P. 149, l. 8 : Hoske. — *Ms. d'Amiens :* Heske.
P. 149, l. 20 : Horfaut. — *Ms. d'Amiens :* Herfant.
P. 149, l. 22 : Lyonniaus. — *Ms. d'Amiens :* Lionnès.
P. 150, l. 7 : commandé ou. — *Ms. d'Amiens :* demandé et.
P. 150, l. 12 : il. — *Ms. d'Amiens :* si.
P. 150, l. 29 et 30 leur ordenance savoir. — *Ms. d'Amiens :* savoir leur ordenance.

738. P. 151, l. 9 et 10 : dou pays. — *Ms. d'Amiens :* de le terre.
P. 152, l. 17 : Se. — *Ms. d'Amiens :* Si. F° 194 r°.
P. 152, l. 25 : Cin. — *Ms. d'Amiens :* Chin.

§ 739. P. 153, l. 26 : sceurent. — *Ms. B* 4 : sentirent.
P. 154, l. 13 : ces. — *Ms. d'Amiens :* les.

§ 740. P. 155, l. 15 : desiroient. — *Ms. d'Amiens :* demandoient. F° 194 v°.
P. 155, l. 18 : assentir. — *Ms. d'Amiens :* consentir.
P. 155, l. 25 : matin. — *Ms. d'Amiens :* main.
P. 155, l. 26 : resvillièrent. — *Ms. d'Amiens* et *ms. B* 4 : resvillier vinrent.
P. 156, l. 2 *et ailleurs :* Hangest. — *Ms. B* 1 : Haughet.
P. 156, l. 9 à 12 : avoecques se route, et messires.... issir dou froais. — *Ms. d'Amiens :* avoecques se route, et tenoit chascuns son chemin sans point yssir, et messires Guillaume des Bordes et messires Jehans de Buel faisoient une aultre route.
P. 156, l. 13 : biau. — *Ms. d'Amiens* et *ms. B* 4 : blanc.
P. 156, l. 15 : voler. — *Ms. d'Amiens :* voler maintenant.
P. 156, l. 17 : Aymeris. — *Ms. B* 4 : Couchi.
P. 156, l. 19 : ere. — *Ms. d'Amiens :* estoie.

§ 741. P. 157, l. 5 : Ouci. — *Ms. B* 1 : Onci. — *Ms. B* 4 : Couchi.
P. 158, l. 1 : le. — *Ms. d'Amiens :* son.
P. 158, l. 2 : si. — *Ms. d'Amiens :* il.

§ 742. P. 158, l. 17 : cause. — *Ms. d'Amiens :* incidensce.
P. 158, l. 28 : en le. — *Ms. d'Amiens :* em. F° 195 r°.
P. 159, l. 2 : qu'il avoient fait. — *Ms. d'Amiens :* qui avoient estet fait.

P. 159, l. 10 : rendoit. — *Ms. d'Amiens* : rendroit.

P. 159, l. 14 : fust segurs. — *Ms. d'Amiens* : fuist tous assegurés.

P. 159, l. 17 : feroit. — *Ms. d'Amiens* : faisoit.

§ 743. P. 160, l. 8 : parler en oïrent. — *Ms. d'Amiens* : en oïrent parler.

P. 160, l. 9 : se desfist li sièges. — *Ms. d'Amiens* : li sièges se desfist.

P. 160, l. 26 et 27 : en puble. — *Ms. d'Amiens* : l'un à l'autre et en publicque.

P. 160, l. 29 : a de (*d'après le ms. de Valenciennes*).

P. 160, l. 29 : dont. — *Ms. d'Amiens* : et de quoy.

§ 744. P. 161, l. 7 : oïr le cascun. — *Ms. d'Amiens* : le cascun oïr.

P. 161, l. 14 et 15 : si signeur qui là estoient, parlé. — *Ms. B 4* : si signeur respondu et parlé qui là estoient.

P. 161, l. 25 : prendre. — *Ms. d'Amiens* : faire et prendre.

P. 162, l. 29 : soutieuement. — *Ms. d'Amiens* : soutieuement et par sagement. F° 195 v°.

P. 163, l. 2 : pan. — *Ms. d'Amiens* : paul.

§ 745. P. 164, l. 26 : et. — *Ms. d'Amiens* : et à.

P. 164, l. 31 : sain et sauf. — *Ms. d'Amiens et ms. B 4* : sain et en boin point.

P. 165, l. 8 : alitter. — *Ms. d'Amiens* : demourer.

P. 165, l. 9 : et là morut. — *Ms. d'Amiens* : et là s'alita et morut.

P. 165, l. 18 : Grette. — *Ms. d'Amiens* : Grettre.

P. 165, l. 22 : de qui. — *Mss. B 1 et B 4* : de quoi.

P. 166, l. 5 : Othe. — *Ms. d'Amiens* : Othe de Grantson. F° 196 r°.

§ 746. P. 166, l. 30 : li quel. — *Ms. d'Amiens* : qui.

P. 167, l. 4 : d'Avignon. — *Ms. d'Amiens* : d'Anjo.

P. 167, l. 19 : deus. — *Ms. d'Amiens* : deus dus.

P. 167, l. 23 : touchoit. — *Ms. d'Amiens* : appertenoit.

P. 167, l. 27 : tinrent. — *Ms. d'Amiens* : missent.

§ 747. P. 168, l. 22 : puis. — *Ms. d'Amiens* : que puis.

[1374] VARIANTES DU PREMIER LIVRE, § 752. 317

P. 168, l. 25 : à part à conseil. — *Ms. d'Amiens* : à conseil à part.

P. 168, l. 28 : n'oseroient. — *Ms. d'Amiens* : ne seroient.

P. 168, l. 28 : Le premier (*d'après le ms. de Valenciennes*).

P. 169, l. 3 : rumeur nulle. — *Ms. d'Amiens* : remous.

P. 169, l. 7 à 9 : avoient juret ensi que.... à ces. — *Ms. d'Amiens* : avoient juret, ensi ne pooient respondre, car il sçavoient bien où il estoient cargiet d'aler, et pour ce ne pooient entendre à ces. F° 196 v°.

P. 169, l. 26 : dou visconte de Miaus. — *Ms. d'Amiens* : et de Miaus.

P. 170, l. 3 : il. — *Ms. d'Amiens* : il y.

§ 749. P. 172, l. 3 : de. — *Ms. d'Amiens* : à.

§ 750. P. 172, l. 26 : de Poito. — *Ms. d'Amiens* : de Poito et d'Auvergne. F° 197 r°.

P. 173, l. 10 : departirent. — *Ms. d'Amiens* : partirent.

P. 173, l. 18 : de l'assaillir. — *Ms. d'Amiens* : d'assaillir.

P. 173, l. 21 : le duch d'Ango et le connestable. — *Ms. B* 4 : iaulx.

P. 173, l. 31 : ostages. — *Ms. d'Amiens* et *ms. B* 4 : plèges.

P. 174, l. 9 : l'assegièrent. — *Ms. d'Amiens* : là se logièrent.

P. 174, l. 16 : cités. — *Ms. d'Amiens* et *ms. B* 4 : ville.

§ 751. P. 174, l. 27 : moult. — *Ms. d'Amiens* et *ms. B* 4 : si.

P. 174, l. 27 : fuison. — *Ms. d'Amiens* et *ms. B* 4 : fuison que nulx ne leur alloit au devant.

P. 175, l. 2 : Paus. — *Ms. B* 4 : Pars.

P. 175, l. 13 : mettre ces coses. — *Ms. d'Amiens* : ces coses mettre.

P. 175, l. 19 : terres. — *Ms. d'Amiens* : cités.

P. 175, l. 20 : intimer. — *Ms. d'Amiens* et *ms. B* 3 : interiner.

P. 175, l. 21 : livreroit. — *Ms. B* 4 : livrèrent.

§ 752. P. 176, l. 29 : Auroy. — *Ms. B* 1 : Anroy.

P. 177, l. 17 : gardé. — *Ms. d'Amiens* (f° 197 v°) et *ms. B* 4 : gaitié.

P. 177, l. 30 : il envoieroient. — *Ms. d'Amiens* : envoieroient il.

P. 178, l. 3 : envoiassent. — *Ms. d'Amiens* : envoieroient.

P. 178, l. 3 : hasteement. — *Ms. B 4* : hastivement.

P. 178, l. 23 : journée. — *Ms. d'Amiens* : jour.

§ 753. P. 179, l. 1 : priiés et mandés. — *Ms. d'Amiens* : mandés et priés.

§ 754. P. 180, l. 10 : reconquerre. — *Ms. d'Amiens* : conquerre. F° 198 r°.

P. 180, l. 11 : xvii°. — *Ms. d'Amiens, mss. B 3 et B 4* : vii°.

P. 180, l. 15 : Chastielbon. — *Ms. d'Amiens* : Chastillon.

P. 180, l. 23 : Prudaire. — *Ms. d'Amiens et ms. B 4* : Prudane.

P. 180, l. 25 : point. — *Ms. d'Amiens* : peu.

P. 180, l. 31 : li doi trettieur legal. — *Ms. d'Amiens* : les deux commissaires legaulx.

P. 181, l. 5 : en. — *Ms. d'Amiens* : à.

P. 181, l. 8 : où il. — *Ms. d'Amiens, mss. B 3 et B 4* : il.

P. 181, l. 9 : se. — *Ms. B 3* : qui se.

P. 181, l. 18 : ossi. — *Ms. d'Amiens* : et ossi.

P. 182, l. 3 : donnèrent. — *Ms. d'Amiens* : donnoient.

§ 755. P. 182, l. 15 : de soy contrevergier (*d'après le ms. de Valenciennes*). — *Ms. B 3* : faire merveilles.

P. 182, l. 15 : ses. — *Ms. d'Amiens* : les.

P. 182, l. 31 : sus. — *Ms. d'Amiens* : sour. F° 198 v°.

P. 183, l. 2 : messires. — *Ms. d'Amiens* : monsigneur.

P. 183, l. 7 : le. — *Ms. d'Amiens* : leur.

P. 183, l. 7 : estoit. — *Ms. d'Amiens* : estoient.

P. 183, l. 10 : Arde. — *Ms. d'Amiens* : Ardre.

P. 183, l. 22 : pas. — *Ms. d'Amiens* : pays.

P. 183, l. 23 : encontra. — *Ms. B 1* : encontre.

P. 184, l. 3 : l'Eveline. — *Ms. d'Amiens* : d'Eveline.

§ 756. P. 185, l. 11 : dist li chevaliers. — *Ms. d'Amiens et ms. B 3* : dient li chevalier.

P. 185, l. 12 : mi signeur. — *Ms. B 3* : mes seigneurs. — *Ms. B 4* : monsigneur.

P. 185, l. 17 et 19 : pas. — *Ms. d'Amiens* : pays.

P. 186, l. 19 : quinse. — *Ms. d'Amiens* (f° 199 r°), *ms. B 3 et ms. B 4* : vint et cinc.

P. 186, l. 20 : avoecques se route. — *Ms. B 3* : de se route avec lui.

P. 187, l. 11 : ne chil. — *Ms. B 4* : et ceulx.

P. 187, l. 18 : Gauwinès. — *Ms. d'Amiens* : Gauwains.

§ 757. P. 187, l. 22 : venir. — *Ms. d'Amiens* : venu.

P. 187, l. 28 : n'eut. — *Ms. d'Amiens* : n'eurent.

P. 188, l. 4 : reskeure. — *Ms. d'Amiens* : requerre.

P. 190, l. 1 : Si. — *Ms. d'Amiens* : Se. F° 199 v°.

§ 758. P. 191, l. 5 : li. — *Ms. d'Amiens* : l'en.

P. 191, l. 29 : de l'entention (*d'après le ms. de Valenciennes*).

P. 191, l. 32 : demorer. — *Ms. d'Amiens* : demourèrent.

§ 759. P. 193, l. 13 : telz fais. — *Ms. d'Amiens et ms. B 4* : telx appertises. F° 200 r°.

P. 194, l. 8 : car li, *lisez* car les.

§ 760. P. 194, l. 17 : de. — *Ms. d'Amiens* : à.

P. 195, l. 8 : Manne. — *Ms. B 1* : Maune.

P. 195, l. 9 : Burlé. — *Ms. d'Amiens* : de Burlé.

P. 195, l. 11 : Thumas. — *Ms. B 1* : Edouwart.

P. 196, l. 18 : fu. — *Ms. d'Amiens* : se fu.

P. 196, l. 26 : qu'il. — *Ms. d'Amiens* : qui.

§ 761. P. 197, l. 4 : devers. — *Ms. d'Amiens* : par devers.

P. 197, l. 18 : carola. — *Ms. d'Amiens* : carole.

P. 198, l. 13 : n'euist. — *Ms. d'Amiens* : n'avoit.

P. 198, l. 27 : outreement. — *Ms. B 4* : entierement.

P. 199, l. 4 : trettié. — *Ms. d'Amiens* : trettié ne acord.

§ 762. P. 199, l. 20 : s'i. — *Ms. d'Amiens* : se.

P. 199, l. 24 : que il appelloient. — *Ms. d'Amiens et ms. B 4* : mais il l'apeloient.

P. 200, l. 18 : à siège. — *Ms. B 4* : asiegés.

§ 763. P. 201, l. 29 : fillettes. — *Ms. B 4* : filles.

P. 202, l. 11 : menront. — *Ms. d'Amiens* : mouront. F° 201 r°.

P. 202, l. 19 : Saint Brieu. — *Ms. d'Amiens* : Saint Bieu.

P. 202, l. 30 : les. — *Ms. d'Amiens* : le.

P. 203, l. 7 : par sa chevalerie criés. — *Ms. d'Amiens* : criés par sa chevalerie.

P. 203, l. 12 : aprenderont. — *Ms. d'Amiens* : aprendent.

P. 203, l. 26 : afin. — *Ms. d'Amiens* : à le fin.

§ 764. P. 204, l. 11 : appressoient. — *Ms. B* 4 : qu'il pressoient.

P. 204, l. 18 : le ville par mine. — *Ms. d'Amiens* : par mine la ville de Saint Brieu de Vaus. F° 201 v°.

P. 205, l. 7 : messire. — *Ms. d'Amiens* : monsigneur.

P. 205, l. 10 : attenderons, *lisez* attenderont.

P. 205, l. 13 : de dangier. — *Ms. d'Amiens* : de ce dangier.

§ 765. P. 205, l. 25 : que. — *Ms. d'Amiens* : le plus que.

P. 205, l. 31 : chevaus. — *Ms. B* 4 : coursiers.

P. 206, l. 19 : ses gens. — *Ms. d'Amiens* : se route.

P. 206, l. 21 : qu'il. — *Ms. d'Amiens* : qui.

P. 207, l. 6 et 8 : vous. — *Ms. d'Amiens* : nous.

P. 207, l. 8 : doiiés. — *Ms. d'Amiens* : doiions.

P. 207, l. 14 : nouviaus fors, *lisez* Nouviaus Fors.

§ 766. P. 207, l. 27 : bon couvenant. — *Ms. d'Amiens* : bonne ordonnance. F° 202 r°.

P. 207, l. 28 : peu. — *Ms. d'Amiens* : petit.

P. 208, l. 2 : et. — *Ms. d'Amiens* : ou.

P. 208, l. 5 : en. — *Ms. d'Amiens* : à.

P. 208, l. 6 : avoit. — *Ms. d'Amiens* : eult.

P. 208, l. 12 : leur. — *Ms. d'Amiens* : il.

P. 208, l. 16 : de froce. — *Ms. d'Amiens* : que.

P. 208, l. 24 : à merci (*d'après le ms. de Valenciennes*).

P. 208, l. 32 : remousterai. — *Ms. d'Amiens* : mousterai.

P. 209, l. 25 : en imaginant. — *Ms. d'Amiens* : et imaginoient.

§ 767. P. 211, l. 5 : Tantost. — *Ms. d'Amiens* : Tantost que.

P. 211, l. 13 : vous de. — *Ms. d'Amiens* : vos. F° 202 v°.

P. 211, l. 14 : ne. — *Ms. d'Amiens* : et.

P. 211, l. 24 : li. — *Ms. d'Amiens* : si.

P. 212, l. 5 : estragnement. — *Ms. d'Amiens* : durement.

P. 212, l. 9 : je m'acordai. — *Ms. d'Amiens* : m'en acordai.

§ 768. P. 212 : l. 22 desrompi. — *Ms. d'Amiens :* departi.
P. 213, l. 4 : se ce. — *Ms. d'Amiens :* che ce.
P. 213, l. 14 :Ançois. — *Ms. B 4 :* Encores.
P. 213, l. 21 : première. — *Ms. B 4 :* darraine.
P. 213, l. 32 : et ossi font nos gens. — *Ms. d'Amiens* et *ms. B 4 :* et nos gens maintiennent.
P. 214, l. 14 : s'en. — *Ms. d'Amiens :* se.
P. 214, l. 25 : il oroit. — *Ms. d'Amiens :* ilz oroient.

§ 769. P. 214, l. 30 : Li rois. — *Ms. d'Amiens :* Et li rois.
P. 215, l. 4 : providense. — *Ms. B 4 :* prudence.
P. 215, l. 9 : trespassé. — *Ms. d'Amiens* (f° 203 r°) et *ms. B 4 :* mort.
P. 216, l. 3 : instruit (*d'après le ms. de Valenciennes*).

§ 770. P. 216, l. 26 : Loerainne. — *Ms. d'Amiens :* le royaume.
P. 217, l. 12 : messire. — *Ms. d'Amiens :* monsigneur.
P. 217, l. 23 : parlerons. — *Ms. d'Amiens :* parlons.
P. 218, l. 21 : peu. — *Ms. d'Amiens :* point.
P. 218, l. 27 : brisie. — *Ms. d'Amiens* (f° 203 v°) et *ms. B 4 :* rompue.
P. 219, l. 3 : proporsionnant. — *Ms. d'Amiens :* poursuivant. — *Ms. B 4 :* proposoient.
P. 219, l. 9 : d'avril. — *Ms. d'Amiens :* d'avril l'an.
P. 219, l. 12 : legaulx. — *Ms. d'Amiens :* aultre.

§ 771. P. 219, l. 19 : deffiiet. — *Ms. d'Amiens* et *ms. B 4 :* fait deffier.
P. 220, l. 13 : disent. — diront.
P. 220, l. 19 : de nos ennemis les Alemans. — *Ms. d'Amiens* et *ms. B 4 :* des Alemans.
P. 221, l. 11 : c'es. mon. — *Ms. d'Amiens :* ce mon.
P. 221, l. 19 : gettiés. — *Ms. d'Amiens :* gaitiez.
P. 221, l. 27 : Fuiret. — *Ms. d'Amiens, mss. B 3* et *B 4 :* fuir et.
P. 221, l. 27 : furent. — *Ms. d'Amiens :* fissent.

§ 772. P. 222, l. 6 : gages. — *Ms. d'Amiens* et *ms. B 4 :* saudées.

P. 222, l. 7 : argent. — *Ms. d'Amiens :* saudées et arntge. F° 204 r°.

P. 222, l. 18 ; de tous perilz. — *Ms. d'Amiens :* dou peril.

P. 222, l. 24 : parti revenu. — *Ms. d'Amiens :* parti que le signeur de Couchy revenu.

P. 222, l. 29 : avoit (*d'après le ms. de Valenciennes*).

P. 223, l. 20 : eut. — *Ms. d'Amiens :* l'eut.

§ 773. P. 223, l. 25 : compagnons. — *Ms. d'Amiens :* compaignes.

P. 223, l. 30 : revinrent. — *Ms. d'Amiens et ms. B 4 :* retournèrent.

P. 224, l. 12 et 13 : et laissa là sa mainsnée.... et puis s'en. — *Ms. d'Amiens :* et laissa là sa femme et sa mainsnée fille, la damoiselle de Couci, et puis s'en.

§ 774. P. 226, l. 2 : renvoieroient. — *Ms. d'Amiens :* y envoieroient. F° 204 v°.

P. 226, l. 5 : revinrent. — *Ms. d'Amiens :* retournèrent.

§ 775. P. 226, l. 22 : solennele. — *Ms. d'Amiens :* solempnité.

§ 776. P. 227, l. 19 : dou. — *Ms. d'Amiens :* au.

P. 227, l. 26 : l'un devant. — *Ms. d'Amiens :* devant l'un.

P. 228, l. 1 : qu'il. — *Ms. d'Amiens :* qui.

P. 228, l. 9 : à. — *Ms. d'Amiens :* à tout.

§ 777. P. 228, l. 25 : ce de veu. — *Ms. d'Amiens :* de ce voé.

P. 228, l. 30 : Genuenes. — *Ms. B 4 :* Jennes.

§ 778. P. 229, l. 23 et 24 : d'Engleterre, de Gernesie, de Grenesée. — *Ms. d'Amiens :* d'Engleterre, de Grenesée. F° 205 r°.

P. 230, l. 9 : et messires Guichars d'Angle. — *Ms. d'Amiens et ms. B 4 :* et li sires d'Angle, messires Guicars.

P. 230, l. 14 : Cenes. — *Ms. B 3 :* Chenez. — *Ms. B 4 :* Chenes.

P. 230, l. 15 : trouva. — *Ms. B 4 :* ordonna.

P. 230, l. 20 : de coer. — *Ms. B 4 :* au coer.

P. 230, l. 21 : ce. — *Ms. d'Amiens :* tel.

P. 231, l. 27 : estoit. — *Ms. B* 4 : fu.

P. 232, l. 1 : pas. — *Ms. d'Amiens :* pays.

§ **779.** P. 232, l. 17 : celle. — *Ms. d'Amiens :* ceste.

P. 232, l. 18 : en vinrent. — *Ms. d'Amiens* et *ms. B* 4 : furent venues.

P. 232, l. 22 : fault. — *Ms. d'Amiens :* couvient.

P. 232, l. 32 : signeur. — *Ms. d'Amiens :* sire. F° 205 v°.

P. 233, l. 23 : estat. — *Ms. d'Amiens :* esté.

P. 234, l. 10 : petit. — *Ms. d'Amiens :* peu.

P. 234, l. 23 : sus. — *Ms. d'Amiens :* sour celle.

P. 234, l. 27 : chil. — *Ms. d'Amiens :* il.

P. 234, l. 28 : remoustrèrent. — *Ms. d'Amiens :* remoustroient.

§ **780.** P. 235, l. 6 : y a. — *Ms. d'Amiens :* ra.

P. 236, l. 30 : non que. — *Ms. d'Amiens :* neque dent que. F° 206 r°,

P. 236, l. 30 : voloit. — *Ms. d'Amiens :* vot.

§ **781.** P. 237, l. 10 : les François. — *Ms. d'Amiens :* il.

P. 237, l. 17 : deveeroient. — *Ms. B* 1 et *B* 4 : deveroient.

P. 238, l. 21 : huit. — *Ms. d'Amiens :* vii.

P. 238, l. 22 : leur leva uns vens. — *Ms. d'Amiens :* uns vens contraires leur leva.

P. 238, l. 22 : prist. — *Ms. B* 1 : leva.

§ **782.** P. 239, l. 1 : bien oy. — *Ms. d'Amiens :* bien chy dessus oy.

P. 239, l. 8 : chevaliers. — *Ms. B* 4 : bons.

P. 239, l. 12 : un bon. — *Ms. d'Amiens :* bonne.

P. 240, l. 13 : qu'il amast mieulz. — *Ms. B* 4 : que il vosist.

P. 240, l. 19 à 23 : Li sires de Couci.... respondi et dist. — *Ms. d'Amiens* (f° 206 v°), *ms. B* 3 et *ms. B* 4 : Adont se rafrenna un petit li roys et demanda quel grace on voroit que on li fesist : li sires de Couci, si com je fui adont enfourmés, y trouva un moiien et dist.

§ **783.** P. 241, l. 10 : la. — *Ms. d'Amiens* et *ms. B* 4 : ceste.

P. 241, l. 12 : couri. — *Ms. d'Amiens :* couru.

P. 241, l. 31 : par. — *Ms. d'Amiens* : que.
P. 243, l. 8 : leur. — *Ms. d'Amiens* : la.
P. 243, l. 14 : Thiebaut. — *Ms. d'Amiens* : Thummas.
P. 243, l. 21 : Haubue. — *Ms. d'Amiens* : Hambue. F° 207 r°.

§ 784. P. 244, l. 12 : garde. — *Ms. d'Amiens* : de garde.
P. 244, l. 28 : remuant. — *Ms. d'Amiens* : remouvant.
P. 244, l. 31 : escuier. — *Ms. d'Amiens* : hainuier englèz.
P. 245, l. 2 : soions. — *Ms. d'Amiens* : soiés.

§ 785. P. 245, l. 20 : fiance. — *Ms. d'Amiens* et *ms. B* 4 : feauté.
P. 245, l. 25 : s'en. — *Ms. d'Amiens* : se.
P. 246, l. 3 : aresné. — *Ms. B* 4 : asseuré.
P. 246, l. 16 : alevée. — *Ms. d'Amiens* : alouée.
P. 246, l. 28 : pourparlé. — *Ms. B* 4 : pourcachié.
P. 246, l. 29 : tant. — *Ms. B* 1 : tout.

§ 786. P. 247, l. 18 : trop mieulz. — *Ms. d'Amiens* : mieulz. F° 207 v°.
P. 248, l. 6 : murs. — *Ms. B* 1 : mais.
P. 250, l. 3 : Artisiens. — *Ms. B* 4 : garnisons.

§ 787. P. 251, l. 6 : au duch. — *Ms. d'Amiens* : au duc de Lancastre. F° 208 r°.
P. 251, l. 7 : fu dit. — *Ms. d'Amiens* : fu bien dit.
P. 251, l. 10 à 12 : mais li dus de Lancastre ses escusances.... sus son droit; car. — *Ms. d'Amiens* et *ms. B* 4 : mais li dus de Lancastre li aida escusances à porter oultre, et demoura li sires de Gommegnies sus sen droit; car.

§ 788. P. 252, l. 2 : toutes. — *Ms. B* 1 : gens.
P. 252, l. 22 : enfourmés plus veritablement. — *Ms. d'Amiens* et *ms. B* 4 : mieux enfourmés.

FIN DES VARIANTES DU TOME HUITIÈME ET DU LIVRE PREMIER.

TABLE.

CHAPITRE XCVIII.

1370, 4 *décembre*. Combat de Pontvallain. — 19 *décembre*. Mort du pape Urbain V; 30 *décembre*. Élection de Grégoire XI. — 1371, *avant le 15 janvier*. Aggravation de la maladie et retour en Angleterre d'Édouard, prince d'Aquitaine et de Galles. — 1370, 1ᵉʳˢ *jours de décembre*-1371, *fin de février*. Siège et prise de Montpont, en Périgord, par Jean, duc de Lancastre. — 1371, *août et septembre*. Siège et prise de Moncontour, en Poitou, par Jean, duc de Lancastre, et Thomas de Percy, sénéchal de Poitou. — 1371, *fin de janvier et février*. Expédition de Bertrand du Guesclin en vue de la levée du siège de Montpont et siège d'Ussel. — 1371, 1ᵉʳ *août*. Combat naval de la baie de Bourgneuf. — 22 *août*. Bataille de Bastweiler. — 1372, *premiers mois*. Retour en Angleterre de Jean, duc de Lancastre, et mariage de ce prince avec Constance de Castille, fille aînée de D. Pèdre, d'Edmond, comte de Cambridge, frère de Jean, avec Isabelle, sœur de Constance. — 1372, 13 *janvier*. Mort de Gautier de Masny. — *Sommaire*, p. III à XXII. — *Texte*, p. 1 à 33. — *Variantes*, p. 255 à 288.

CHAPITRE XCIX.

1372, 23 *juin*. Défaite de la flotte anglaise devant la Rochelle. — *juillet*. Siège de Moncontour et de Sainte-Sévère; reddition de ces deux places aux Français. — 7 *août*. Reddition de Poitiers. — *Du 22 au 23 août*. Défaite et capture de Jean de Grailly, captal de Buch, connétable d'Aquitaine, et de Thomas de Percy, sénéchal de Poitou, devant Soubise; reddition de cette place. — Reddition d'Angoulême (*vers le 8 septembre*), de Saint-Jean-d'Angely (20 *septembre*), de Saintes (24 *septembre*), de Taillebourg et de Pons. — Reddition des châteaux de Saint-Maixent (4 *septembre*), de Melle et de Civray. — 8 *septembre*. Reddition de la Rochelle. — 15 *septembre*. Prise du château de Benon et reddition de Marans. — 19 *septembre*. Reddition de Surgères. — 9 *et* 10 *octobre*. Reddition de la ville et prise du château de Fontenay-le-Comte. — 1*er décembre*. Reddition de Thouars et soumission des principaux seigneurs du Poitou et de la Saintonge. — Siège de Mortagne. — 1373, 21 *mars*. — Défaite des Anglais à Chizé. — 27 *mars*. Occupation de Niort. — Reddition des châteaux de Mortemer et de Dienné. — *Sommaire*, p. XXIII à LXV. — *Texte*, p. 33 à 117. — *Variantes*, p. 288 à 312.

CHAPITRE C.

1373, *fin d'avril, mai et juin*. Expédition de Louis, duc de Bourbon, et de Bertrand du Guesclin en Bretagne; départ de Jean de Montfort pour l'Angleterre; occupation de Rennes, de Dinan, de Saint-Malo, de Vannes et d'un certain nombre de places de moindre importance; prise d'Hennebont; sièges de la Roche-sur-Yon, de Derval et de Brest; occupation de Nantes; grands préparatifs en Angleterre des ducs de Lancastre et de Bretagne pour envahir la France à la tête d'une armée considérable; prise de Conq par l'armée franco-bretonne. — 6 *juillet*. Traité de capitulation de Brest et levée du siège de cette place par les Franco-Bretons qui vont renforcer les gens d'armes campés devant Derval. — *Fin de juillet*. Débarquement à Calais de l'armée rassemblée par les ducs de Lancastre et de Bretagne. — *Du 4 août au 8 septembre*. Marche et opérations de cette armée à travers l'Artois, la Picardie, le Vermandois et le Soissonnais; combat de Ribemont. — 9 *septembre*. Combat d'Oulchy. — 29 *septembre*. Exécution devant Derval par le duc d'Anjou des otages livrés naguère aux Franco-Bretons en vertu du traité de capitulation de cette place auquel Robert Knolles a refusé de souscrire. — 10 *septembre*. Arrivée à Paris du duc d'Anjou, de Du Guesclin et de Clisson, qui assistent à un grand conseil de guerre tenu par Charles V et y donnent leur avis. — 1375, 16 *avril*. Mort du comte de Pembroke, prisonnier du roi de Castille, livré par le dit roi à Du Guesclin en payement d'une somme de 120 000 francs due pour le comté de Soria, racheté par D. Enrique de Trastamar; rachat par ce même roi du comté d'Agreda moyennant la cession d'un autre de ses prisonniers, Guichard d'Angle, à Olivier de Mauny. — 1373, *du 11 au 26 septembre*. Les Anglais en Champagne; arrivée des légats du pape à Troyes; échec subi sous les murs de cette ville par les envahisseurs. — *Du 26 septembre au 25 décembre*. Marche pénible et meurtrière de l'armée du duc de Lancastre à travers la Bourgogne, le Nivernais, le Bourbonnais, l'Auvergne, le Limousin et le Périgord; arrivée à Bordeaux. — *Sommaire*, p. LXV à CIII. — *Texte*, p. 117 à 171. — *Variantes*, p. 312 à 317.

CHAPITRE CI.

1373, 28 *octobre*-1374, 8 *janvier*. Retour du duc d'Anjou à Toulouse par Avignon. — 1373, *juin et juillet*. Traité de capitulation de Bécherel. Expédition du duc d'Anjou en Bigorre; reddition de Saint-Sever; prise de Lourdes. — 1374, *commencement d'avril*. Journée de bataille assignée près de Moissac entre les ducs d'Anjou et de Lancastre; défaut à ce rendez-vous de Lancastre, qui part de Bordeaux et retourne en Angleterre. — 21 *mai*. Expiration de la trêve conclue par Du Guesclin avec le duc de Lancastre. — *Juin et juillet*. Soumission du vicomte de Castelbon. Expédition de Du Guesclin et du duc d'Anjou, d'abord dans le bas Languedoc contre les Compagnies, ensuite sur les confins de l'Agenais et du Bordelais contre les Anglais; siège et prise de la Réole, de Langon, de Saint-Macaire, de Sainte-Bazeille et des places avoisinantes. — 2 *octobre*. Retour de Du Guesclin à Paris et du duc d'Anjou à Toulouse. — *Août et septembre*. Siège de Saint-Sauveur-le-Vicomte. — Reddition de Bécherel, dont la garnison va renforcer celle de Saint-Sauveur. — 1375, *premiers mois*. Défaite des Français dans une rencontre entre Licques et Tournehem; capture du comte de Saint-Pol, emmené en Angleterre. — Ouverture des négociations à Bruges entre les ambassadeurs de France et d'Angleterre. — Retour en France du duc de Bretagne et du comte de Cambridge avec un corps d'armée considérable; débarquement à Saint-Mathieu; prise de Saint-Pol de Léon; siège de Saint-Brieuc. — 21 *mai*. Traité de capitulation de Saint-Sauveur. — Levée du siège de Saint-Brieuc par les Anglais, et du siège du Nouveau Fort par les Français, que les Anglais accourus de Saint-Brieuc poursuivent jusqu'à Quimperlé où ils les assiègent. — 27 *juin*. Trêve d'un an entre les rois de France et d'Angleterre conclue à Bruges; levée du siège de Quimperlé. — 3 *juillet*. Reddition de Saint-Sauveur au roi de France. — *Sommaire*, p. cɪɪɪ à cxxvɪɪɪ. — *Texte*, p. 171 à 214. — *Variantes*, p. 317 à 321.

CHAPITRE CII.

1375, *août et septembre*. Guerre entre Enguerrand VII, seigneur de Coucy, et Léopold II, duc d'Autriche, au sujet de seigneuries situées en Alsace, dans le Brisgau, l'Argovie et le comté de Nydau; marche des Compagnies rassemblées par le dit Enguerrand à travers la Champagne orientale, le Barrois, le pays Messin, la Lorraine et l'Alsace. — 1375, *décembre*-1376, 12 *mars*. Conférences de Bruges.

Prorogation jusqu'au 1*r* avril 1377 des trêves qui devaient expirer le dernier juin 1376. — 1375, *octobre, novembre, décembre*. Ravages exercés par les Compagnies sur la rive gauche du Rhin, en Alsace et en Suisse. — 1376, 13 *janvier*. Conclusion d'un traité de paix avec les ducs d'Autriche et retour furtif en France du seigneur de Coucy, — 8 *juin*. Mort d'Édouard, prince de Galles, surnommé le prince Noir. — *Septembre*. Mort de Jean de Grailly, captal de Buch. — 1376, 20 *septembre*-1377, 17 *janvier*. Départ d'Avignon du pape Grégoire XI et arrivée à Rome. — 1377, *mars, avril et mai*. Nouvelles conférences pour la paix entre les plénipotentiaires du roi de France, qui se tiennent à Montreuil-sur-Mer et à Boulogne, et ceux du roi d'Angleterre établis à Calais. Préparatifs maritimes des Français pour faire des descentes sur les côtes d'Angleterre et des Anglais pour s'opposer à ces descentes. — 21 *juin*. Mort d'Édouard III. — 28 *juin*. Descente des Français à Rye; prise et pillage de cette ville. — 16 *juillet*. Couronnement de Richard II. — *Fin de juin et juillet*. Combat de Lewes; prise et pillage de cette ville, de Folkestone, de Portsmouth, de Darmouth et de Plymouth. — 15 *août-septembre*. Nouvelle campagne maritime des Français; occupation de l'île de Wight; descentes à Southampton et à Winchelsea; incendie de Poole. Expédition du duc de Bourgogne sur les confins du Boulonnais et du Calaisis; prise d'Ardres et d'Audruicq. — *Sommaire*, p. cxxix à clviii. — *Texte*, p. 214 à 252. — *Variantes*, p. 321 à 324.

APPENDICE. p. CLV-CLXIII.

FIN DE LA TABLE DU TOME HUITIÈME.

ERRATA.

P. 37, l. 27, *au lieu de :* d'argent, — *lisez :* d'armes.
P. 61, l. 15 et 16, *au lieu de :* connestable, — *corrigez :* seneschal.
P. 67, l. 19, *au lieu de :* ainsi, — *lisez :* ains.
P. 67, l. 20, *au lieu de :* et, — *lisez :* en.
P. 69, l. 12, *au lieu de :* Hues, — *lisez :* Huès.
P. 117, l. 27, *au lieu de :* d'Avangor, — *lisez :* d'Avaugour.

PARIS. — TYPOGRAPHIE A. LAHURE
Rue de Fleurus, 9.

9627. — PARIS, TYPOGRAPHIE LAHURE
Rue de Fleurus, 9

www.ingramcontent.com/pod-product-compliance
Lightning Source LLC
Chambersburg PA
CBHW060634170426
43199CB00012B/1552